定量分析の
教科書
ビジネス数字力養成講座

グロービス［著］

グロービス経営大学院教授
鈴木健一［執筆］

Quantitative
Analysis
for
Business

東洋経済新報社

はじめに

　皆さんもご存じの『トム・ソーヤーの冒険』を書いた米国の小説家、マーク・トウェインは数字に関して、イギリス首相の言葉として引用する形で以下のように語ったとされています。

「世の中には3種類の嘘がある——嘘、大嘘、そして統計だ」
"There are three kinds of lies: lies, damned lies, and statistics."

　最初にこの言葉に出会った頃、これはマーク・トウェインが数字なんてどうせ信用ならない、ということを言っているのだと簡単に捉えていました。しかし、実はこの文章は数字の大事な側面を語ってくれているようにも思えるのです。
　そもそも真実ではないことを相手に信じさせることが嘘の目的だとすると、数字は、そんな嘘の親分である大嘘を上回って、さらに説得力が強いということではないでしょうか。コミュニケーションにおいて、うっかりしていると騙されてしまうぐらい説得力を持ちうるのが数字の人を動かすパワー、つまり、数字力なのです。
　ちなみに、数字は本当に大嘘を超えるぐらいの嘘なのでしょうか？
　数字の名誉のために補足すると、マーク・トウェインは数字に関して次のようにも語っていたと言われています。

「数字は嘘をつかない。嘘つきが数字を（嘘に）使う」
"Figures don't lie, but liars figure."

　私は、多くのビジネスパーソンにとって、数字が日本語、英語に続く第3の言語であると思っています。数字はマーク・トウェインの言葉を借りれば、大嘘

をしのぐほどの説得力と人を動かす力を持ちうる、世界共通のコミュニケーション手段です。同時に、日本語という言語が日本人の思考パターンに影響を与えるように、数字という言葉が思考に影響すると考えています。数式が論理の塊であるように、数字は論理思考のベースです。別の表現をすると、数字という言語を使って考えることで、ビジネスに不可欠な論理思考力はさらに強化されます。

　ところが、私はビジネススクールの授業や企業向けの研修で多くの社会人と一緒に数字を使った分析について学ぶ中で、この数字という言語には英語以上に好き嫌いやアレルギーを持っている人が多くいることも痛感しています。これは、言語を学ぶのにコツがあるように、実は数字という言語を習得するにもコツがあるためです。

　本書では、数字と付き合うコツについて一緒に見ていきたいと思います。なお、本書の副題にある「数字力」という言葉には、皆さんが数字を扱うスキルという意味での数字力という意味に加え、数字が持つ人を動かすパワーという意味を込めています。

グロービス経営大学院教授

鈴木健一

定量分析の教科書　目次

はじめに　iii

第Ⅰ部　分析の考え方

第1章
分析の本質

1 数字との付き合い方 2

1-1 数字嫌いを好きにする 2
1-2 経営にとっての数字の意味 4

2 分析とは何か 6

2-1 愛の値段はいくら？ 6
2-2 分析の本質は「比較」 8
2-3 問題解決と比較 9
2-4 さらにしつこく、因果関係と比較について 12
COLUMN 恋愛方程式 16
COLUMN Less is more?　人生は比較しないほうがよい？ 20

3 何と何を比較するのか 21

3-1 適切な比較とは 21
3-2 スペースシャトル・チャレンジャー号の事故 24
3-3 爆撃機をどうやって強化するか？ 26
3-4 ビジネスにおける実験とA/Bテスト 29

章末問題 32

第2章
分析と仮説思考

1 **仮説とは何か** 35

1-1 あなたの仮説力診断 35
1-2 仮説思考のメリット 37

2 **仮説思考の仕事の進め方** 39

2-1 仮説思考のステップ 39
2-2 コンサルタントの仮説思考 41
2-3 「使える」仮説とは？ 44
2-4 問いのパターン 45

3 **仮説構築力──仮説はどのように生み出せばよいのか** 48

COLUMN 演繹法と帰納法 51

4 **データ収集の考え方** 53

4-1 データ収集の目的 53
4-2 不足しているデータが何かを明らかにする 56

5 **実際にデータを集めに行く** 59

5-1 世の中にすでにあるデータを集める 59
5-2 世の中にまだないデータを集める 66

● 章末問題 74

第3章
分析の5つの視点（比較の軸）

1 **インパクト（大きさ）** 76

2 **ギャップ（差異）** 77

COLUMN どの教育手法が効果がある？ 78

3 トレンド（時間的な変化） 81

3-1 データからコンビニを読み解く　82
3-2 未来と人口予測　85

4 ばらつき（分布） 87

5 パターン（法則） 90

5-1 パターンを見つける　90
5-2 外れ値を見つける　91
5-3 変曲点を見つける　92
5-4 ビッグデータと機械学習によるパターンの抽出　95
5-5 機械翻訳におけるビッグデータの活用　99

章末問題　102

第Ⅱ部　比較の技術

第4章
目で見て「比較」してみる（グラフ）

1 目は最高の分析ツール 108

2 グラフは言語である 110

2-1 グラフ化の３つのステップ　111
2-2 仮説をグラフで確かめる：仮説１「日本の公務員は多すぎる」　113
2-3 仮説をグラフで確かめる：仮説２「お金持ちは長生きする」　115
2-4 仮説をグラフで確かめる：仮説３「幸せだと長生きする」　116

3 分析で力を発揮するグラフ 117

3-1 ヒストグラム　118

3-2 ウォーターフォールチャート　123

3-3 パレートチャート　124

3-4 時系列グラフ　128

3-5 散布図　133

● **章末問題**　143

第5章
数字に集約して「比較」してみる

1 **データの中心はどこにあるのか（代表値）**　147

1-1 単純平均、加重平均　147

1-2 幾何平均（年平均成長率）　149

1-3 平均値のワナと中央値、最頻値　151

COLUMN 72の法則　157

COLUMN 物価と加重平均　157

2 **データはどのように散らばっているか（散らばり）**　159

2-1 分散と標準偏差　159

COLUMN 分散や標準偏差はnで割るのか、n−1で割るのか？　161

2-2 経営におけるリスクと、ハイリスク、ハイリターン？　166

2-3 「みんなの答えは意外と正しい」が機能するとき　168

● **章末問題**　170

第6章
数式に集約して「比較」してみる（回帰分析とモデル化）

1 **散布図と相関係数**　172

1-1 マンションへの投資を分析する　172

1-2 相関関係とは何か　174

2 **単回帰分析**　187

2-1 回帰分析の考え方　187

2-2 決定係数の意味──説明力とは？　192

COLUMN 戦略の歴史を変えた散布図　195

3 重回帰分析　197

3-1 質的変数（カテゴリーデータ）の重回帰分析への導入　200

3-2 どの説明変数が一番効いているのだろうか？　203

3-3 サンプルサイズ（データ数）はどのくらいあればよいのか？　205

3-4 予測力はどう測るか　206

3-5 重回帰分析における説明変数の選び方　207

3-6 予測か、因果的な説明か？　209

3-7 重回帰分析のパワー　212

COLUMN ロジスティック回帰分析で見るスペースシャトル事故　215

4 モデル化──関係性を演繹的に数式化する　217

4-1 フェルミ推定　217

4-2 利益の方程式で考える利益の出し方　222

4-3 モデル化で見る日米自動車産業のアプローチの違い　225

4-4 デュポン分析で見る日米欧のROEの差異要因　227

● **章末問題**　228

まとめ　230

章末問題の解答例　231

もっと知りたい人に　248

付録　回帰分析に関する補遺　251

　1　回帰分析と多重共線性　251
　2　回帰係数の因果的な（？）解釈　254

索引　260

第 I 部

分析の考え方

　毎日の仕事はアクションの連続です。皆さんは求められる結果を実現するために何らかのアクションを日々とっているのではないでしょうか。そして、アクションにはどのようなアクションを選択するのか、という大なり小なりの意思決定が必ずセットになっているはずです。

　ビジネススクールを例にとっても、できるだけ多くの優秀な学生に志望してもらうためには、どのような社会人をターゲットにすればよいのか、他校と比較してどのような特徴を売りにすればよいのか、ターゲットには内容をどのような手段や体験で伝えればよいのか、どのようにプログラム全体を設計していくのかなど、数々の連続する意思決定が必要になります。

　それでは「良い」意思決定をするためには何が必要なのでしょうか。美味しい料理を作るためには良い素材と、素材を活かした調理が重要であるように、「良い」意思決定をするためには、事実に基づいた質の高い分析が不可欠です。経営コンサルティングでは、短期間で数千万円という規模のプロジェクトも珍しくありません。その分野のプロであるクライアントに納得してもらえるだけの分析の質が、その価値の重要な要素であることは言うまでもありません。

　分析には、大別すると数字を使った「定量分析」と数字を使わない「定性分析」がありますが、特にビジネスの現場では数字を扱うことが多いことから、本書では数字を使った定量分析に焦点を当てることとします。

　第 I 部では、分析で大切な頭の使い方を、分析の目的やとるべきステップを考えることで一緒に見ていきましょう。

分析の本質

　「とにかくデータを集めていろいろとグラフを作ってみたが、『結局何が言いたいのか』と指摘されることが多い」「他人の作ったグラフや表を見ても、何を読み取ってよいのかわからない」「数字はとにかく苦手だし、嫌い」など、どのように数字を使った分析に取り組めばよいのか、数字との付き合い方に悩んでいる方も多いのではないでしょうか。
　第1章ではそもそも分析の目的は何なのか、分析とは何をすることなのかを中心に、皆さんと一緒に考えていきます。
　"Let's do the numbers!"

1 数字との付き合い方

■■ 1-1　数字嫌いを好きにする

　皆さんは数字が好きですか？　得意ですか？
　なぜかビジネススクールでは2×2のマトリックスでいろいろなことを整理するのが大好きですので、皆さんの今の状態をマトリックスで整理してみましょう。次に示すように、縦軸は「好き↔嫌い」、さらに横軸は「得意↔苦手」の2つです。自己診断であなたはA、B、C、Dの4つの象限のどこにいるでしょうか。

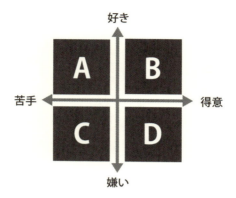

　授業や企業向けの研修でも、最初にこの自己診断を必ずやってもらうのですが、いつも大方6割近い方がAの数字は「好きだけど苦手」、さらに3割近い方が、Cの「嫌いだし苦手」、残りは少数の「好きだし、得意（B）」、あるいは「嫌いだけど得意（D）」という方々になります。

　好き嫌いはともかくとして、ほとんどの方が数字に対して「苦手」だと思われているようです。得意だと思っている方は、ごくごく少数派です（だからこそ、私の授業も成り立っているのかもしれませんが）。

　本書の目標はできる限り、自分の今いるポジションから数字の楽園（？）である「好き×得意」という象限に移動していただくことです。一見、難しそうに思うかもしれませんが、「苦手→得意」になるには、数字と付き合うちょっとした

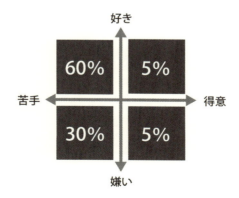

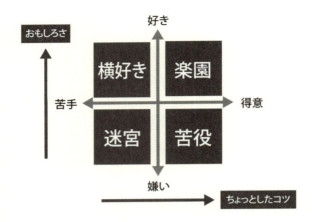

コツがあります。また、「嫌い→好き」になるために、数字を扱うことの楽しさ、面白さをぜひ一緒に体感いただきたいと思います。数字による面白い事例にできる限り触れつつ、数字との付き合い方を一緒に学んでいきたいと思います。

1-2 経営にとっての数字の意味

この本を手に取っていただいている方の多くは、ビジネスで数字を使われている、あるいは、その必要性を強く感じられているのではないでしょうか。むしろ数字を全く使わないで仕事をすることのほうが難しいかもしれません。

そんな方にとって、数字の必要性は自明かもしれませんが、ここで改めて考えてみたいと思います。そもそも経営にとって、数字はどのような意味があるのでしょうか。

これについては、実際に経営のプロである経営者が数字についてどのように語っているかを見るのが一番の早道かもしれません[1]。

「会計の数字は飛行機の操縦席にあるメーターみたいなもの。実態を表していなければ正しい方向に操縦はできない」（稲盛和夫　京セラ、JALなど）

「正確な日時や金額など、数字の入っていない会話は、ビジネスの会話ではあ

1　鈴木健一（2015）「孫正義、ジョブズ、鈴木敏文──名スピーチの心理学」『プレジデント』3月30日号。

りません。それは遊びです」（似鳥昭雄　ニトリ）

「問題には必ず原因があります。また、数字は正直です。原因や数字を現実と踏まえることで、必ず対策が見えてきます」（澤田秀雄　エイチ・アイ・エス）

「会議は、数字の報告にほとんどの時間が費やされます。このスタイルで会議をやるのは数字はそれだけで言葉だからです」（小山昇　武蔵野）

「数字なき物語も、物語なき数字も意味はない」（御手洗冨士夫　キヤノン）

　私は、この中でも御手洗氏の言葉を授業でよく引用します。というのも、これ以上短くしようがないぐらいに経営にとっての数字の意味をきわめて的確に捉えているからです。

　雑誌のインタビューの中で、御手洗氏は以下のように語っています。

　「目標を数字で表現すると、その数字の実現に何をどうすればいいのか、誰がどのような筋書きでどのような仕事をし、それにはどんな場面が必要なのか、方法論としての物語が浮かび上がってくる。……数字なき物語も、物語なき数字も意味はなく、実行も達成もできないでしょう。数字とその実現を約束する物語を示すことで、経営計画の信憑性を高め、市場や株主からの信頼性を確保する。数字力が言葉に信の力を与える」[2]

　経営、ビジネスは目的（たとえばお金を儲ける）を達成するために商品やサービスの開発、製造、販売などの一連のアクションを行っていく活動です。そのためにはどうしたらアクションが結果に結びつくのかを見極めなければなりません。「これをする（手段）と、こうなってこうなる（結果）」という因果の物語（ストーリー）が必要になります。このストーリーは時として「計画」とか「戦略」など、いろいろな言葉で表現されています。ただし、もしこのようなしっかりしたストーリーがなければ、そのアクションは結果に効くかどうかわからない「おまじない」かもしれないのです。

　経営をするうえで、ストーリーは必須なのですが、一方で、いつまでに何を

2　勝見明（2006）「御手洗冨士夫『組織と人を動かす』粘り説法」『プレジデント』2月13日号。

どのくらいするのか、といった具体性がなければ物語は夢物語に終わりかねません。似鳥氏の言葉を借りれば、それは「遊び」にすぎないのです。ストーリーに具体性を与え、うまくいっているのか、うまくいっていないのかの判断基準を与えるのが「数字」にほかなりません。物語と現実の接点が「数字」だと考えてよいかもしれません。

以下では、経営に必要な物語と数字の両面を「仮説思考」と「分析」という形でアプローチしていきます。

2 分析とは何か

数字を使った分析というと、どうしても高校や大学で学んだ難解な（？）「統計」や複雑なExcelの操作を思い出して難しく考えがちですが、実はその本質にある考え方や視点はとてもシンプルです。

アインシュタインの言葉を借りると、

「もしあなたが簡単に説明することができないのなら、あなたは十分にわかっていないということです」

"If you can't explain it simply, you don't understand it well enough."

■■2-1　愛の値段はいくら？

ここで、簡単な分析を皆さんと一緒に考えてみたいと思います。

「愛の値段はいくらでしょうか？」

この問いにはどのようなデータ、グラフがあれば答えられそうでしょうか。

愛にもいろいろありますが、ここでは考えやすい男女間の愛に絞って、まず考えてみましょう。

ビジネススクールの授業でこの演習を行うと、相手へのプレゼントやデートに使った時間をお金に換算して足し合わせたり、あるいは生命保険や離婚時の

図表1-1　分析で最も大切なこと

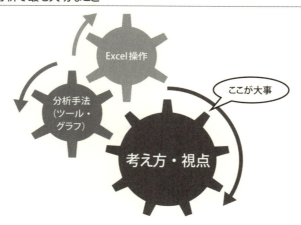

慰謝料から何とか導けないかと考えたりと、いろいろなアイディアが出てきます。一見、簡単そうなのですが、では、生命保険は愛のある場合のほうが保障額が高いのでしょうか。もしかすると愛がない場合のほうが高い、といったことがあるかもしれません。

　そもそも愛はpricelessで、お金に換算することなどできない、という意見もあると思いますが、ここでは面白い分析例をご紹介しましょう[3]。

　図表1-2のとおり、アクサ生命が実施した調査で、働く独身女性（25〜44歳）を対象に男性に求める年収を尋ねたところ、理想の平均年収は552万円でした。一方、「心から愛せる相手が現れたとします。その男性の年収が、理想の年収から最低いくらまで減っても結婚することができますか？」と聞いた場合の年収は270万円。ここではその差、約282万円が1年間の愛の値段だと解釈することができます。

　ストレートに愛の値段を聞くのではなく、間接的に聞いた答えの比較から愛の値段を試算する、うまい分析ですね。

3　西口敦 (2011)『普通のダンナがなぜ見つからない？』文藝春秋。ちなみに、この本は結婚に関する分析力の塊のような本となっています。ぜひ一読ください。

図表1-2　働く独身女性（25～44歳）が男性に求める年収

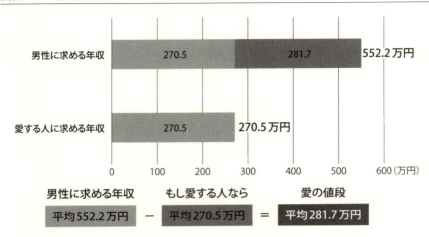

(出所) アクサ生命「オトナの女のリスク実態調査」2010年2月。

■ 2-2　分析の本質は「比較」

　愛の値段の例では愛がある場合と、愛を意識しない場合の答えの「比較」によって、その差から愛の値段をうまく引き出していました。実は皆さんが日々行っている数字を使った分析の本質は「比較」にあるのです。「比較をしない分析はない」といっても過言ではありません。

　比較をすることで数字という原石から意味を抽出するのが分析です。皆さんが普段行っている分析も、その多くは無意識のうちに何かを比較しています。何を比較しているのか、比較対象を意識するだけでも、分析ははるかにシャープになります。

　では、なぜ比較なのでしょうか？

　この質問に答えるためには、そもそもビジネスにおいて何のために分析をするのか、というところに遡る必要があります。

　ビジネスの本質は何か、と問われたとき、私は一言で「因果関係の構築」と答えるようにしています。というのも、ビジネスでは通常、期待成果や目的があって、それを実現するためにいろいろな行動、アクションをとっていくことになるからです。そしてこの際、どのようなアクションをとれば効率的、かつ

図表1-3　問題解決とは

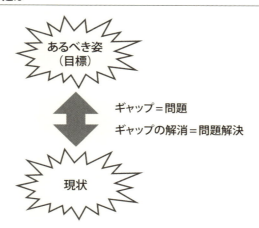

効果的に成果が出せるのかに日々頭を悩ませています。

　アクションによって期待される成果が出るためには、アクションと期待成果の間に因果関係が不可欠です。仮にこの因果関係が不明なアクションをとるとしたら、アクションは、ほぼ「おまじない」と同じレベルと言ってもよいかもしれません。

　違った表現をすれば、「因果関係がわかれば未来を変えられる」と言ってもよいかもしれません。皆さんは未来を変えるために仕事をしているのではないでしょうか。未来を変えてみたいと思いませんか。

■■2-3　問題解決と比較

　因果関係、と一言でいっても分析のイメージが湧きにくいと思いますので、具体的な例として、問題解決を考えてみましょう。皆さんが仕事で扱う内容は、広い意味で問題解決が多いと思います。問題解決というと、「そんなに、毎日仕事で問題解決しているわけじゃないのだけど」と感じるかもしれません。

　ここではまず、そもそも問題とは何かを考える必要があります。よく使われる実用的な定義は図表1-3にあるように、現状とあるべき姿にギャップがある状態を問題と捉えるやり方です。このように考えると、たとえばパソコンが立ち上がらない（あるべき姿＝起動している状態、現状＝立ち上がらず、動かない）と

いった状態も問題といえます。

　一方、あるべき姿を目標と捉えるとどうでしょう。皆さんの仕事のほとんどは目標に向かって何かアクションをとっているのではないでしょうか。目標と現状にギャップがあることも問題がある状態といえます。最初から目標と現状が一致していたら、もう何もアクションをとる必要はないでしょう。目標を達成するために行動することは、目標と現状のギャップを解消すること、すなわち問題解決と捉えることが可能です。

　パソコンが立ち上がらない、というわかりやすい例との違いは、後者の問題解決は、あるべき姿を設定して初めて問題が生じる点です。リーダーの大切な役割の1つは目標を設定することにありますが、問題の定義に即して考えれば、目標というあるべき姿を設定することで「問題を作ること」がリーダーの役割といってよいかもしれません。

　さて、問題解決するためには、因果関係を押さえて、何らかのアクションでこのギャップを解消することが必要となります。

　問題解決はまさに因果関係そのものですから、ここではビジネスにおいて因果関係を具体的に考える例示として、図表1-4のように、問題解決によく使われる、汎用性の高い問いのフレームワークであるWhat-Where-Why-Howを使って少し考えてみましょう（このフレームワークについては、改めて第2章で詳しく説明します）。

　①What……そもそも取り組むべき問題（あるべき姿と現実のギャップ）は何だろう？
　②Where……どこに問題があるのだろう？
　③Why……なぜ問題が起きているのだろう？
　④How……解決策は何だろう？

　この4つの問いのうち、最初の3つの問いに答えるには「比較」が不可欠です。

　まず、問題点の所在を明らかにするWhatでは、通常あるべき姿と現状のギャップで問題を定義しますが、これはまさに比較ですね。続く、問題や対象を絞り込むWhereと原因を明らかにするWhyに答えるためにも「比較」が不可

図表1-4　問題解決と比較

Where?（どこが問題？）
比較から「ここ」だ！

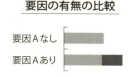
Why?（何が原因？）
要因の有無の比較
要因Aなし
要因Aあり
比較から「原因はAに違いない」

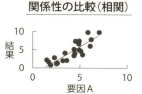
関係性の比較（相関）

欠です。

　他の部分と比較をすることで初めてどこに問題があるのか、また、原因と結果の比較をして関係性を見ることで、初めて問題の原因が見えてくるのです。

　たとえば、あなたがコンビニエンスストアで新しい商品（仮に有機食材にこだわった弁当）の販売企画を担当しているとしましょう。あなたは、どのお客さんをターゲットに絞り込めばよいか（Where）、さらにお弁当のパッケージでお客さんに何を訴えればより売れるか（Why&How）を考えるべきでしょう。

　まず、ターゲット（Where）を考えましょう。有機食材の弁当に関心を持って反応してくれる人はどのような層かを考えなければなりません。たとえば、消費者アンケート調査の回答から、小さな子どもを持つ主婦層がきわめて敏感に反応することがわかったとしましょう。このプロセスは、まさに主婦層と他の顧客層とで有機食材への関心度の大きさを比較していることにほかなりません。

　そのうえで、このような小さな子どもを持つ主婦層にどのような点をアピールすれば、より多く売れるか（Why&How）を考えることになります。

　思い返してみると、過去、食材にこだわった弁当を出した際には、生産者の似顔絵をパッケージに入れた場合と、入れなかった場合で大きく売上に違いがあり、似顔絵があったほうが、親近感を持ってもらえるせいか、圧倒的に売れたことを思い出しました。今回もきっと似顔絵をパッケージ入れたほうが売れるに違いないと考え、似顔絵を入れることに決めたとしましょう。これは、まさに似顔絵の有無と売上の比較から、両者の因果関係を考えていることにほか

12 　第Ⅰ部　分析の考え方

ならないのです。

■■2-4　さらにしつこく、因果関係と比較について

　因果関係を推し量る際、人が頭の中でどのように考えているのか、少しデータをもとに考えてみましょう。

　冬になると毎年風邪やインフルエンザが流行します。ある年のこと、普段は必ず喉が痛くなったり、鼻がズルズルしたりする私が、その年に限ってインフルエンザはおろか、風邪もひきませんでした。なぜだろう、何が原因だろう、今年は何か今までと違ったことをしただろうか、と考えてみました。

　思い当たる点はヨーグルトぐらいです。今年はあるコンビニエンスストアのヨーグルトにはまってしまい、冬になってから毎日のようにヨーグルトを食べていたのです。きっとヨーグルトの乳酸菌のおかげで体の免疫力が増した結果、風邪にかからなかったのではないか、そのように原因を考えてみました。

　本当に原因がヨーグルトによる免疫力の向上だったかどうかはわかりませんが、このような思考パターンは、因果関係を推論する典型的な方法です。すなわち、結果の違いと、原因とおぼしきものの差異を比較して関連づけて因果関係があるのではないか、と考えるのです。

　他の例でも考えてみましょう。

　近年、学習における振り返りの重要性が指摘されています[4]。たとえば、振り返りをした学生のグループと、振り返りをしなかった学生のグループでテストの平均点が図表1-5のグラフのようだったとしましょう。振り返りをしなかったグループの平均点は66点、振り返りをしたグループはそれよりも15点上がったとします（ここでは振り返りの有無以外は同じ条件だとします）。

　皆さんは振り返りとテストの結果の関係にどのような関係性を読み取るでしょうか。振り返りの有無と、テスト結果の差異を比較し、両者に因果関係があると読み取るのではないでしょうか。すなわち、振り返りをしたことでテスト結果が向上したと考えるわけです。ちなみに、このデータは実際の研究結果からの引用です[5]。振り返りで22％も成績が良くなるのだったら振り返らない手

4　たとえば、和栗百恵 (2010)「『ふりかえり』と学習──大学教育におけるふりかえり支援のために」『国立教育政策研究所紀要』139：85-100。

図表1-5　振り返りの効果

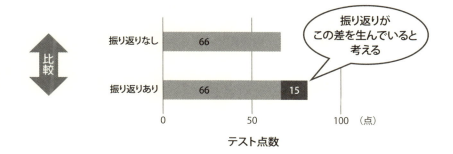

はありませんよね。

　振り返りのケースは原因が定性的な「振り返ること」の有無でしたが、続いて原因が量的な場合はどうでしょうか。図表1-6のグラフは生活時間の記録を継続的につけているビジネススクール学生の、四半期ごとの実際の学習時間と各学期の成績の関係をグラフにしたものです。学習量と成績の比較から、勉強時間が多いほど成績は良いことがわかります。この関係性（共変性、相関関係と呼びます）から、学習量がテスト結果に効く、勉強すればするほどテスト結果が良くなるという因果関係があるのではないか、と考えるわけです。

　2つの例からわかるとおり、原因とおぼしきものの有無、あるいは量的な大小と、結果の関係性を比較し、その差異から因果関係の有無と効果を推し量るのです。この比較の関係を少し方程式のように書くと以下のようになります[6]。

　　X→Yへの因果関係の効果
　　＝（Xが起こったときのY）－（Xが起こらなかったときのY）

　おそらく太古の昔から、人間は意識することなく生き残るために、こういった思考形式を身につけてきたものと考えられます。というのも、クラスでこの

5　Giada Di Stefano et al. (2014) "Learning by Thinking: How Reflection Aids Performance," Harvard Business School Working Paper 14-093.
6　この定式化は林岳彦氏の資料「相関と因果について考える」をもとに作成。

図表1-6　学習量の効果

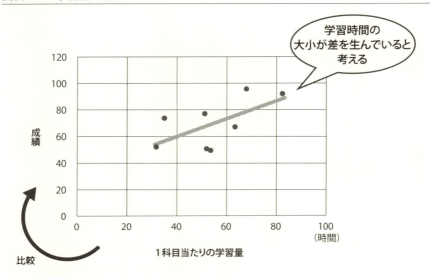

（出所）グロービス経営大学院の卒業生である野呂浩良氏自身の行動時間分析データによる。

ようなデータの解釈を行うと、ほとんどの皆さんが因果関係を推論できるものの、なぜそのように推論できたのかは説明できないことが多いからです。

このような因果関係を推し量る思考パターンを身につけてきたからこそ、動物の中で人間のみが高度な文明を発達させることができたのかもしれません。

ここまで「因果関係を推し量る」という書き方をしました。というのも、このような関係があることは因果関係かもしれない、という大切なヒントを与えてくれるからといって、必ずしも因果関係とは限らないからです（因果関係の必要条件については、第4章で説明します）。

その最たる例が図表1-7に示したジンクスです。たとえば、あなたがセールスを担当しているとしましょう。ある日、営業にたまたま赤いネクタイをしていったらうまく成約したとします。その場で思い当たる、いつもとの差は赤いネクタイ。ということで、赤いネクタイは勝負ネクタイ、だから、これから大切な商談の日は、必ず赤いネクタイをして行こう、とあなたは考えるかもしれません。

図表1-7　赤いネクタイと因果関係

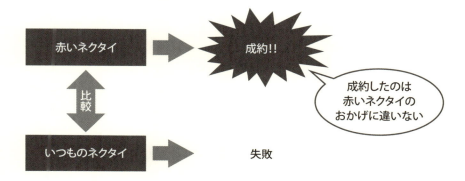

　確かに赤いネクタイは「パワータイ」と呼ばれ、力強さやパッションを象徴しているという考え方もあります。実際、欧米の政治家や経営者が赤いネクタイを使うのをよく見かけます。したがって、赤いネクタイがお客さんの心理状態にポジティブな影響を与えた可能性が全くないわけではないのですが、ここでは他の可能性も考えてみましょう。

　おそらく赤いネクタイ以外の違いがあなたの営業活動や顧客サイドにあったはずです。たとえば、とても大事なお客さんなので、実はいつもよりかなり念入りに提案書を作成していて、気持ちを切り替えようとして、たまたまいつもと違う赤いネクタイを選んでみただけかもしれません。この場合、赤いネクタイが直接成約に影響した、というよりは赤いネクタイを選ぶきっかけとなった、入念な提案書の準備を成約の原因と考えたほうがよいでしょう。

　このように、誰にでも因果関係を推し量る思考パターンが脳に刻み込まれています。しかし、問題なのは日頃無意識にその思考パターンを使っているため、いざ分析してみようとすると、うまく使えないことなのです。分析をうまく行うためには、この「比較して因果関係をつかむ」という思考パターンを意識して行うことが重要になります。

COLUMN　　　　　　　　　　恋愛方程式

「幸運の女神には後ろ髪がない」という言葉があります。機会を逃して後から悔いても仕方がない、機会を逃すな、「後悔先に立たず」ということですね。ちなみに、前髪しかない女神をイメージできず、長い間、いったいどんな女神だろうと思っていました。実はもともとのギリシャ神話のチャンスの神、カイロスは女神ではなく少年で、前髪しかなかったので、チャンスが来たら前髪をつかむしかなかった、とのこと。

　さて、愛の値段の話をしたので、ちょっと脱線して、後悔することなく、恋愛で運命の人（？）に出会うためにはどのような戦略をとればよいのかを一緒に考えてみたいと思います。もちろん、数限りなくいろいろな人と付き合えればよいのでしょうが、多くの人が付き合える相手の数は実際には限りがあります。そのような条件の下、何人もの人と出会う中で、この人で決めてしまってよいのだろうか、もしかしたらこの人をパスして、次の人を探したらもっと自分にふさわしい人に会えるのではないだろうか。でも、この人以上の人は現れないかもしれない、と悩むのはありそうな状況です。

　実はこのような場合、何人目（rとします）以降でこの人だと決めれば運命の人（あなたにとって最も評価の高い人）に出会えるかについては、簡単な式でその確率が計算できるのです。結論を先に言うと、実際に生涯で10人の人と付き合うと仮定してこの式からその確率を計算すると、rは4のときに確率が最大になることがわかります。

　すなわち、運命の人と会える確率を最大化するためには、どんなに良い人でも最初の3人（＝4−1）には「ゴメンなさい」をして、4人目以降でもし最初の3人よりよい人に出会えたら、その人にするのがベストな戦略です。

　また、生涯で付き合うであろう人の数、nが大きくなっていくと、確率を最大化する最適なrはn/e（ただし、eは自然対数の底で、約2.71、したがって、1/eは約0.368）に近づいていくことがわかっており、だいたい、生涯で付き合う人の最初の36.8％、あるいは単純化してだいたい最初の3

分の1までは「ゴメンなさい」をすればよいことがわかっています。

それでは、実際の人間の行動はどうかというと、どうも最適な数まで待てずに意思決定をしてしまう傾向があるようです。確かに別れは繰り返すにはつらすぎるかもしれません。

＊　＊　＊

そもそもどうしてこのような式で確率が計算できるのか、興味のある人向けに少し説明しましょう。興味のない人は読み飛ばしてください。

確率の計算式は以下のとおりとなります。

$$P(r) = \left(\frac{r-1}{n}\right) \sum_{i=r}^{n} \left(\frac{1}{i-1}\right)$$

ここで、nはあなたが生涯で付き合う相手の数です。

また、あなたは順番に付き合う中で、最初の（r−1）人の相手に「ゴメンなさい」をし、r番目以降に付き合う人で、もし最初にフッた（r−1）人よりも良い人がいれば、その場でその人に決めるという戦略をとることとします。また、時間を逆戻りすることはできず、次の人に進むことはできても、すでにフッてしまった人に戻ることはできません。まさに後悔先に立たず、です。

式に懐かしい（？）Σ（シグマと読みます）が出てきた瞬間に気絶しそうですが、Σは次のとおり、ある範囲の値をすべて足すという記号です。

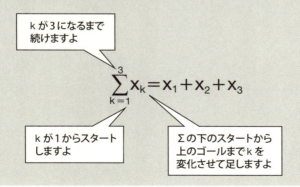

ここでは仮にあなたの運命の人をMさんとします。あなたの戦略を確認すると、最初の（r−1）人までは断り続け、r人目以降で最初の（r−1）人よりも良い人が出た段階でその人に決めるというものでした。この戦略で運命の人Mさんに出会える確率P（r）は、次のような場合分けの確率を足し合わせたものになります。

・r人目がMさんで、かつr人目まで途中で決めないでたどり着ける確率
・（r+1）人目がMさんで、かつ（r+1）人目まで途中で決めないでたどり着ける確率
　…
・（n−1）人目がMさんで、かつ（n−1）人目まで途中で決めないでたどり着ける確率
・n人目がMさんで、かつn人目まで途中で決めないでたどり着ける確率

それぞれの確率のうち、i番目がMさんである確率は全部で候補者がn人いるわけですから1/nになります。一方、i番目まで途中で決めないでたどり着ける確率は、以下のように計算できます。

i番目までたどり着くためには、それまでに決めていない必要があります。i番目までのi人中で最も良いのはMさんです。ここであなたが出会うi人中、Mさんの次に2番目に良い人（仮にNさんとします）に何番目に会うかを考えてみましょう。というのも、Nさんに何番目に出会うかによって、Mさんにめぐり会える運命が左右されてしまうからです。ここでは2パターンに分けて考えます。

・Nさんが（r−1）番目までにいる場合
・Nさんがr番目以降（i−1）番目までにいる場合

「ゴメンなさい」をする（r−1）人までにNさんがいた場合、r番目以降にNさんを超える人はいないので、i番目でMさんに出会って初めて、そこでMさんに決めることになります。

一方、Nさんがr番目以降（i−1）番目までにいた場合、Mさんに会った瞬間に、Nさんがその時点までで一番良い人ですから、少なくともMさんに会う前にNさん（あるいは、Mさん以外に出会ったr−1番目まで、より良い誰か）に決めることになり、Mさんにはたどり着けません。

したがって、i番目でMさんに出会うためには、会った中でMさんに次いで2番目に良いNさんは最初の（r−1）人中にいる必要があります。2番目に良い人であるNさんは最初から（i−1）人中（r−1）番目までに出現する可能性は（r−1）／（i−1）と計算できます。

まとめると、i人目がMさんで、かつi人目まで途中で決めないでたどり着ける確率は、

$$\frac{1}{n} \times \left(\frac{r-1}{i-1} \right) = \left(\frac{r-1}{n} \right) \times \left(\frac{1}{i-1} \right)$$

この確率をiがrからnまでΣで足すと最初の式になります。

ちなみに、この恋愛方程式では、ベストな人に出会える確率を最大化するための戦略を考えたのですが、実際には必ずしもベストな人に出会うことにこだわらず、2番目でも3番目でもよいから結ばれる人の期待値を最大化する（平均して良い人に出会う）戦略もありえます。

その場合の最適戦略は、実は先ほどの戦略（だいたい最初の3分の1までは「ゴメンなさい」をする）とは異なっています。この場合、最適な戦略は、生涯に付き合えるであろう人数をnとすると、最初の$\sqrt{n}-1$人 にゴメンなさいをして、その後でゴメンなさいをした人たちよりも良い人にめぐり会えたところで迷わず決めるという戦略が最も良いことがわかっています[7]。

たとえば、生涯に付き合える人が10人だとすると、$\sqrt{10}-1$は2.16ですので、最初の2人はゴメンなさいをして、3人目以降で最初の2人より良い人が出たらその人に決めればよいことにな

r	P（r）
2	0.2829
3	0.3658
4	0.3987
5	0.3983
6	0.3728
7	0.3274
8	0.2653
9	0.1889
10	0.1000

7　J. Neil Bearden (2005) "A New Secretary Problem with Rank-Based Selection and Cardinal Payoffs," *Journal of Mathematical Psychology* 50 (1): 58–59.

ります。冒頭のとにかくベストな人に出会うことを狙う戦略に比べ、少し早めに決めてよいことになりますね。

　ベストな人に出会うことを狙う戦略の場合、実際の人間の行動は最適な数まで待てずに意思決定をしてしまう傾向があるようだと書いたのですが、実際の人間の行動は、ベストな人に出会うことを狙っているのではなく、むしろ平均してできるだけ良い人に出会う戦略をとっていると考えたほうが実態に近いのかもしれません。

COLUMN Less is more? 人生は比較しないほうがよい？

　分析は比較なのですが、人間は分析にとどまらず何でも比較しないと気の済まない動物のようです。たとえば、自らが幸福かどうかを感じるのも、どうしても他の人と比較してしまいがちです。

　比較と幸福感に関しては面白い研究があります。

　オリンピックのメダリストのうち、銀メダルと銅メダルではどちらが幸せだと思いますか？　客観的には上位のメダルである銀メダリストのほうが幸せであるはずなのですが、実際は違うようです。

　コーネル大学のメドベック氏らが1992年のバルセロナ・オリンピックで銀メダリストと銅メダリストの比較を試みました[8]。競技直後、さらに表彰式でのビデオの様子からどの程度メダリストが幸福かを10段階評価で（スポーツに無関心な）大学生に評価させたのです。

　10段階（1：苦悶→10：歓喜）の評価で競技直後の銅メダリストは7.1、一方の銀メダリストは4.8、さらに表彰台では銅メダリストが5.7、一方の銀メダリストは4.3と、銅メダリストの幸福感のほうが銀メダリストより高いという結果が出ました。

　この原因は比較対象の違いにあるといわれています。すなわち、銅メダ

8　V. H. Medvec et al. (1995) "When Less is More: Counterfactual Thinking and Satisfaction among Olympic Medalists." *Journal of Personality and Social Psychology* 69: 603–610.

リストはメダルを取れなかった人（あるいは、取れなかったかもしれない自分）との比較をし、「ああ、良かった」と感じている。一方、銀メダリストは金メダリスト（あるいは、あと一歩で金を取れたかもしれない自分）との比較をしてしまうために、銀メダルの喜びを十分に感じられない。

　分析は比較なのですが、幸せになるためには人生を比較しないほうがよいのかもしれません。

3　何と何を比較するのか

　さて、分析の本質は比較だ、ということを見てきました。確かに「分析は比較」ではあるのですが、何でも比較すればよいというわけではありません。何と何を比較するのか、が実はとても大切なのです。

■■3-1　適切な比較とは

　図表1-8のグラフは米国のあるコンサルティング会社のウェブサイトのグラフと、そのグラフをもとに打ち出されているメッセージです。「わが社の顧客の株価はマーケット平均の3倍に上がっています。顧客の企業価値（≒株価）を上げるのが私達の仕事です」[9]

　企業は誰のものか、企業価値とは何かにはいろいろな考え方があるのですが、ここではきわめてファイナンス的に、株価の水準が企業の価値を表すとシンプルに考えてみましょう。S&P500は米国の代表的な株価指数で、日本でいえば、日経平均、あるいはTOPIXのようなものです。

　さて、このグラフのデータ（顧客の株価推移平均とS&P500の比較）から、コンサルティング会社の華麗な（？）コンサルティングの結果、S&P500に比べて3倍に株価が上昇した（その差の2倍分はコンサルティングのおかげ）といえそうでしょうか。もしいえないとすると、どのような点が気になりますか？

　まず、このグラフでこのコンサルティング会社が伝えようとしているのは、

9　あるコンサルティング会社のウェブサイトをヒントに作成した、あくまで架空のコンサルティング会社の仮想的なデータです。S&P500データは実データです。

図表1-8　わが社の顧客の株価と株価指数（S&P500）の推移

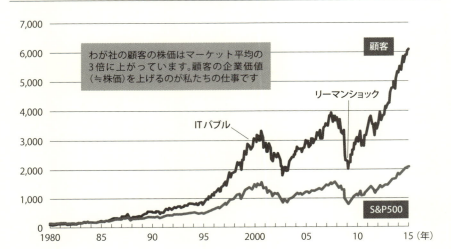

「コンサルティングをする→結果として、企業価値（株価）が上がる」という、まさに因果関係にほかなりません。この因果関係がこのグラフから十分な納得感を持っているといえそうでしょうか。

この演習の際、よく上がってくる疑問点は以下のようなものです。

- そもそも株価が上がった顧客だけを選んでいるのではないか。
  → ここではフェアにそういうインチキはしていないとしましょう。
- データにしている顧客数がそもそも少ないのではないか。
  → 確かにデータ数があまりに少ない場合、偏っている懸念があるのですが、ここでは十分な数があるとしましょう。たとえば100社以上。
- そもそもいつからいつまでコンサルティングをしたのかわからない。
  → 原因と結果の間にあまりに時間差があっても納得感は薄いですね。ここでは期間中ずーっとコンサルティングをしていたとしましょう。
- 平均をとっているが、たとえば1社だけ株価が100倍になるといったずば抜けた企業があるのでは？
  → 大きく外れ値がある場合、必ずしも平均値が全体の代表選手としてふさわ

しくない「平均の罠」というものですが、ここでは大きな外れ値はないとしましょう。

- ●因果関係が逆ではないのか。そもそも成長性の高い企業をコンサルティングしているのでは？
  →確かにグラフからだけでは因果関係の向きはわかりません。ここではシンプルに顧客の選び方は選り好みしていないとしましょう。
- ●顧客がたとえばIT企業に偏っているのではないか。ITバブルの時期に大きく株価が上がっている。

　ここでは特に最後のポイントに絞ってさらに一緒に考えてみましょう。確かに1999年から2000年の時期に急に株価が上がっています。もしかしたら顧客はIT企業に偏っているのかもしれません。

　だとすると、このグラフは何がおかしいのでしょうか。よく返ってくる答えは「比較対象をいろいろな産業からなるS&P500ではなく、たとえばIT企業の株価指数（もしあれば）にすべき」です。

　では、なぜIT企業に揃えなければならないのでしょうか？　実はこの質問にすぐにきちんと答えられる人は意外に少ないのです。これはおそらく日常、因果関係を推論する際、多くの人が無意識に比較対象を揃えるようにして考えているからだと思われます。英語では、よく比較対象が適切かどうかを「リンゴとリンゴを比べているか（apples to apples）」、間違って「リンゴとオレンジを比べていないか（apples to oranges）」と表現します。

　ここでは、「（原因）コンサルティングの有無→（結果）企業価値の違い」を比較してコンサルティングと企業価値の因果関係を推し量りたいわけですが、この場合、コンサルティングの有無以外の条件をできるだけ同じになるように揃えないと、コンサルティングが企業価値向上に効いたのか、それ以外の異なる条件（たとえば業種の違いなど）が効いたのかがわからなくなってしまいます。

　皆さんは比較対象を適切に揃えて選ぶなんて簡単だし、間違えるわけがないと思っているかもしれません。でも、これが意外と難しいのです。

　続けて実際の例をいくつか見てみましょう。どこがおかしいのか、一緒に考えてみてください。

■■3-2 スペースシャトル・チャレンジャー号の事故

　1986年1月28日、ケネディ宇宙センターから打ち上げられた米国のスペースシャトル・チャレンジャー号は、打ち上げから73秒後に爆発分解し、7名の乗組員が犠牲になりました。7名の乗組員には高校教師だった女性のクリスタ・マコーリフさんが含まれており、宇宙から授業を行う計画で、子どもを含む全米の多くの人々が打ち上げ中継を見ている面前で、大きな事故が起こったのです。全米に与えた影響はきわめて大きいものがありました。

　当時のレーガン大統領は予定されていた一般教書演説を中止し、事故の夜に全米に向けて緊急の演説を行いました。

　その後、大統領の下に設置された特別委員会での調査により、この事故の原因は、ロケットの接合部に用いられていたOリングと呼ばれるゴム製の部品の不具合によってもたらされたことが明らかとなりました。ところが、このOリングはこの打ち上げで初めて不具合を起こしたわけではなく、実は以前の打ち上げから不具合を起こしていました。ただし、少なくとも大事故にはつながってはいなかったのです。運命の1月28日までは。

　時は事故の前日の27日にさかのぼります。NASAのエンジニアと、Oリングを設計したサイオコール社のエンジニアたちは翌日の28日に打ち上げを行うべきかの検討を重ねていました。28日は発射時にきわめて気温が低くなる（−0.6℃程度）ことが予想されており、はたしてこの気温がOリングの不具合に関係するか否かを見極める必要があったのです。

　エンジニアたちが見ていたのは、不具合を生じた打ち上げ時の気温と、不具合の関係を表した図表1-9です。

　皆さんはこのグラフから気温とOリングの不具合にどのような関係を見いだしますか？

　Y軸が不具合の数となっているため、一見、気温と不具合の関係にはU字型の関係があるようにも考えられます。ただし、不具合が発生するか否か、という視点で考えると、12℃から24℃の範囲ではどの気温でもOリングの不具合が発生しており、気温と不具合の

図表1-9　Oリング不具合発生時の不具合の数と気温の関係は？

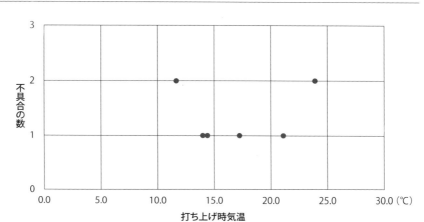

（出所）M. Lichman（2013）UCI Machine Learning Repository. Irvine, CA: University of California, School of Information and Computer Science より著者作成。

間には関係がないようにも見えるのです。まさにこれがエンジニアたちの最終判断であり、その判断をもとに、実際にチャレンジャー号は打ち上げられたのです。

　実は最初のグラフには「比較」という視点から、致命的なミスがありました。
　重要なのは、不具合が出るか出ないかという結果の違いです。したがって、本当に比較しなければならないのは、不具合があった場合と不具合がなかった場合の差異の比較なのです。にもかかわらず、グラフには不具合が生じた場合のデータしかプロットされておらず、不具合が生じなかった場合の打ち上げの情報が全く織り込まれていませんでした。

　図表1-10は、不具合が生じなかった打ち上げも含めて全体のデータをグラフ化したものです。グラフからわかるのは、

・18℃より高い領域では14回の打ち上げのうち、2回に不具合が発生。発生する割合は約14%
・18℃より低い領域では全4回の打ち上げすべてで不具合が発生している。発生割合は100%

図表1-10　Oリングの不具合の数と気温の関係は？（全ケース）

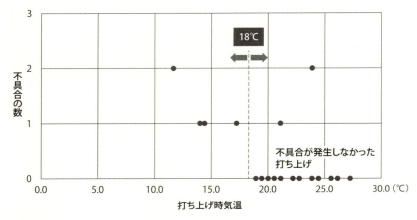

(出所) 図表1-9と同じ。

　したがって、-0.6℃と予想される打ち上げ予定日には、かなり高い確率で不具合が発生されることが予想されます。この分析から、チャレンジャー号の打ち上げは延期されるべきものだったのです。

　分析のコンセプトはシンプルに「比較」です。しかし、NASAの熟練のエンジニアたちでさえ、比較対象を間違えて分析を行ってしまっていました。何と何を比較するのか、正しい比較をすることが分析では必須なのです。

■■3-3　爆撃機をどうやって強化するか？[10]

　第2次世界大戦中、米国のコロンビア大学に在籍していた統計学者のエイブラハム・ウォールドは米軍の爆撃機の生存能力を上げるためにどうすればよいのかを分析していました。特に、爆撃機の耐被弾能力を上げるために、爆撃機のどの部分を装甲で強化するのかが大きな問題となっていたのです。言うまでもなく、爆撃機全体に装甲を貼れば、耐被弾性能は向上するものの、爆撃機が重くなってしまうため、装甲で強化する部分を選ぶしかありません。問題は

10　たとえば、"SciTech Tuesday: Abraham Wald, Seeing the Unseen" (http://www.nww2m.com/2012/11/scitech-tuesday-abraham-wald-seeing-the-unseen/)。

図表1-11　爆撃機の被弾状況を比較する

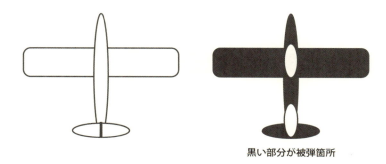

黒い部分が被弾箇所

いったい爆撃機のどこを装甲で強化すればよいか、ということです。

爆撃から基地に帰還した爆撃機の被弾状況を調べると、図表1-11のように、被弾している部分と被弾していない部分に状況は分かれていました。

分析は比較ですね。

では、被弾している部分と、被弾していない部分、比較してどちらを強化すべきでしょうか。普通に考えると被弾しているところほど、被弾を防ぐために装甲で強化しなければならないと思えます。当時、連合軍も激しく被弾している部分を装甲で強化すべきだと考えていました。

これに対して、ウォールドはむしろ、被弾していない部分こそ強化すべきだと主張したのです。

実は、ここで比較しなければならないのは、帰還できた爆撃機の被弾状況ではなく、帰還できた爆撃機と帰還できなかった爆撃機の違いにほかなりません。もちろん、帰還できなかった爆撃機は目の前にないので、前提を置いて推論するしかありません。敵機や地上からの対空砲火により、そもそも爆撃機はある程度まんべんなく被弾したであろうことは想像できます。それにもかかわらず、帰還した爆撃機には被弾状況に偏りがあるのはなぜか。おそらく、帰還した爆撃機の被弾していない部分に被弾した爆撃機は致命傷となり、帰還できなかったのではないか、と推論できるのです。

だとすると、墜落に至る致命的な箇所はむしろ被弾していない部分であり、被弾していない場所こそむしろ装甲で強化しなければならないことがわかりま

す。ここでも結果の違い（帰還 vs. 撃墜）を適切に比較することが大切なのです。

　この爆撃機のケースのように生存した事例だけから推論してしまう場合、適切な比較がなされていないことから、結論にはバイアス（偏り）が生じてしまいます。これは、実はとてもよくやりがちな過ちであることから名前が付けられており、生存バイアス（Survivorship Bias）と呼ばれています。

　本来、何が生存に効いたのかを見極めるためには、生存した場合と生存しなかった場合の比較をしなければなりません。しかしながら、人は目の前にある生存した場合のみから原因を考えがちなのです。

　実は経営分野はこの生存バイアスがきわめて働きやすい分野といえます。

　書店に行くとビジネス書のコーナーには本当に多くの本が並んでいます。それらをあえて大胆にまとめると、書店に並んでいる経営書には、おそらく以下の2タイプの書籍が多いのではないでしょうか。

①成功した経営者の経験、事例をもとに記述された本
②成功した企業の事例をもとに記述された本

　いずれの本も、成功した事例に共通する要因から成功要因を記述しているという点では基本的な構成は同じですね。事例が複数あればまだ良いほうで、実際には独白的なものも多く見られます。

　たとえば、私が①のスタイルで本を書こうとして成功した経営者50人にインタビューをした結果、「全員が朝食を必ず摂っていた」ということがわかったとしましょう。

　この分析をもとに、私の出す本のメッセージは「経営者として成功するためには必ず朝食を摂らなければならない」としたいと考えています。皆さんは、はたして書店でこの本を手に取ってくれるでしょうか。おそらく、何かがおかしいと感じるに違いありません。私の本は何がおかしいのでしょうか。

　実は、朝食を必ず食べていた人で、失敗した経営者もたくさんいるはずなのです。

　成功した経営者や企業と、失敗した経営者、企業の比較、差異から初めて本当の成功要因は見えてくるはずです。したがって、成功した経営者や企業だけ

から書かれた本は、まさに先ほどの生存バイアスの落とし穴にハマっているかもしれないのです。

それでは、なぜ経営書には生存バイアスがかかっているかもしれない本が多いのでしょうか。1つには成功した経営者や企業の情報は取りやすい一方で、失敗した経営者や企業の情報は取りにくいことが理由として挙げられます。成功した経営者は多くのことを語ってくれそうですが、失敗した経営者は口が堅いでしょう。また、企業の場合、大きく失敗すれば倒産して、そもそも企業自体がすでに消えてしまっているかもしれないのです。

いずれにせよ、経営書の多くは適切な比較がされておらず、生存バイアスがかかってしまう可能性を否定できません。適切な比較がなされていない以上、本の結論は事例で実証された結果、というよりはあくまで仮説レベルとしてその内容を捉えたほうがよいかもしれません。

内容の真贋の見極めは皆さんにかかっている、といえます。

■■3-4 ビジネスにおける実験とA/Bテスト

因果関係を探るには、比較の際、原因と考えられる要因以外は条件を揃える、あるいは関心のある要因以外は逆に全くランダムにして違いを平均化して比較（医療分野でよく使われるランダム化比較試験［RCT］と呼ばれるものです）すればよいことになります。

RCTというのは、医療分野を中心に使われてきた比較方法です。たとえば、新薬の効果を知りたい場合、被験者をランダムに新薬を投薬するグループと、新薬ではなく、いわゆる偽薬（プラセボ）を投薬するグループに分け、その効果を比較して新薬の効果を見極めることになります。

実際に被験者は年齢や生活環境などが全く同じではありません。しかし数多くの被験者が、ランダムに新薬を試すグループと偽薬を試すグループに振り分けられることで、もしかすると結果に影響を与えるかもしれない他の要因の違いがほぼ平均化されて、結果への影響という点で無視できると考えるわけです。比較の究極の姿の1つが、ランダム化比較試験といえるかもしれません。

医療分野はともかく、このような実験的な比較はビジネス分野では難しいと従来考えられてきました。というのも、比較に足るだけの十分なデータ数を確

30 第Ⅰ部 分析の考え方

図表1-12 米大統領選でのモバイルサイトのA/Bテスト

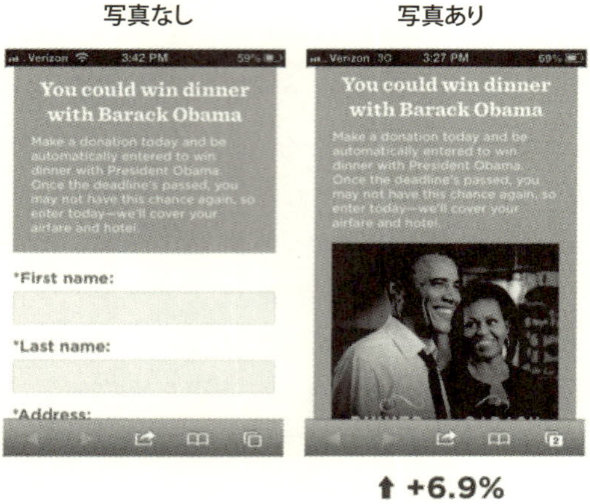

写真なし　　　　　　　写真あり

↑ +6.9%

（出所）http://kylerush.net

保するのが困難だったからです。しかしながら、ネットの世界になり、A/Bテストという形で広く使われるようになり、状況が大きく変わってきました。

　A/Bテストとは新しい施策が実際に結果に効くかどうか、実験してみようというアプローチです。たとえば、ネット上で実際にサイトに訪れた人に対して、ランダムに2つのパターンを見せて、先ほどの新薬の試験同様、どの程度効果があるのか比較してみるのです。

　A/Bテストの例として、2012年の米大統領選挙でオバマ陣営の使った分析を見てみましょう。オバマ陣営では2008年の大統領選挙に引き続き、2012年の大統領選挙でもA/Bテストを駆使して、寄付の獲得を図りました[11]。

　図表1-12の写真はモバイルサイトですが、当初、サイトはできる限りシンプルなほうがよいだろうとの仮説の下、左のように、オバマ大統領の写真を外していました。しかし、A/Bテストでオバマ夫妻の写真が入ったサイトとの比較をしたところ、写真があるサイトのほうが6.9%ほど寄付は多かったのです。

　オバマ陣営では2012年の選挙戦ではこのようなA/Bテストを500回実施して

---

11 "Kyle Rush on Surprising Results, His Major, and the Future," Optimizely Blog.

図表1-13　分析＝仮説思考×比較

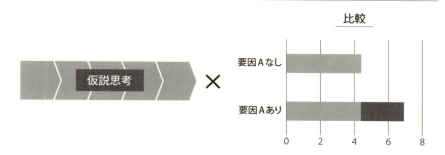

サイトの最適化を図ったとされています。

　また、高級レストランではメニューの料金からドル記号（$）を省略することで、より多く顧客が注文すると言われていることにヒントを得て、寄付金額から$を取ったら寄付が増えるのではないかとの仮説が生まれました。実際、寄付金額に$が付いているものと、付いていないもののA/Bテストを行ったところ、こちらは結果に違いが出ませんでした。

　以上、分析の本質は因果関係を解き明かし、結果を出すためのアクションにつなげるために、比較を駆使することだと見てきました。
　それでは、どのように実際に分析すればよいのでしょうか。「分析は比較」ならば何でも片っ端から比較すればよいのでしょうか。それではいくら時間があっても足りません。ビジネスでは分析に費やせる時間は限られていますから、効率的に分析を行う必要があります。どうすれば効率的に分析できるのでしょうか。
　実は、効率的に分析するには特有の頭の使い方、思考ステップ（仮説思考）が必要になります。やみくもに分析するのではなく、分析によって何を解き明かそうとするのか、どんなことが言えるとよいのかをあらかじめ想定してから実際に分析に取りかかるのです。図表1-13に示すように、「分析＝仮説思考×比較」とシンプルに捉えることが可能です。
　次章では分析のための頭の使い方である仮説思考について一緒に見ていきましょう。そのうえで、続く第3章からは、さらに分析で比較する際に意識すべき

比較の視点と、実際の比較方法であるアプローチについて考えていきたいと思います。

章末問題

1 実際に見かけたある金融機関の広告です。以下のようなメッセージがありました。

「あなたの時間を3分ください。3分間で、85.1％の方が※資産運用の必要性に気づきました」

このメッセージ、分析という点ではいくつか突っ込みどころがあるのですが、どこでしょうか？

※全国20代〜50代の男女1000人を対象に当社が実施した「3分で読めるボーナス運用マニュアル」に関するインターネット調査において、「(3分で読めるボーナス運用マニュアルを読んで)資産運用の必要性をどの程度感じましたか？」の問いに、「必要性を感じた」または「少し必要性を感じた」と回答した方の合計851人の、調査対象数1000人に対する割合85.1％を示しています。

2 これも、ある広告です。掲げられているグラフから、「20歳を過ぎたらコエンザイムQ10は不足する」といえそうでしょうか。もし突っ込みどころがあるとすれば、何でしょうか？

20歳を過ぎたらコエンザイムQ10は不足する!

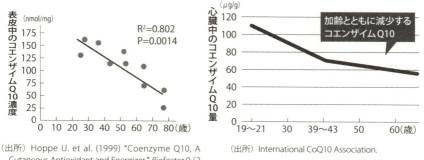

(出所) Hoppe U. et al. (1999) "Coenzyme Q10, A Cutaneous Antioxidant and Energizer," *Biofactor* 9 (2-4): 371–378.

(出所) International CoQ10 Association.

3 小学校の学級の少人数化が文部科学省を中心に検討（2015年時点）されています。1学級当たりの子どもの数の平均値は、日本の小学校では28.0人なのに対し、OECDの平均は21.6人となっており、日本のほうが1学級当たりの子どもの数は多いようです。確かに、子どもの数が少ないほうが先生も手厚い教育指導ができそうな気もします。

学級の規模は少ないほうが本当に子どもたちの成績が上がるのでしょうか。実際にクラスの規模を変えて実験ができればよいのですが、公平感を考えると、なかなか社会的な実験は難しそうです。どのようにすればクラスの規模（人数）と成績に影響があるかどうか、確かめられるでしょうか？ あなたのアイディアをぜひ聞かせてください。

第 **2** 章

分析と仮説思考

　第1章ではそもそも分析の目的は何か、分析とは何をすることなのかを中心に見てきました。ビジネスでは欲しい結果を出すために、効率的に結果と因果関係のある手段を組み立てる必要があります。分析の目的は効率的な因果関係を解き明かすことでした。また、分析の本質は「（分けて）比較」でしたね。

　分析の目的やその本質がわかったとして、実際にどのような手順で分析していけばよいのでしょうか。素材を活かして美味しい料理を作るために調理の手順があるように、良い意思決定をするための分析にも、実は考える手順があります。

　皆さんの多くは、いろいろと考えて仕事をしていると思います。しかし、多くの場合、「考える」という行為自体を無意識に行っているのではないでしょうか。スポーツでイメージしてもらうとわかりやすいのですが、無意識に行っても、なかなか上達しません。分析に必要な考え方を身につけるためには、どのように考えたらよいのか、その手順を意識化することが重要です。

　第2章では、良い分析をするために必要な「考え方」の手順について説明していきます。

1 仮説とは何か

■■1-1　あなたの仮説力診断

　たとえば、上司に来週の営業会議までに「営業力強化に関する提案をまとめておいて」と頼まれたとしましょう。会社は今期、残念ながら営業成績が計画を下回る状況が続いており、何らかの改善策をとる必要に迫られています。あなたはこれから報告書作成の準備に取りかからなければなりません。

　皆さんの状況は、おそらく次の3つのレベルのいずれかになるのではないでしょうか。

・目次はおろか、何を書いてよいか全く思いつかないレベル（仮説3級）

```
★営業力強化報告書
う〜ん、どうしよう。
```

・目次は何とか思いつくが、何を書けばよいかがイメージできないレベル（仮説2級）

```
★営業力強化報告書
 1. 営業力強化の必要性
 2. 現状の課題
 3. 課題の所在
 4. 課題の原因
 5. 解決策の提案
```

・目次と、目次に対応したストーリー展開のイメージができるレベル（仮説1級）

> ★営業力強化報告書
> 1. 営業力強化の必要性　　→目標は必達
> 2. 現状の課題　→このままでは目標未達
> 3. 課題の所在　→営業成績が2極化しているのでは？
> 4. 課題の原因　→成績と顧客訪問数は比例しているのでは？　訪問数不足が原因
> 5. 解決策の提案　→日報などの無駄な時間を廃し、営業活動の時間を増やすべき

　3級は残念ですが、そもそも何を考えたらよいかもわからない状態ですから、全く動きようがありません。先輩や上司に助けを求めるしかありません。2級は何を考えたらよいかがわかっている点では3級よりは恵まれていますが、このままではいつまで経っても具体的に何を書いてよいかわからず、とめどなくとりあえず営業データを集めて、ウンウン唸ってあれこれ試行錯誤の分析を繰り返すしかありません。営業会議の直前になって上司に資料の準備ができていないことを指摘され、「なんでもっと早く相談しに来ないんだ！」と手ひどく怒られるのが関の山です。誰かと一緒に仕事を分担しようと思っても、これでは分担のしようがありません。

　一方、1級ではどうでしょう。たとえば、日頃のあなたの周囲への問題意識（できる営業とできない営業は何が違うのか）をもとに、目次のみならずストーリー展開のイメージができていれば、後の仕事は楽になります。実際にストーリー展開に必要なデータ（たとえば訪問件数と成約件数の関係など）や情報を集めてグラフや表を作り、パワーポイントのチャートにまとめるだけでしょう。

　さらに、もしチームで報告書の作成対応をするのであれば、ストーリーを分解して、みんなで分担もしやすくなります。言うまでもなく、作業は大いにはかどるはずです。また、事前にストーリーを想定することで、仮にデータを集めた結果、ストーリーとそぐわなかった場合でも、なんでもともとの仮説と違うのだろうと考えることで新たなストーリーへの発想が展開します。

　まさに自分の知っている断片的な情報や経験をもとに作った、レベル3のこの目次（実は問い）に対する仮の答え（ストーリー）が「仮説」であり、仮説を組み立てることが「仮説構築」にほかなりません。

仮説＝（問いに対する）仮の答え／ストーリー

　仮説というと難しく聞こえるかもしれません。皆さんの周囲で仕事ができると言われている人をぜひ観察してほしいのですが、仕事に取りかかる前に多かれ少なかれ事前に自分のストーリー、すなわち「仮説」を持って単なる試行錯誤だけではなく、意図を持って仕事をしているはずです。

　これから、そもそも仮説を持って仕事をすると、どのようなメリットがあるのか、どのようなプロセスで仕事をすればよいのか、ビジネスで「使える」仮説とは何か、どうすれば「使える」仮説を持つことができるのかを皆さんと一緒に考えてみたいと思います。

■■1-2　仮説思考のメリット

　ここでは、仮説を持って思考する、仕事をすることをシンプルに「仮説思考」と呼ぶことにしましょう。では、そもそも仮説思考で仮説を持って、仮説から逆算して仕事をすると何がよいのでしょうか。

　メリットは以下の3つに集約されます。

仮説思考の仕事のメリット＝スピード↑ × 精度（質）↑ × 進化スピード↑

　仮説を持って仕事をした場合と、仮説を全く持たずに仕事をした場合を考えてみましょう。仮説を持たないで仕事をする、ということは言い換えると行き当たりばったりで仕事を進める、ということになります。時間が無限にあればこの方法でもいつか答えに行き着けるかもしれません。しかし、ビジネスでは常に限られた時間で結果を出すことが求められています。仮説を持って仕事をすることのメリットは、試行錯誤による余計な作業をしなくてもよい、したがって、スピーディかつ集中して精度の良い仕事ができることです。

　仮説思考の話をすると、必ず受ける質問が、「仮説を持つことで強引に結論に持って行くことになるのではないか？」「決め打ちになるのではないか？」というものです。

　確かに仮説は正しいかどうかわからない「仮の」説明ですから、データを分

析し、検証してみると仮説のとおりとはならず、結果として外れることも往々にしてあります。データを無視して突っ走れば、まさに強引に決め打ちすることになりますし、これは避けなければなりません。

実は仮説を持って仕事をしている場合と持っていない場合とで違いが出るのは、まさに「外れた」場合なのです。仮説を持たずに仕事をした場合、目の前の事実をそのまま受け止め、「なんだ、そうなるんだ」と納得してしまい、「なぜ？」と問うことなく終わってしまいます。

仮説を持っていると、意に反して仮説とは異なる結果になった場合、他人に言われなくても仮説のどこが間違っていたのか、「なぜ？」と自分に問わずにはいられないでしょう。仮説のとおりにならなかったということは、そこには自分が考えきれなかった「何か」が潜んでいるはずですから。

たとえば、もし冒頭の営業力強化のケースで、仮説とは異なり、営業担当者の顧客訪問件数と成約数に関係性が見られないのであれば、営業成績はどうも営業の活動量や訪問数だけで決まるわけではないようです。再度仮説を構築しなければなりません。

他の可能性はないか、改めてデキる営業担当者と普通の営業担当者の行動を具体的に思い返して比較してみると、どうもデキる営業担当者はこのお客さんはこういう理由でうちの商品を購入してくれる、という明確なストーリーを持って営業をしていることが思い当たりました。営業成績を分けているのは、活動量ではなく、お客さんに対する明確な購入ストーリーを描けているかどうかではないのか。

こういった仮説が思いつけば、しめたものです。あなたの仕事に関する仮説の構築能力は明らかに「進化」することになります。このように仮説を持って毎日仕事をすることの365日の積み重ねが1年後にあなたの仕事の精度、質にどのような変化をもたらすかは言うまでもありません。

別の言い方をすれば、あなたは仮説起点で仕事をしたことで、仮説が外れた経験から「学べた」ことになるのです。次に考えがつながるか、進化するかどうかが仮説を持って仕事をするか否かの大きな違いとなります。仮説を持たなかった場合、おそらく次回も同じように仕事をするでしょう。

「学べた」かどうかは次回、同じような局面で行動が変化するかどうかにか

かっています。よりうまいアクションがとれるかどうかが、経験から学べたか否かの分水嶺です。あなたの未来のアクションが変わるかどうかは、仮説を持って仕事をするかどうかにかかっているのです。

2 仮説思考の仕事の進め方

■■2-1　仮説思考のステップ

　仮説思考で取るべきステップは図表2-1のとおりです。実際には1度回っておしまい、ということではなく、らせん状に進むと考えてください。最初の思いつきレベルの初期仮説をデータや事実で補強しながら、より確かな仮説へと育ててアクションを取ることになります。

　　ステップ0：目的（イシュー、問い）を押さえる
　　ステップ1：目的（問い）に対する仮説（ストーリー）を立てる
　　ステップ2：実際にデータを集める
　　ステップ3：分析により仮説のとおりかどうかを検証し、確かめる

図表2-1　仮説思考のステップ

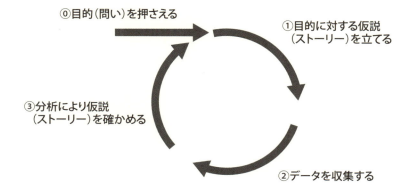

このステップのうち、特に大事なのは最初の2つ、「目的（問い）を押さえる」と「仮説を立てる」の2ステップになります。このうち、最初の目的（問い）の押さえ方には、後述する問いのパターンをぜひ参照ください。

ルイス・キャロルの『不思議の国のアリス』には象徴的に目的の重要性がねこによってアリスに語られています[1]。

> 「おねがい、教えてちょうだい、あたしはここからどっちへいったらいいのかしら」
> 「それはかなり、あんたがどこへいきたいかによるなあ」とねこ。
> 「どこでもいいんですけど？」とアリス。
> 「ならどっちへいってもかんけいないじゃん」とねこ。
> 「でもどっかへはつきたいんです」とアリスは、説明するようにつけくわえました。
> 「ああ、そりゃどっかへはつくよ、まちがいなく。たっぷり歩けばね」

ねこではないのですが、たっぷり分析すればたぶん何かは出てくるでしょう。しかし、ビジネス環境での最も希少性の高い資源は時間です。時間を無駄にせず、効率的に分析するためには目的、すなわち、「どこへ行きたいか」を明確にする必要があります。

最初に仮説を立てる際、仮説のネタとなる情報を事前に集めることもありますが、特に最初のうちはこの部分は意識して最小にして、スキップしてもよいぐらいの気持ちで、まず自分がすでに知っていること、経験をもとに考えてみましょう。

特にデータがないから何も考えられない、という「データ依存症」は絶対に避けるべきです。情報過多の時代にあって、データや情報がないままで考えるのは実はとてもつらいことです。しかし、ここで踏ん張ってまず考えられるかどうかが思考の質を左右します。情報がないから考えられない、ではなく、情

1　ルイス・キャロル著、山形浩生訳「不思議の国のアリス」(http://www.genpaku.org/alice01/alice01j.html)。

報がなくても想像力を働かせて考えてみましょう。

■■2-2　コンサルタントの仮説思考

　仮説思考に基づく仕事の流儀で参考になるのは「思考のプロ」が集う経営コンサルティングでの仕事の進め方です。仮説思考の1つの究極の姿がここにあります。

　コンサルティングで取り組む顧客（クライアント）の課題は、自分の経験値がある分野のこともあるのですが、実は経験値や知識がない業界の企業や、土地勘のない企業のプロジェクトに取り組まなければならないことも多いのです。このような場合、初期仮説を立てるために最初の数日～1週間程度で急速にその業界、クライアント業界に関する知識をインプットします。ネットでの検索、各種調査、業界誌はもちろんのこと、コンサルティングファーム内にいる業界の経験者、あるいはクライアント企業のOBなどにコンタクトし、業界の構造やクライアント企業の直面する問題点をつかむのです。

　そのうえで実際のプロジェクトが始まって本格的に得られた情報をもとに、かなり早い段階（数週間程度）で仮説としての答えを出し、最終報告をイメージしたパワーポイントでの仮説のストーリーを作ってしまいます。これはコンサルティングファームによって紙芝居、空パック、ストーリーボードなどと呼ばれていますが、最終報告での報告資料を想定し、図表2-2に示すように、パワーポイントのスライドにタイトルやメッセージを仮説として書き込み、そのメッセージをサポートするにはどのようなグラフやインタビュー結果が必要か、その時点での実際のデータの入手可否に関係なく組み立てていきます。まさに報告資料の紙芝居を「想像力」をフル回転して事前に作ってしまうのです。

　仮説としての最終報告資料を作成してしまい、その資料を「検証」する形で分担して実際にデータを集め「仮説検証」的に資料を作っていくのです。仮説としての言いたい結論、その結論を言うために必要な根拠（これも仮説）を起点に仕事を進めていくのですから「逆算思考」と呼んでもよいかもしれません。

　若いコンサルタントが短期間に仮説構築力を伸ばすことができるのは、まさにこの仮説思考、仮説検証のプロセスを高速で繰り返すからにほかなりません。

　仮説思考を明示的に業務に織り込んで高い業績につなげている例は、皆さん

図表2-2　ストーリーボードのイメージ

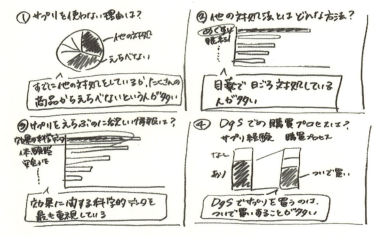

パソコン上というよりは、ホワイトボードを使ってプロジェクトメンバー共同で作成、あるいはレポート用紙に手書きで個人が作成するイメージ

の身近にも存在しています。皆さんがよく利用するセブン-イレブンではオーナーからアルバイトに至るまで、仮説思考で商品を発注することが求められています。すなわち、販売実績などの客観的なデータに加え、未だ顕在化していない顧客の潜在的なニーズを察知するための先行情報（イベントの有無、天候、気温など）をもとに、「おそらく顧客はこういう理由でこういった商品を求めるはずだから、この商品が売れるはず」という自分なりのストーリーを作って商品を発注します。そのうえで販売後にPOSデータをもとにどの商品がどの時間帯にどのくらい売れたか、立てた仮説のストーリーを検証するのです（図表2-3）。

この仮説思考、仮説検証を毎日繰り返して商品発注の精度を上げていくことになります。これはセブン-イレブンが発注精度を売り手としての最も大事な業務の1つだと考えているからにほかなりません。ウォルマートに代表される米国の大規模小売チェーンがアルゴリズムを用いて自動発注のシステム化を進めてきたことに比べると、まさに対極的な取組みになります。

実際、多くのコンビニエンスストアは、見た目にはほとんど同じように見えます。しかし、その中でも最多店舗数を誇るセブン-イレブンがなぜ他チェーン

図表2-3　おにぎり発注時のストーリー例

よりもおよそ10万円高い平均日販を維持できるのか、それを支える組織能力の1つがこの仮説思考にあると言われているのです。

また、最近では、ベンチャーの世界でも仮説思考のアプローチがエリック・リースの提唱するリーンスタートアップという形で注目されています。リーンスタートアップでは事前の計画や顧客調査に膨大な時間やエネルギーをかけるのではなく、事業の仮説を小さく展開し、顧客とのインタラクションから仮説を検証することで学習し、事業を小刻みに改善していくことがうたわれていますが、これもまさに仮説思考のサイクルをきわめて短期間に継続的に回し続けることにほかなりません。

結局のところ、1回だけの仕事であれば、仮説を持って仕事をしても、持たずに仕事をしても、大して結果に差は出ないかもしれません。しかし、経営コンサルティング、セブン-イレブンの例からもわかるように、差を出せるかどうかは、間違いなくこのプロセスを繰り返せるかどうかにかかっているのです。

■■2-3 「使える」仮説とは?

　改めて皆さんがビジネスで考えなければならない「仮説」とは、どのような
ものでしょうか。仕事で皆さんが常日頃問われているのは、どのようなことで
しょうか。多くの場合は、求められる結果を出すためにどのようなアクション
をとればよいのか、ということに尽きるのではないでしょうか。であるならば、
仮説はアクションにつながるものでなければならない、というのがビジネスに
おける「使える」仮説の最も重要な要件となります。

「使える」仮説＝アクションにつながるもの

　たとえば、空いっぱいに広がる雲を見て「空は曇っている」と考えたとして
も、現状を実況中継しているだけでアクションのイメージは全く湧きません。
しかし、もし同じ空を見て、「曇っているから、これから雨が降りそうだ」と仮
説を考えたとすると、「だったら会社へは傘を持っていこう。ベランダの洗濯物
も出かける前に取り込んでおこう」とアクションにつながります。
　冒頭の営業力強化のケースでも、「営業成績が二極化しているのでは?」とい
う現状の仮説だけではこれをデータで検証できたとしてもアクションにはつな
がりません。So what?(だから何なの?)とさらに自らに問いかけ、「できない人
の底上げが必要ではないか→できない人は内勤に時間をとられ、顧客訪問がで
きていないのでは?」と、原因の仮説まで結びつけて初めて、たとえば「だっ
たら、無駄な時間を減らして訪問数を増やせばよいのでは?」といった解決策
のアクションが見えてくるのです。
　思いついた仮説に「So what?(だから何なの?)」と繰り返し問いかけることで、
仮説が具体的なアクションにつながるかどうかが浮き彫りになってきます。
　それでは「アクションにつながる」とは、一体全体どういうことでしょうか。
「アクションにつながる」ためには、どのような条件が仮説には必要になるので
しょうか。
　アクションにつながる、ということは言い換えると、仮説を頼りにしてアク
ションが生まれ、その帰結として欲しい結果が得られるということになります。
アクション(手段、原因)によって何か(目的、結果)を変えるためには、両者間

に因果関係がなければなりません。

つまり、「使える」仮説、「アクションにつながる」仮説とは、因果関係（原因、手段→目的、結果）に関連するメッセージでなければならないということがわかります。「使える」仮説の多くは因果関係そのものに関するもので、「これをするとこうなる（Why?）」といったものか、あるいは、「80対20のルール」[2]に代表されるような「ここに絞り込むと効率的に結果が出せる（Where?）」といった、その仮説によって、実は効率的に因果関係が作れるといったものになります。

「使える」仮説＝因果関係に関する問いに答えるもの

ビジネスにおいて、「使える」仮説がどのようなものかを意識して仮説を表現することは、仮説構築の後に続く分析の質にも大きく影響します。ここではまず、仮説を立てる際に、因果関係を意識する（すなわち原因と結果が要素として必要）という程度に簡単に考えてみましょう。

■■2-4　問いのパターン

すでに仮説は「問い」に対する仮の答え、ストーリーだということを一緒に見てきました。

仮説＝（問いに対する）仮の答え／ストーリー

ここではもう少し、具体的にどのような「問い」に答えるものであるかを見ていきましょう。よく使われる問いのパターンがわかれば、実際に仮説を作る際の取っ掛かりに使えるからです。問いに対する仮の答えが、まさに仮説になります。

実はありがたいことに、この因果関係に関する「問い」には先人たちがまと

2　19世紀のイタリアの経済学者であったヴィルフレド・パレートはイタリアの土地の80％は人口の20％で所有されていることを見出しました。このパレートの法則は「80対20の法則」とも呼ばれ、「いろいろな事象においておおむね80％の結果、アウトプットは20％の要因、インプットから生み出されている」というものです。もちろん偏り方の80％、20％という比率自体は象徴的なものですが、一言でいえば、「世の中は偏る」ということにほかなりません。

図表2-4　問題解決のフレームワーク

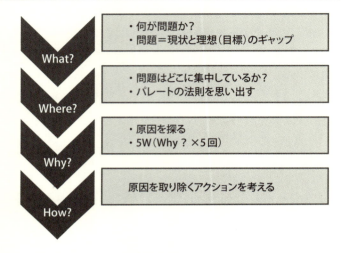

めてくれたよく使うパターン（問題解決のフレームワークと呼ばれます）があります。どこから考えてよいかわからない場合は、ぜひこの問いのパターンを使ってみてください。問いとしては一連の形となっていますが、必ずしもセットで使う必要はなく、皆さんの直面している状況に合わせて使えるものをバラバラに使ってもらっても大丈夫です。

　まず、何が問題（イシュー）なのか、何を解決すべきなのか、問題そのものを明確にする問い（What?）と、明らかになった問題を具体的に解決するための、問題解決の問い（Where?　Why?　How?）に分けられます（図表2-4）。

　問題、という言葉は日常的には社会問題をはじめとして、どちらかというと「困ったこと」といったネガティブな意味に使われることが多いですね。ここでは、第1章で先述したとおり、より幅広く、あるべき状態と現状にギャップのある状態を「問題」のある状態、さらにこのギャップを埋めて、あるべき状態を実現することを「問題解決」と捉えることにします。

　このように問題を幅広く捉えると、ビジネスにおける戦略や経営計画をはじめとして、皆さんが取り組むことの大半をある種の「問題」として捉えることができます。というのも、あるべき姿を「目標」と捉えてやると、日々目標に向かってアクションを起こしていくほとんどのビジネス文脈を問題と読み替え

ることができるからです。

　たとえば、あなたが担当している商品の売上を来年度は20％増やさなければ
ならないとしましょう。あるべき状態が「売上が20％増えている状態」であり、
現状は「現在の売上の状態」となります。このギャップをなくす、すなわち、
どうすれば現在の売上を20％増加した状態に持って行けるかが、この場合の問
題解決になります。売上を20％伸ばすために、きっとあなたは、たとえば商品
のパッケージを変えたり、プロモーションの方法を工夫したり、さらに価格そ
のものも見直すかもしれません。このように見ると、実は日々皆さんが行って
いることの大半は問題解決だと見ることができます。

【もうひとつの問いのパターンPICO】

　問題解決のフレームワークとして、「What→Where→Why→How」という枠
組みを紹介しました。これ以外にも、特にWhyにかかわる分析を意識したとき
に役立つ枠組みをもう1つ紹介しておきます。因果関係を意識し、仮説をどの
ように分析したらよいかを考える際に、そもそも仮説の表現の定式化としても
ヒントになるはずです。

　医療の分野では「根拠に基づく医療」(EBM: Evidence-Based Medicine) という言
葉がよく使われるようになっています。経験や勘に頼るのではなく、実証によ
り根拠のある情報や知識をもとに目の前の患者に対して治療を行っていこう、
というものです。EBMで使われている問いがPICO（PECO）です。医療分野で
実績のあがっている定式化の方法をビジネスの文脈でも使ってみましょう。

P（問題　Problem）：対象は何、誰？（医療の文脈では患者、Patient）
I（原因　Intervention）：何をすると？（Iの代わりにExposureのEを使うことも）
C（比較　Comparison）：何と比べて？
O（結果　Outcome）：結果はどうなるのか？

　もともとの医療分野では、たとえば

　P：小学生に

Ⅰ：キシリトールガムを噛ませると
Ｃ：通常の歯磨きしかしていない場合に比べて
Ｏ：虫歯ができにくい

といった形で表現することになります。比較対象も含め、ここまで表現されていれば、後はどのようなグラフで分析すればよいのかは、かなりイメージしやすくなります。逆に、この4要素がしっかり入っていない仮説は分析して表現するのは難しい、といってもよいかもしれません。

3 仮説構築力 ——仮説はどのように生み出せばよいのか

さて、それでは仮説はどのように生み出せばよいのでしょうか。最も多くの人が疑問を抱くのはまさにこの部分になりますし、実際、ビジネススクールで学生から最もよく出てくる質問もこれになります。既述の問いのパターンは仮説を生むきっかけには使えるのですが、問いに対してどのように仮の答えを考えればよいのでしょうか。

すでに見たように、ビジネスで「使える」仮説が多かれ少なかれビジネスにおける因果関係、メカニズムにかかわるものだとすると、「使える」仮説を生み出せるかどうかは、ビジネスにおける因果関係をいかに見抜けるか、洞察できるかにかかっています。

仮説構築力、仮説構築の推進力の源は、「問題意識」と仮説の「引き出し」に分けて考えることができます。

仮説構築力＝問題意識×引き出し

仮説を構築する推進力としての仕事への問題意識と、仮説のタネとなる知識や情報の引き出しの2つがあって初めてビジネスで「使える」仮説が生み出せるのです。

【問題意識】

　言うまでもないことですが、日々、どれだけの目的意識、問題意識（もっとこうしたい、このままではまずい）を持って仕事に取り組んでいるかが仮説構築のスタート地点です。明日も今日と全く同じように仕事をすればよいのであれば、おそらく仮説構築自体、ほとんど必要ないかもしれません。もっと良い仕事がしたい、未来を変えたい、こういった問題意識があってこそ、初めて仮説構築の意味が生まれますし、「なぜこうなるのだろう？」という疑問も湧き、仮説を立ててみようという前向きのエネルギーも生まれるものです。

　また、問題意識の有無は次に説明する引き出しにも大いに影響します。皆さんも、自分の関心のある趣味やアーティストの話題であれば、何気なく見ている情報も、頭の中に無意識のうちに残るのではないでしょうか。問題意識を持って仕事をしていると、面白いことに氾濫する情報の中から仮説のタネとなる関連する知識、情報が自然と自分の目や耳に飛び込んでくるものです。

【引き出し──ビジネスのメカニズムへの理解】

　仮説、というと何かとても頭の良い人が何もないところから新しいアイディアをひねり出すようなイメージを持っているかもしれません。ロングセラーとなっている、『アイデアのつくり方』には「アイデアとは既存の要素の新しい組合せ以外の何ものでもない（"An idea is nothing more nor less than a new combination of old elements"）」と記述されており、私も大好きな定義です[3]。今、アイディアを仮説と読み替えれば、まさに「仮説とは既存の要素（知識）の新しい組合せ以外の何ものでもない」といったところでしょうか。

　ゼロを何倍してもゼロにしかならないように、仮説のもととなるビジネスのメカニズム、因果関係に関する原理原則の知識、引き出しが全くない状態では初期仮説すら立てることができないでしょう。極端なことを言うと、いくら演繹法や帰納法といった論理思考の方法を学んだとしても、知識がなければ仮説は生み出すことができません。ビジネスのメカニズム、因果関係に関する自分の引き出し、仮想的なデータベースをいかに自分の中で整備できるか、これが

3　ジェームズ・W・ヤング『アイデアのつくり方』CCCメディアハウス、1988年。

ビジネスで「使える」仮説を生み出せるかどうかの成否を分けます。さらに知識の組合せの新しさ、ということでは組み合わせられる知識の多様性、幅広さがとても大切になります。

知識は、その原理原則をそのまま応用することで仮説を作ることを助けてくれます。同時に、原理原則に当てはまらない「外れ値」を浮き彫りにすることで、そこから今まで気づかなかったような新しい知識を生み出すことにもつながるのです。

仮説の引き出し＝知識 （経験から得た知識＋学習で得た知識）＋情報

仮説のタネとなる引き出しには知識と情報という、大きく2種類のデータソースがあります。情報については次項のデータ収集で触れますので、ここでは仮説構築に必要なビジネスの知識について説明します。

知識のうち、まず最も大切なものは仕事をはじめとする自分の経験から得られた知識です。日々の経験は「こうしたら、こうなった」という知識の形で蓄積されていきます。経験は自らが体験したことですので、データベースに最も深く刻み込まれることになります。成人の能力開発の7割は経験で説明できるといわれることがありますが、引き出しの知識の多くも、やはり経験から得られたものとなります。

一方、経験から得られる知識は経験できることしか学べない、すなわちその幅と深さが業務で経験できることで限定されてしまう、なかなか全体感が持てない、構造化ができないという大きな限界を持っています。この経験を補うのが、たとえばビジネスであれば、ビジネススクールなどの場で体系的に学ぶことによって培われる知識になります。

どのような知識がどこまで体系的に必要になってくるのかは、皆さんが直面している「問い」のレベル感にも依存します。たとえば、「明日、おにぎりを何個発注しようか？」であれば、先輩から教えてもらった、どのような要因（たとえば、天候や近所でのイベントの有無）が購買に影響しそうかという知識があれば、仮説を考えるのには十分かもしれません。しかし、もしコンビニの店長になって「どうすれば利益を増やせるか？」という問いに答えるためには、売上と費

用をはじめとする会計の知識はもちろんのこと、たとえば、増収のためのマーケティングの知識も必要になるでしょう。皆さんのポジションが上がり、より高い視座が要求される「問い」に答えなければならないほど、必要な知識の幅、視野も広がってきます。

　今までとは質の異なる「問い」に対して、すぐに「仮説」が立てられるかどうか。これがポジションを上がっていくときに直面する1つの大きな課題です。

COLUMN　　　　演繹法と帰納法

　論理的な思考法は、演繹法と帰納法の2つに帰着します。

　演繹法では一般に受け入れられている規則性、法則性やパターンから結論を導き出します。

　たとえば、経営分野では一般に、規模の経済性（規模の大きいほうが効率が良い）という法則性が知られています。

　日本では多くの都市銀行が2000年前後に合併しました。たとえば、1996年には三菱銀行と東京銀行が合併し東京三菱銀行が、2001年にはさくら銀行と住友銀行が合併し、三井住友銀行が誕生しました。また、2002年には第一勧業銀行、富士銀行、日本興業銀行が合併し、みずほ銀行が、また、三和銀行、東海銀行が合併し、UFJ銀行が誕生しています。

　この一連の動きの背景にあった理由の1つは、以下のような演繹的な考え方です。

　　ルール（規則性、法則性）……規模の大きいほうが収益性（効率）が高い
　　　　　　　　　　　　　　　　［規模の経済性］
　　観察事項……当行は相対的に規模が小さい
　　結論……合併により規模を大きくすることで、さらに収益性を上げることができる

このように、規則性や法則性から結論を導く方法を演繹法と呼びます。演繹法では前提となるルールそのものが正しければ結論も正しくなるはずですので、「正しさに強い」思考法といえます。一方で、ルールさえわかれば結論が見えているという意味で「新しさに弱い」思考法とも考えられます。

演繹法をビジネスで使いこなすためには、まさにビジネスにおける規則性や法則性の引き出しを多く持っていることが不可欠であり、ビジネススクールやビジネス書などで勉強する目的の1つが、このような経営分野における法則性や共通パターン（理論、定石）を学ぶことになります。

それではもう一方の帰納法は、何の役に立つのでしょうか。

実は仮説を立てる、という目的に照らしたときに大切になる思考法は帰納法にほかなりません。

たとえば先ほどは、規模の経済性（規模の大きいほうが効率が良い）という法則性を前提として結論を導き出しましたが、そもそもこのような法則性はどのように導き出されたのでしょうか。実際の事例や観察事項から共通するパターンや法則性を導き出す思考法が帰納法です。

第3章の5節では、コンビニエンスストア・チェーンの規模と収益性の関係を散布図に示します。

この散布図からはどのような法則性が読み取れるでしょうか。データからは規模が大きくなるほど、収益性が高くなっているという法則性が読み取れます。ここで、このビジネスには「規模が大きくなるほど収益性が高くなる」というパターンがあるのではないかという仮説を考えたとしましょう。このように観察事項や事例から共通するパターンを見出す思考法を帰納法と呼んでいます。

一方、実際の事例から共通パターンを見出す「枚挙的帰納法」に加え、似ているからこっちも同じようなパターンもあるのではないかと考える「アナロジー」も帰納法の考え方です。たとえば、経営戦略を学ぶと必ず出てくるマイケル・ポーターの「5つの力」という枠組みも、もともとはミクロ経済学の分野で独占企業の利潤を説明する理論のアナロジーがベースになっており、出発点は帰納法的な思考と考えることができます。

帰納法は観察事項から新たなパターンや法則性（転じて、知恵、理論、定

石）を見出すという点で、「新しさに強い」思考法だといえます。ただし、先ほどの規模の経済性の例でも、規模によって収益性があまり変わらない業種（反例と呼びます）が見つかった場合には、規模の経済性はどんな業種にも適用できる汎用的な法則性ではないという意味で「正しさには弱い」思考法です。どのような場合には規模の経済性が働き、どのような場合には働かないのか、実際にデータをさらに集めて新たな法則性の仮説を作っていくことになります。

以下には、2つの思考法の関係性をまとめてみました。実際のビジネスではどちらか1つだけの思考法だけでよいということはなく、演繹法と帰納法を組み合わせて考え抜くことが必要になります。

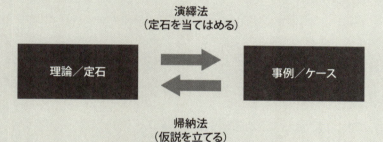

4　データ収集の考え方

■■4-1　データ収集の目的

データ収集の主たる目的は以下の2つです。

・事前に作った「仮説」を検証する　→　仮説検証型
・そもそも「仮説」を作る　→　仮説探索型

前者は、図表2-1で述べてきたプロセスに従い、仮説を検証するために必要

な情報を逆算して集めるのが特徴です。過去に何度か同じような調査をしたことがある、あるいは似たような場面に遭遇したことがあり、事前の経験や知識があるなどの場合には、仮説を比較的容易に立てることができます。このようなときは、その仮説を検証するためには、どんな情報を集めたらよいかも比較的容易にわかるため、焦点を絞ったデータ収集が可能となります。

このように、立てた仮説を検証することを目的としたデータ収集をここでは「仮説検証型」のデータ収集と呼ぶことにしましょう。たとえば、図表2-2で紹介したとおり、コンサルティングでは往々にして実際の情報収集に入る前のかなり早い段階で仮説を固めてストーリーボードと呼ばれる絵コンテを作り、最終成果物のアウトプットイメージから逆算してデータ収集と分析に取りかかります。「仮説検証型」のアプローチを実務で使いこなしている例といえます。

これに対し、「仮説探索型」は仮説を考えるための事前知識を得たり、分析対象に関する一種の「土地勘」を養ったりするために、ある程度網羅的にデータを集めることが多いのが特徴です。特に、経験のない分野で分析を始めて間もない頃は、そもそも何がイシューや問題かもわからず、結果、仮説を立てることすら困難な場合が多いものです。

この場合には、重要そうな問題や意味がありそうな仮説について「当たりをつける」ために、まずはその分野の経験者や識者にインタビューをして話を聞いたり、簡単にすぐに手に入るデータを一通り入手したりすることなどが大切です。実際のところ、このレベルのデータ収集は「データ収集」というよりは、もしかすると「お勉強」といったほうが実態に近いかもしれません。このように、「そもそも仮説を作る」ことに主眼を置いたデータ収集を「仮説探索型」のデータ収集と呼ぶことにします。

とはいえ、ともすると人は「データがないから考えられない」と、考えない理由にデータ収集を使い、無目的にデータ収集に走りがちです。データ収集に取りかかる前に、まずデータがないなりにできるだけ仮説（こうなんじゃないかな、レベルで大丈夫）を考える努力はぜひあきらめないでください。実際、「こうなんじゃないかな」といった仮説がなくデータを見た場合、「そうなるんだー」で終わってしまい、思考が止まりがちです。もしデータが「こうなんじゃないかなー」という仮説と異なっていれば、「なぜなんだろう？」と思考が前に進む

ことになります。

　限られた時間の中でデータ収集を効率的に行うためには、思いつきでもよいので何らかの仮説を持ってデータ収集に臨む仮説検証型のアプローチを取ることが重要です。しかし、ビジネスにおけるデータ収集は、仮説検証型と仮説探索型の2つを組み合わせながら行うことが多いのも事実です。

　では、どのようにこの仮説検証型と仮説探索型のデータ収集を使い分けていけばよいのでしょうか。分析の初期段階では、探索的なデータ収集をする割合が多く、分析が進むにつれて仮説を検証するためのデータ収集の割合が多くなっていきます。両者の関係は決して相互に排他的なものではありません。むしろ車の両輪と考え、分析の段階に応じて両者を使い分けることが重要です。また、実際のデータ収集は必ずしも1回で完結するものではありません。

　たとえば、グループインタビューを実施して仮説探索的にざっくりとした仮説を作り、さらにその仮説を数百人単位のアンケートで検証していくといったように、仮説探索型と仮説検証型のデータ収集を何度も往復しながら分析を進めていくことになります。時としてこれはすなわち、仮説の見直しや再構築などを伴うことも意味しますが、このような試行錯誤や「仕切り直し」が何度も行われた場合のほうが、結果的に素晴らしい分析になっていることが多々あります。

　実際に収集するデータには、大きく「定量データ（定量情報）」と「定性データ（定性情報）」がありますが、ここでは定量データの収集に限らず、定性データの収集も含めた一般的にデータを収集する際の要諦を述べます。

　実はこのデータの品質がその後に続く分析の品質に大きく影響することになるのです。データ収集に関して皆さんに覚えておいてほしい言葉があります。それは、「GIGO」です。

　　GIGO ＝ Garbage in, garbage out（ゴミを入れても、ゴミしか出てこない）

　GIGOは、「ガイゴー」あるいは「ギーゴ」と読みます。もともとはコンピューターサイエンス分野の言葉ですが、分析とデータの関係についても全く同じことがいえます。的外れなデータにいくら華麗な分析を加えてもゴミにしかならない、といったところでしょうか。

図表2-5　「的外れ」にならないデータ収集

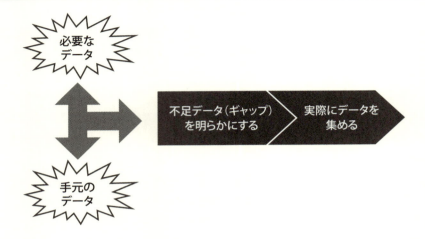

　ここでは、まず、仮説から必要なデータは見えている、という前提で、「的外れ」にならないデータ収集について記述します。図表2-5のとおり、ポイントは以下の2つです。

- 不足しているデータが何かを明らかにする
- 実際にデータを集めに行く（5節）

■■4-2　不足しているデータが何かを明らかにする

　仮説から逆算して必要なデータを明らかにした後は、手元にすでにある、あるいはすぐに手に入れられるデータと比較し、何が足りないかを明らかにします。

　ただし、何が足りないかを明らかにするためには、そもそも何が必要かを最初にしっかりイメージする必要があります。このときに役に立つのが、仮説思考で述べた逆算の発想です。ストーリーボードのような形で、アウトプットイメージをできるだけ持つようにして、どのようなデータがそもそも必要なのかを洗い出しましょう。

　なんとなく集めたデータを、なんとなく分析しても、なんとなくの結果しか出ません。このとき、注意したいのが「確証バイアス」です。

人間の思考には陥りがちなワナがあることがあり、バイアスと呼ばれています。データを収集するにあたって、特に注意が必要なのは「確証バイアス」という思考の偏りです。演習を通じて少し一緒に考えてみましょう。

［演習］

　皆さんの前に3つの数字（2→4→6）からなる数列があります。実はこの数列は私があるルールをもとにして作りました。皆さんはどのようなルールでこの数字が作られ並んでいるのかを当てるのが目的です。最初の3つの数字の並びから、どのようなルールなのか、仮説を立ててみてください。

　次にその考えをもとに同じように自分で3つの数字からなる数列を自由に作って私に見せてください。もし、その数列が同じルールに従ったものであれば、私は「はい」と答えます。また、もし違うのであれば、「いいえ」とフィードバックします。このプロセスはルールが確信できるまで何度繰り返していただいても大丈夫です。

　もし、ルールを確信できたらそのルールを私に教えてください。もし合っていれば「正解」、もし外れていれば「不正解」でやり直しです。

　たとえば、よくある展開はこんな感じです。

　［学生A］6→8→10はどうでしょうか。

　［私］はい、ルールを満たしています。

　［学生A］それでは、10→12→14はどうでしょうか。

　［私］はい、ルールを満たしています。

　［学生A］だとすると、ルールは2ずつ増える偶数だと思います。

　［私］不正解です。

　［学生B］6→10→12はどうでしょうか。

　［私］はい、ルールを満たしています。

　［学生B］では、2→4→10はどうでしょうか。

　［私］はい、ルールを満たしています。

　［学生B］だとするとルールは増加する偶数だと思います。

　［私］残念、不正解です。

実は正解は「増加する数列」です。

この仮説検証はデータ収集として何がいけなかったのでしょうか。実はいずれのケースでも、データとして集めたのは自分が考えた仮説（最初の学生Aの例では2ずつ増える偶数）のルールに合致する数列ばかりを集めて、それがルールに合っているかどうかを確かめていました。この実験からもわかるように、人は自分の仮説に都合の良い情報を集め、予定調和的に自分の仮説を補強しがちです。

このように、自分の先入観や仮説に都合の良い情報やデータのみに注目し、それに反する情報を無視、あるいは軽視してしまう傾向を「確証バイアス」と呼んでいます。都合の良いデータのみに注目してしまうという意味では、データの「選択バイアス」と言い換えてもよいかもしれません。研究によれば、人間の脳は自分の予測（仮説）と合った結果が出るとドーパミン（脳の快楽部位を刺激するため別名快楽ホルモンなどとも呼ばれることがある）の分泌が促進され、合わない結果の場合は、分泌が抑制されるといわれています。脳の仕組みから、確証バイアスが起こってしまうのはある意味必然なのかもしれません。

たとえば、血液型性格診断が好きで、本を読んで「B型は個性的」と信じていたとします。まわりにB型の人（日本人はほぼ5人に1人、欧米ではほぼ10人に1人）が何人いても、その中で自分が個性的と感じる「B型っぽい」人にだけ目がいってしまい、「やっぱりB型は個性的なんだ」とますます自分の確信を深めてしまうのが、このケースです。実は、B型の中にも「B型っぽくない」人はそれなりにいるはずなのですが、そういった「B型っぽくない」人は例外として「隠れA型かも」といった勝手な理由をつけて無意識に無視してしまいがちです。

ちなみに、近年の研究では日米で行われた社会調査の回答が血液型によってほとんど差がないことが示されており、血液型と性格には関連性がない[4]という認識が主流となっています。

それでは、どのようにしたらこの確証バイアスを回避することができるのでしょうか。

人は自分はそんなバイアスには引っかからない、自分だけは大丈夫と過信し

4　縄田健悟（2014）「血液型と性格の無関連性」『心理学研究』85（2）：148-156。

第2章　分析と仮説思考 | 59

がちです。まず、大切なことは、脳の仕組みからも確証バイアスは誰にでも起こりうると謙虚に受け止め、「確証バイアス」ではないのか、と自分に問える心の余裕を持つことです。そのうえで、改めて仮説とは異なる多様なデータ、意見を自ら探索する姿勢が欠かせません。自分だけで考えるのではなく、他人に意見を求めることもよいでしょう。

5 実際にデータを集めに行く

さて、それではデータの入手に取りかかりましょう。

図表2-6にデータの集め方をまとめてみましたが、大別すると、以下の2通りです。

①すでに世の中のどこかにあるデータを集める
②世の中にまだないデータを集める

■■5-1　世の中にすでにあるデータを集める

データは世の中のどこかにすでにあるんじゃないか、という前提で、データを探しにいくアプローチです。多くの場合、まずデータ収集といえば、こちらを指します。というのも、もう1つの「世の中にまだないデータを集める」方法に比べると、こちらのほうがはるかに時間的にも、費用的にも効率的な場合が多いからです。

具体的には、次のような方法があります。

● ネット上での情報検索
● 商用データベースでの検索
　　→たとえばビジネス分野であれば日経テレコンやSPEEDAなど
● 資料、文献調査
　　→本、雑誌、新聞、論文、官公庁や業界団体などの公的データなど

図表2-6　データの集め方

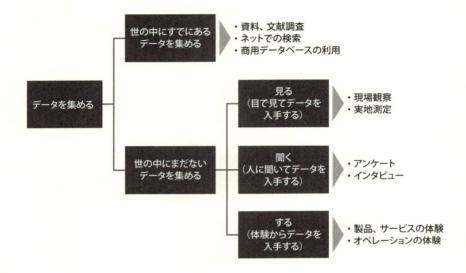

　実際、何かデータを集めるというと、最初はまず、グーグルで検索してみよう、という方々が多いのではないでしょうか。この場合、問題になるのが膨大にヒットした情報からどうやって使えるデータ、信頼できるデータを見極めるかになります。

　ある程度、データを集めている分野について知識や経験値があれば、検索でヒットした玉石混淆の情報から、何が使えるデータかを峻別できるのですが、勘所のない分野だと、かなり難しい作業になります。このようなとき、どこにどんな情報があるのか、最初に水先案内があると、はるかにデータの収集の精度は上がります。

　水先案内人としてまず頼るべきは、専門家やその分野での仕事の経験者のような、その分野に知見や経験を持っていて「詳しそう」な人です。すでにわかっている人に聞くのが圧倒的に効率的です。コンサルティングやシンクタンクでも、新しい分野のテーマに取り組む際、最初にやることの1つがその分野の経験者や専門家に業界情報やデータ収集の勘所を教えてもらうことです。

　そうはいっても、周りにそのような経験者や専門家もおらず、アクセスも難

しいケースもあるでしょう。その場合、取っかかりとして頼りになるのが、国立国会図書館が提供している「リサーチ・ナビ」というサイトです。このサイトでは、データ収集に役立つ資料や調べ方のノウハウについても提供してくれています。

　たとえば、コンビニエンスストアの来店客数と客単価に関するデータを入手したいとします。リサーチ・ナビにアクセスして、「コンビニエンスストア」と検索すると、コンビニエンスストア業に関する主要統計が資料としてまとめられており、以下のような情報源があることがわかります。

● 『CVSマーケット年鑑』（流通企画編・発行、年刊）
● 『商業販売統計年報』（経済産業省経済産業政策局調査統計部、年刊）
● 『流通統計資料集』（流通経済研究所編、年刊）
● 『コンビニ』（商業界、月刊）
● 各種統計調査（日本フランチャイズチェーン協会）

　情報源の説明から、このうち、日本フランチャイズチェーン協会のデータに来店客数や客単価の情報がありそうだということがわかります。

　最近は官公庁の統計や調査データも、たとえばe-Statという形で政府統計がポータルサイトにまとめられています。ファイルの形でデータが誰にでも入手でき、すぐにExcelを使って分析ができるようになっており、かなり便利になっています。一方で、目的によってはデータ自体はサイト上にあるものの、すぐに簡単に分析できるような形では提供されていないケースもあります。

【誕生月の効果】
　図表2-7は、日本のプロ野球選手の誕生月（生まれた月）の分布を調べたものです。以前から大リーグ、イギリスのプロサッカーをはじめとして、プロスポーツでは誕生月の分布が偏ることが知られており、日本ではどうなっているのかを確かめてみたかったのが動機です。データを探してみたのですが、すぐに分析できるような形で提供されている情報源は見つけることができませんでした。

　各球団の選手リストは日本プロ野球機構のサイトに掲載されていましたので、

図表2-7　プロ野球選手の誕生月分布（2012年シーズン終了時点、全827選手）

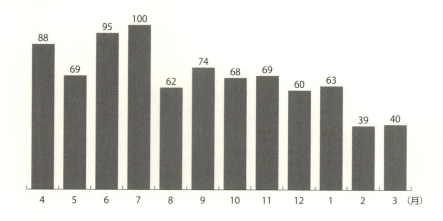

　12球団全部のサイト上の支配下選手の表を地道にサイトからExcelにコピーして加工し、縦棒グラフにしたものです。データ収集にかかった時間は正味30分程度でしょうか。最近はサイト上に掲載されているデータをプログラムで自動的に収集する方法（データスクレイピング[5]）もありますが、そこまでしなくても、このぐらいであればちょっとした手間でこのようにデータ収集が可能です。

　しかし、私の過去のコンサルティングやビジネススクールでの授業の経験上、実際やってみると、たいして面倒くさくないにもかかわらず、意外とこの「もう一手間」かけるという行為をする人が少ないのも事実です。言い方を変えると、時間を惜しまずに「一手間」をかけるかどうかが、すでにあるデータを集める場合にはとても大事だということです。というのも、データの分析自体の華麗さ（？）で差別化するよりも、多くの人が惜しむ一手間を惜しまずにデータの入手で差別化できるのであれば、そのほうがはるかに楽だからです。

　せっかくですので、この誕生月のデータについて少し見てみましょう。グラフから見てわかるとおり、明らかに早生まれ（1月～3月生まれ）の選手が少なく、4月から7月生まれの選手が多くなっています。本来、30日、31日、さらに2月

---

[5] 実はプログラムを自分で書かなくても、データスクレイピングをサポートしてくれるウェブサイト（https://import.io/）があります。

図表2-8　オックスフォード大学、ケンブリッジ大学の2012年入学者の誕生月分布

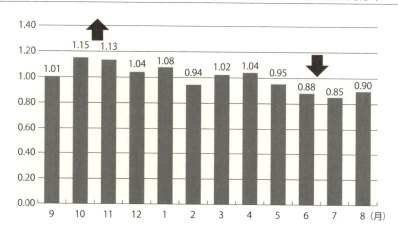

（注）1993／94年の月別の誕生数で補正済み、1.0が平均。
（出所）BBCニュースサイト（http://www.bbc.com/news/uk-politics-21579484）より著者作成。

は28日しかありませんので、フェアな比較をするためには、日数の補正が必要になりますが、補正するまでもなくその差が明確に大きいので、ここでは省略します。また、比較の観点からは一般の人の誕生月も実は偏っているのではないか、という鋭い指摘もあるかもしれません。一般の人の誕生月は多少のばらつきはあるものの、だいたい同じぐらいに分布していると考えて大丈夫です[6]。

同じような傾向（早生まれが少なく、年度の最初の誕生月の選手が多い）は、日本国内ではサッカーのJリーグでも見られるほか、大リーグなどの海外のプロスポーツでも観察されている事象です。このような傾向を誕生月効果、相対年齢効果と呼ぶのですが、実はスポーツだけではなく、学校での成績や大学への進学実績など、広範に見られることがわかっています。

大学入学者への影響についてネットで検索して見つけたのが、図表2-8のイギリスでの事例です。グラフはイギリスの名門大学であるオックスフォード大学、ケンブリッジ大学入学者の誕生月分布です。両大学への入学希望者の大半はイングランドとウェールズであることが知られており、この両地域の学年は9

6　たとえば、厚生労働省「出生に関する統計の概況、人口動態統計特殊報告」。

月に始まり、8月に終了します。グラフからわかるように、明らかに学年の前半の誕生月の入学者が多く、後半の入学者が少ない傾向となっています。

なぜこのような現象が見られるのでしょうか。

野球でいえば、おそらくプロ野球に行くような選手は、少年野球から野球を始めていることが多いと思われます。その際、学年単位でプレーすることになるのですが、小学校低学年では、たとえば3月生まれの子どもと、4月生まれの子どもでは学年は同じものの、実質1年近くの発達差があることになります。相対的に体も大きく、運動能力も長けている4月生まれの子どものほうが有利であり、コーチをはじめとする周囲や自己の評価が子どもの自信ややる気に影響を与えることは容易に想像できます。本来、その差は時間が経つにつれてだんだんと消滅していくはずですが、データは、この自信ややる気の初期条件の差が簡単には消滅せず、大人になるまで影響するといえるでしょう。早生まれの子どもは、たまたま早生まれということで相対年齢効果のハンディキャップを背負ってしまっており、特に小学生低学年での成績差については本人にコントロールできない要因が働いていることには注意が必要です。

また、人は特に成功すると、成功したのは自分の努力と能力の結果だと思いがちですが、因果関係はそんなに単純ではなく、もしかしたら、たまたま誕生した月の影響が大きいのかもしれません。その点では仮に成功したとしても、謙虚に自分の成功を受けとめる必要がありそうです。

この影響はどのくらい引きずるのでしょうか。たとえばキャリアにも影響するのでしょうか。長らくビジネススクールで教鞭をとっていることもあり、経営者ではどうなのか、興味が出てきます。おそらく経営者に関する誕生月効果に関する論文があるはずだとあたりをつけてグーグル検索で見つけたのが、次の論文[7]の結果です。

図表2-9のグラフは米国の大企業であるS&P500（代表的な500社）の1992〜2009年の375人のCEO（最高経営責任者）の誕生月の分布を表しています。CEOには米国以外の出身者も含まれますが、ここではほとんどのCEOが米国出身だと想定しましょう。

7　Qianqian Du et al. (2012) "The Relative-age Effect and Career Success: Evidence from Corporate CEOs," *Economic Letters* 117: 660–662.

図表2-9　S&P500のCEOと誕生月効果

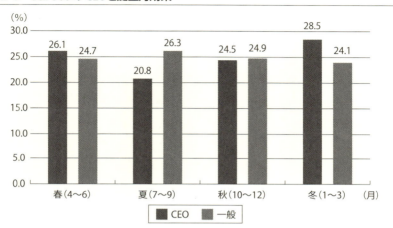

　そもそも季節ごとに必ずしも生まれる人数は多少変動するため、一般の人の分布も比較対象として加えてあります。米国の37州では幼稚園の入学タイミングは8月31日から10月16日の間とされており、おおむね夏生まれは学年の最後に生まれた子どもたち、すなわち早生まれに相当すると考えられます。グラフからは明らかに一般の人に比べて夏生まれのCEOは少ないことがわかります。

　あえて因果的に解釈すると、小学校の頃から学年の最初に生まれた子どもたちは、後半に生まれた子どもたちに比べて体力、知力の能力面で1年近くのリードがあることから他の子どもたちに比べ、優位に立ちやすいと考えられます。また、そのことから周囲にも認められやすいため、本人たちの自信にもつながるとともに、たとえばリーダーシップをとる機会も自然と多くなるのではないでしょうか。

　このように集団で学ぶようになった最初の頃のリーダーとしての自信と経験の差は、中学校、高校、大学と、その後も完全に解消されることはなく、実は成人した後まで影響するのではないか、というところでしょうか。

　ちなみに、私が所属している大学院において日本語MBAプログラムの学生の誕生月の分布を見たのが図表2-10（平均を1.0としたもの）です。グラフからわかるように、学年の前半生まれが有利、という明確な傾向は読み取れないようです。

図表2-10　日本語MBAプログラム学生の誕生月分布

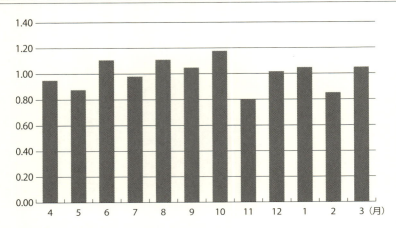

（注）一般の人の月別での誕生者数の違いによる補正は特にしていない。

■■5-2　世の中にまだないデータを集める

　5-1項では「世の中にすでにあるデータ」を集めるアプローチについて見てきました。一方で、必要なデータが「世の中にすでにあるデータ」であるとは限りません。特に新しい切り口で分析に挑もうとすれば、既存のデータは使えない可能性が高くなります。

　というのも、「世の中にすでにあるデータ」は一定の目的で使われることを想定して収集されていることが多いため、皆さんの仮説の切り口が斬新であればあるほど、既存のデータは必ずしも自分の目的、仮説とあったデータになっているとは限らないからです。

　そのような場合、既存データの入手をあきらめ、自ら新しいデータそのものを集めに行く必要があります。最初の「世の中にすでにあるデータ」を集めるプロセスが、いわば既製服で間に合わせるアプローチだとすれば、「世の中にまだないデータ」を集めるプロセスは、まさに目的、仮説に合わせてオーダーメイドで服をつくることに相当します。

　このアプローチは、データ収集に必要なアクションの形態から大別して次の3つの方法があります。

- ●見る（目で見てデータを入手する）
- ●聞く（人に聞いてデータを入手する）
- ●行う（体験からデータを入手する）

【見る——目で見てデータを入手する】

見る、まさに目で実際に見て、測ってデータを入手することを指しています。トヨタ自動車の生産方式は、リーン生産方式などとも呼ばれ、世界的にも有名です。そのトヨタ生産方式を支える哲学の1つに、現地現物（何事も、事実が起きている現場に出向いて、しっかり事実を確認する）という言葉がありますが、まさにその言葉どおりの内容です。

具体的には、顧客の購買行動の観察、競合店の視察、工場における製造工程やオフィスにおける事務作業の作業観察などがこれにあたります。実際には観察だけではなく、業務改善であれば、実際に業務にかかる時間測定など、定量的な測定も含まれます。また、最近はセンサーの小型化に伴い、身につけるセンサー（ウェアラブルセンサー）を利用し、見るだけではなく、行動そのものを継続的に測定することも可能になってきています[8]。

インターネットの発達により、公的なデータをはじめとして、多くのデータが公開され、ネット上からアクセスできるようになりました。したがって、データの入手、という視点からは入手の巧拙はあっても、データだけで差別化することは難しくなっています。それだけに、現地現物によって自分しか持ってないデータで分析できることはとても重要です。

また、本書は定量分析に関する本ではありますが、現地現物の状況は必ずしもすべてが数字で伝えられる、語れるものとは限りません。その意味でも視覚をはじめとする五感を駆使して、数字にできないものも含め、実際の状況を腹落ちする形で納得感を持って把握することはとても大事です。まさに「百聞は一見にしかず」にほかなりません。実際に五感を使って体感することで、今までは見えなかった新しい風景も見えてくることもあります。

グロービス大学院の卒業生にNさんという方がいます。実は「見る」という

8　矢野和男（2014）『データの見えざる手——ウエアラブルセンサが明かす人間・組織・社会の法則』草思社。

データ収集の点でNさんはきわめてユニークな存在です。というのも、2002年から10年以上、毎日の生活時間を用途別に分単位で記録し続け、自分はもちろんのこと、周囲の人々の時間当たり生産性の向上をめざしているからです。思いつきで行動記録をつけてみようか、という程度だったら誰でもできるかもしれませんが、それを10年以上も休むことなく続けるということは、強い覚悟がなければとてもできるものではありません。では、そもそもなぜこのような測定を始めたのでしょうか。Nさんはその理由を以下のように語っています。

「私が22歳の頃に父が急逝したことがきっかけでした。最も身近で大きな存在であった人の死を目の当たりにすることで、『生』を無駄にしていたことに気づいたのです。人生のあっけなさ、命のはかなさ。人生には必ず終わりがある。自分に与えられた時間には限りがある。時間は唯一、人類にみな平等に与えられたものであり、その使い方が人生を決める。これらの想いから、私に残された人生の時間を限りなく有効に使うことをめざすために、その日からすぐにストップウォッチですべての時間を計り始めました」

たとえば、Nさんが大学院に通った2年間の四半期ごとの時間の使い方の変化は図表2-11のグラフのようなものでした。

こういった時間の使い道がわかると何が面白いのでしょうか。

経営学者で日本でもファンの多いピーター・ドラッカーは次のように語ったとされています。

「測れるものは改善できる」（What's measured improves）

すなわち、測れるのであればそこに改善の機会が見えてくるということになります。Nさんは、

　　　成果＝時間量×有効活用法

という仮説があったわけですが、これを検証し改善するアクションに結びつけるためには、まずベースとなる時間を定量化し、さらに成果との関係性を見る必要があります。図表1-6で紹介した、勉強量と成績の関係の分析は、まさにこのような世界に1つしかないデータから導かれたものなのです。

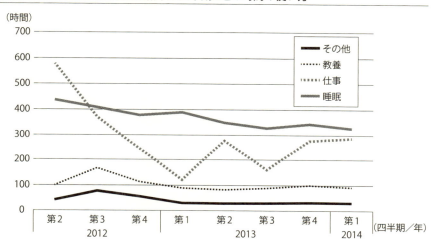

図表2-11　Nさんの大学院在籍中の四半期ごとの時間の使い方

【聞く——人に聞いてデータを入手する】

　対面、紙、ネットなどのメディアを使って、人や企業などに聞いてデータを集めることを指します。ビジネスは結局、最終的には製品やサービスを誰かに買ってもらって成り立っています。したがって、購入者である人や企業に関する情報は欠かせません。アンケートや苦情などを通じて顧客の声を集め、製品やサービスの改善、開発につなげるためによく使われる方法が、まさにこの「聞く」にほかなりません。

　たとえば、対面（1対1のインタビュー、グループインタビューなど）、非対面（郵送アンケート、電話アンケート、ネットアンケートなど）での方法がこれにあたります。また、このような方法以外にも、「世の中にすでにあるデータを集める」でも既述したとおり、特に土地勘のない領域では初期の段階でその分野に詳しそうな人にまず聞いてみるということも重要です。

　アンケートはネットの時代でも非常によく使われています。しかし、アンケートはアンケート回答者の抽出そのものや実際の回答者が結果的に偏るサンプリングバイアスや、設問表現の回答への影響などが実際の難所になります。後者は、「俺に頼めばどんな結果でもアンケートで出してみせる」という出題者がい

るほど、設問の表現に回答が影響されてしまう点に注意が必要です。

★サンプリングバイアス――大統領選挙と大相撲名古屋場所の中継可否

「聞く」対象者が偏ることをサンプリングバイアスと呼んでいます。古くから有名な例では、1936年の米国大統領選挙の選挙予想があります。当時著名な雑誌だった*Literary Digest*は240万人の人に調査を行い、共和党のランドン候補が57％の得票（対するルーズベルトは43％）で勝利すると予測していました。

一方、後に世論調査で有名になるジョージ・ギャラップは、はるかに少数である5万人の調査から、民主党のルーズベルトの勝利を予測していました。実際の選挙結果は、62％の得票率でルーズベルトの勝利に終わりました。240万人の調査予測は、なんと結果を19ポイントも外してしまったのです。実は*Literary Digest*のサンプルサイズこそ240万人と大きかったものの、当時裕福な層しか持てなかった電話帳をもとに調査対象を選んでおり、裕福な層に対象者が偏っていました。

その結果、裕福な層に支持者の多い共和党に有利な調査結果となってしまったと言われています。加えて、調査対象リスト1000万人のうち、240万しか実際には調査に回答せず、回収率が低かった点でも、さらに結果が偏った可能性が指摘されています。調査となるとサンプルの数にどうしても目が行きがちですが、偏った大サンプルよりも、偏りのない小サンプルのほうが予測力という意味ではよほど優れているのです[9]。

さて、2010年、日本の大相撲はいわゆる「大相撲野球賭博問題」に揺れていました。この年5月の雑誌報道をきっかけに現役力士が暴力団を胴元とするプロ野球賭博にかかわっていたことが明らかになったからです。この問題を受け、世間の関心は7月の大相撲名古屋場所をNHKが中継するかどうかに向いていました。この問題に関して7月5日までにNHKに寄せられたいわゆる視聴者の声は約1万2600件にものぼったのですが、その68.3％が中継に反対であり、中継賛成派はわずかに12.7％でした。

これを受けてNHKは7月6日に50年以上続いてきた大相撲のテレビによる生

9　ペンシルベニア大学のデニス・デ・ターク教授のウェブサイトより。

中継を中止する判断を行いました。この決定に関連し、当時のNHKの福地茂雄会長は、「視聴者から寄せられる意見の6割以上が中止すべき、というかつてない厳しいものだった」というコメントを残しています。

　ところが、中継中止発表後（7月6日16時半〜7月7日正午）にNHKに寄せられた約2000件の視聴者の声は、以前と全く逆転しており、なんとその47.5％が中継に賛成で、中継に反対はわずかに27.5％だったのです。

　なぜ中継中止の発表前後で視聴者の声は逆転してしまったのでしょうか。

　これはおそらく、中継中止の前後で声を寄せた視聴者の中身が大きく異なっていたことが推測されます。おそらく中継中止前にわざわざNHKに電話などで声を寄せた視聴者の多くは正義感も強く、大相撲野球賭博の報道に触れ、そのような不正を行う力士がいる大相撲中継を許せない、との思いで電話したのではないでしょうか。したがって、中継反対派が多数を占めていたことも納得できます。

　一方、中継中止発表後にNHKに電話してきたのは、相撲中継を楽しみにしていた相撲ファン（おそらくシニア層中心）で中継中止の発表に驚いて初めてNHKに声を寄せてきたのではないでしょうか。したがって、中継中止発表前後ともに、声を寄せてきた視聴者はNHKの平均的な視聴者とは必ずしもいえず、また、前後でもその特性が異なっていたことが推し量れます。

★アンケートの設問と回答への影響

　2014年、安倍政権の下で集団的自衛権の行使を容認すべきかどうかが大きな論点となりました。主要新聞をはじめとする各メディアは世論調査というアンケートの形で国民の意見を調査して発表しました。

　このうち、2〜3月にかけて調査した朝日新聞の結果（2択の質問）は、

- 「行使できない立場を維持する」が63％
- 「行使できるようにする」という回答は29％

で圧倒的に行使容認反対という立場の多い調査結果でした。

　一方、5月に読売新聞が実施した世論調査（3択の質問）では、

- 「全面的に使えるようにすべきだ」との回答が8%
- 「必要最小限の範囲で使えるようにすべきだ」と回答した人が63%
- 「使えるようにする必要はない」と答えた人は25%

で、前の2つの回答を合わせると71%にのぼる人が行使容認という考えを示しています。

　ここでは調査時期による大きな影響がなかったという前提で、なぜ同じ集団的自衛権に関する世論調査で、このように対照的な結果が出てしまったのでしょうか。

　この世論調査では2つの要因が回答に影響していた可能性が考えられます。まず、選択肢の数の影響です。実は選択肢が3つある場合、アンケートでは回答者がポジションを明確に取ることを嫌い、中間的な選択肢に回答が集中することが知られています（中心化傾向）。人事考課などでも同じような影響があり、中心化傾向を避けるためには選択肢は奇数ではなく、偶数にするといった工夫が必要です。一方、朝日新聞の選択肢は2択で回答者にポジションを明確にして選択を迫った結果、より多くの回答者が現状維持で選択することの心理的負担感の少ない「行使できない立場を維持する」を選択したと解釈することも可能です。

　もう1つの可能性は中心化傾向にも関連しますが、「必要最小限」という言葉の影響です。この言葉があることで、この選択肢の中間的な性格がより強まり、選択肢として回答者が選びやすかったことが考えられます。

　アンケートは、人の声を「聞く」という意味では有効な手法なのですが、設問の設計に回答が影響を受ける可能性は否定できません。結果を見る際、自らの感覚と大きく異なる場合は設問の影響がなかったか、設問の仕方を確認することも大切です。

【行う──体験からデータを入手する】

　自ら当事者として、体験すること、試してみることでデータ入手をめざします。

　たとえば、自ら自社と競合の商品やサービスを使ってみることで、自社製品と競合製品の優れた点、劣る点を体感して自社製品やサービスの改良に必要な

材料を集めることがこれにあたります。また、商品やサービス以外にも、工場での製品の組立て作業やオフィスでの業務を実際にやってみることで、作業上、業務上のボトルネックに関するデータを集めることも、「行う」の例として挙げられます。

実際に現場を経験して、五感で感じることで、言語化や数字化では簡単に捉えられないような材料を集めることが可能となります。

実際に「行う」という意味では、ビジネス上の実験も同じカテゴリーとして捉えてもよいかもしれません。とはいえ、過去のデータを使った分析では、データは過去の顧客行動については教えてくれても、過去に例がない大胆な新しい試みをした際に、どのように顧客が反応するかについては教えてくれません。このような場合、たとえば製薬会社が新薬を市場に投入する前に、実際に効果があるかどうか実験するのと同様に、ビジネスでも広範に新しい施策を実施する前に、実際に実験してみることが考えられます。

医療分野はともかく、こうした実験的な比較はビジネス分野では難しいと従来考えられてきました。しかしながら、ネットの世界になり、第1章で紹介したようなA/Bテストという形で広く使われるようになり、状況が大きく変わってきています。

たとえば米国の大手小売チェーンであるコールズ（Kohl's）では、オペレーションコストの削減のために平日の開店時間を1時間遅らせるかどうかが議論の俎上にのぼっていました[10]。経営陣は開店時間が遅れることで、売上に影響が出るか出ないか、意見が割れていました。コールズでは開店時間を遅らせたときの影響を100店舗近くの店で実際に実験を行って比較し、売上にはあまり影響が出ないことを確かめたといわれています。

10　Stefan Thomke and Jim Manzi (2014) "The Discipline of Business Experimentation," *Harvard Business Review*, Dec.

章末問題

　少子化が大きな社会問題となっています。200年にわたる国際比較のグラフからもわかるように、実際、昨今の日本の合計特殊出生率は1.4前後と、人口を支えるのに最低必要とされている2.07を大きく割り込む状態が続いています。

　どのようにしたら、日本を少子化から救うことができるのでしょうか。仮説を考えてみてください。

※合計特殊出生率 とは、ある期間（1年間）の出生状況に着目したもので、その年における各年齢（15〜49歳）の女性の出生率を合計したもの。女性人口の年齢構成の違いを除いた「その年の出生率」であり、年次比較、国際比較、地域比較に用いられている[11]。

200年にわたる出生率の推移

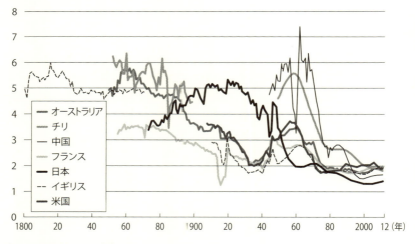

（出所）Gapminder Worldより著者作成。

11　厚生労働省人口動態統計月報の解説より。

第

3章

分析の5つの視点（比較の軸）

　第1章で見たとおり、分析の本質は「比較」です。比較しない分析はない、といってもよいかもしれません。また第2章では、どのような手順で考えたらよいのだろうか、ということで考えるステップを一緒に見てきました。

　第3章では、いよいよ分析の中身に徐々に入っていきます。「分析は比較」なのですが、そもそもどのように比較をしていけばよいのでしょうか。分析では比較軸を揃えて比較することで、そこに意味合いを見出すことになります。ということは、データのどこに目をつけて比較するかが大切になりそうです。

　以下ではこのような観点から、分析の目のつけどころ、すなわち分析の視点を、主に何を比較対象にするのか、という観点から5つにまとめてみました。

　　①インパクト　⇒　大きさは？
　　②ギャップ　　⇒　差異は？
　　③トレンド　　⇒　変化は？
　　④ばらつき　　⇒　分布は？
　　⑤パターン　　⇒　法則は？

　それでは、分析の視点を順番に見ていきましょう。

1 インパクト（大きさ）

　最初の視点は、分析対象のインパクトの大きさ、つまり「分析が最終的な結果に及ぼす影響度の大きさ」を考えるということです。影響度に応じた分析結果の精度、分析方法を選択することになります。これはつまり、「そもそもその分析、時間と手間をかけてやる意味あるの？」という問いに答えられるかどうかということです。

　特に定量分析では、ともすると分析作業そのものに没頭してしまい、「数字いじり」とか「分析のための分析」といった状態に陥る傾向にあります。たとえば、10億円の設備投資の判断に求められる分析の精度と量と、1万円の経費支出の是非を上司に仰ぐために必要な分析の精度と量は当然異なりますね。

　私たちはついつい目に付いた機会や問題を重要視し、そこに対して次のアクションなどを考えてしまいがちです。しかし、目に付いた機会や問題が最終結果に大きな影響を及ぼすという保証はどこにもありません。したがって、ビジネスでは「分析しようとしている問題は、どれくらい大きなインパクトがあるのか」などをしっかりと考える必要があります。そして、インパクトの大きいところを見つけ、優先順位を付けて分析していくことが求められるのです。時として、小さな問題は認識しても、無視して分析しないことも必要になります。

　私の好きな戦略の定義に「やらないことを決めること」という表現があります。分析という文脈に即して言えば、「何を分析しないか決めること」と言ってもよいかもしれません。

　分析にあたっては、

- 本当に必要な分析なのか？
- その分析がなければ意思決定ができないのか？
- 分析に使える時間やリソースはあるのか？

といった点をぜひ考えてみましょう。まず、分析をした場合と分析をしなかった場合で比較してみる、この判断もまさに分析そのものですね。

第3章　分析の5つの視点（比較の軸）　77

　インパクトの視点は、第1章で最初に皆さんに自己分析してもらった枠組み（数字が得手不得手、好き嫌い）でいえば、数字が好きで得意な人ほど気をつけなければならない視点かもしれません。数字が好きで得意であるがゆえに、どうしても分析そのものに埋没してしまうリスクがあるからです。

2 ギャップ（差異）

　「ギャップ」とは、一般的な分析対象を比較することを通じて、分析対象と比較対象の差異、すなわち「何が『同じ』」で、「何はどのように『違う』のか」を認識し、また、なぜ「同じ」なのか、あるいは「違う」のかを考えることで分析対象固有の特徴を理解することです。

　比較によりギャップ（差異）に着目する分析はビジネスでも多用されており、たとえば、設定した目標や計画値、ベンチマークとの比較による差異分析は、この典型例です。また、問題解決においては「あるべき姿」と「現状」を比較し、ギャップがある状態を問題と捉え、それが何に起因して生じているのか、分析を進めることになります。また、問題解決に不可欠な因果関係を推論する際にも比較が重要になります。

　ビジネスでも、高い、低い、大きい、小さいといった比較の表現が多用されますが、そもそも何と比較してギャップを見ているのかが明確ではないケースがままあります。したがって、まず比較対象を明確にすること、さらに、比較の軸に何を選ぶか、それが適切かどうかが、意思決定においては非常に重要になります。

　適切な比較対象を選ぶ際には、たとえば以下の比較軸を参考にしてみてください。

●絶対値を使うのか、比率（％）を使うのか
　たとえば、「外国に比べて、日本の公務員は多すぎる」という仮説を検証する際に、公務員の人数そのものを使うのか、それとも、働く人当たりの公務員の比率（公務員数÷総労働者数）を見るのかによって、分析の意味合いが変わってきます。

●フローを見るのか、ストックを見るのか

一般に、ある一定期間内に流れた量をフロー、ある一時点において貯蔵されている量をストックと呼びます。たとえば経済的な豊かさを比較する際、フローである収入とストックである資産保有額の2つの方法が考えられます。企業の財務会計では収支を表す損益計算書がフロー、貸借対照表がストックに対応します。

COLUMN　　　　　　　　どの教育手法が効果がある？

皆さんは、『華氏911』（Fahrenheit 9/11）という映画を観たことがありますか。マイケル・ムーア監督が制作した2004年のドキュメンタリーで、2001年9月11日に発生した、米国同時多発テロをテーマにしたものです。当時のブッシュ政権のテロへの対応に批判的な内容なのですが、なかでも有名なシーンがテロ当日のブッシュ大統領の映像[1]です。

当時、ブッシュ大統領はフロリダ州の小学校を訪れており、本の読解の授業を見学していました。その授業の参観中に2機目の飛行機がワールドトレードセンタービルに飛び込んだとの一報を広報官がブッシュ大統領の耳に入れるのですが、その後も7分近く、ブッシュ大統領は子どもたちと一緒に"The Pet Goat"というヤギのお話を読み続けたのです。

米国本土がテロリストの攻撃に遭っているのに、軍の最高指揮官たるブッシュ大統領は何をしてよいかがわからなかったのではないか、指示待ちで何も自ら行動をとれなかったのではないか、というのがムーア監督の批判の内容でした。

この映像でブッシュ大統領の表情ほど話題にならなかったのは、なぜ大統領がこの小学校を訪問していたか、ということです。実はブッシュ大統領はこの小学校が採用していたDI（Direct Instruction）を使った読解教材（Reading Mastery）の授業を見学に来ていた[2]のです。

当時、ブッシュ政権は米国の初等教育の教育水準向上のために、NCLB

（No Child Left Behind、誰一人学習で置き去りにしない）という政策を推進していました。NCLB政策の下では、科学的に教育効果があると認められた教育方法に連邦政府の予算をつけるという明確な方針がとられており、このDIはそういった評価の中でも最も教育効果が高いと認められた手法の1つでした。

実はDIという手法では、授業展開が先生のセリフレベルまでシナリオ化されており、創意工夫こそが大切な価値と考えている多くの教員や専門家からはきわめて評判の悪い方法なのですが、数々の研究では、教育効果の高さが知られています。ブッシュ大統領はそんなDIを使っている学校を選んで訪問していたのです。

図表3-1は、米国の教育省（Department of Education）の下で整備されているWhat Works Clearinghouse（WWC：直訳すると、何が効果があるかの情報センター）というサイトのデータをもとに作ったものです。これは読解力の分野における、数ある教育手法を学習効果順に並べたものです。ブッシュ大統領が見学した"Reading Mastery"が教育効果で2番に位置していることがわかります。

この表には入れていませんが、元データには、各手法に関して何例の論文が書かれているのか、どの州で何年のデータなのかなど、出典となった論文の情報も記載されています。このサイトでは教育効果のデータベースが分野ごとに整備されており、たとえば算数であればどのような教育手法が最も効果が認められているかが簡単に検索可能です。

教育手法はともすると「何が最も効果があるのか？」という議論を抜きにして、「どうあるべきか？」という哲学論争に陥りがちです。医療分野では最新最良の医学的知見を治療に用いようというEBM（Evidence-Based Medicine：根拠に基づいた医療）という考え方が支持を集めています。教育分野での同様な動きはまだ緒についたばかりですが、いずれ経営分野においてもEBM（Evidence-Based Management：根拠に基づいたマネジメント）が大切という時代が来るのかもしれません。しかし、その際に鍵になるのは、やはり「比較」ですね。

図表3-1 読解力分野における教育手法別の学習効果の比較

教育手法	教育効果指数	教育効果の評価は？	証拠は十分か？
Instructional Conversations and Literature Logs	29	効果に関して証拠あり	小規模
Reading Mastery	28	効果に関して証拠あり	小規模
Reading Recovery	27	効果に関して強い証拠あり	小規模
BCIRC	23	効果に関して証拠あり	小規模
Enhanced Proactive Reading	19	効果に関して証拠あり	小規模
Vocabulary Improvement Program（VIP）	19	効果に関して証拠あり	小規模
Accelerated Reader	16	効果に関して証拠あり	小規模
ClassWide Peer Tutoring	14	効果に関して証拠あり	小規模
Little Books	12	効果に関して証拠あり	小規模
Peer-Assisted Learning Strategies	12	効果に関して証拠あり	小規模
Read 180	12	効果に関して証拠あり	中から大規模*
SuccessMaker	11	効果に関して証拠あり	小規模
Success for All	10	効果に関して証拠あり	中から大規模
Lexia Reading	9	証拠なし	小規模
Sound Partners	9	証拠なし	小規模
Project Read Phonology	5	証拠なし	小規模
Fast ForWord	3	証拠なし	中から大規模
Fast ForWord Language	3	証拠なし	小規模
CIRC	1	証拠なし	小規模
Read Naturally	1	証拠なし	小規模
Read Well	−1	証拠なし	小規模
Repeated Reading	−7	証拠なし	小規模
Shared Book Reading	−8	証拠なし	小規模

（注）＊証拠の「中から大規模」とは複数の研究　対象校、あるいは350人以上、14クラス以上の学生を含む
　　　ものを指す。
（出所）WWCウェブサイトより著者作成。

3 トレンド（時間的な変化）

　「トレンド」は過去、現在、未来へと時間軸での比較をすることで変化を捉える視点です。

　第1章で分析の目的は、未来を変えるために因果関係を押さえること、と表現しました。トレンドでは過去の時間的な変化を見ることで、将来を予測します。それとともに、過去のトレンドから、データで見ている現象にどのような力が働いているのかを考えるヒントを得て、必要なアクションにつなげます。

　ドイツ帝国の首相だったビスマルクは、「愚者は経験に学び、賢者は歴史に学ぶ」と語ったそうですが、トレンドは大げさに言うとデータの時間的変化、歴史に学ぶということになります。未来のヒントは過去にある、と言ってもよいかもしれません。

　それでは時間的な変化のどのような点にヒントを得るのか。主として見るべきポイントは2つにまとめられます。

● トレンド（一貫した傾向）
● 傾向からの乖離
　・変曲点（傾向が変わる点）
　・外れ値（傾向から乖離している点）

　それでは、トレンドや変曲点、外れ値は何を教えてくれるのでしょうか。

　まずトレンドは、増えているのか、減っているのか、またその変化は加速しているのか、減速しているのか、という時間的に一貫した傾向を捉える視点です。増える、減るなどの変化が一貫している、ということはデータの現象に働いている力や構造に大きな変化がない、安定しているということを示唆しています。

1　映像はYouTubeなどに数多くアップされており、簡単に見つけることができるはずです。
2　Ian Ayres (2008) *Super Crunchers: Why Thinking-By-Numbers is the New Way to Be Smart*, Bantam.

図表3-2　コンビニ主要チェーンの店舗数推移（2002〜14年）

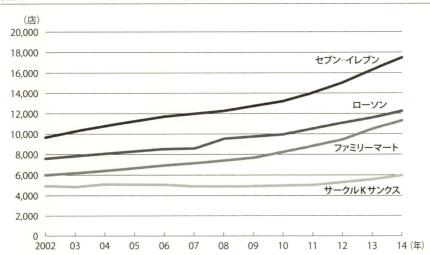

（注）SPEEDA、および各社ウェブサイトなどより著者作成。ファミリーマートについては、ウェブサイト掲載以前のデータはお客様相談室経由で入手。

　では、そもそも、なぜ増えているのか、減っているのか、変化が安定しているのかをぜひ考えてみましょう。この「なぜ？」に対する答えがこれから先も変わらないのであれば、予測も従来の変化を伸ばせばよいことになります。
　一方、変曲点（傾向が大きく変化する点）や外れ値（傾向から乖離している点）は、背景となる構造の変化や、想定外の特異な力が働いていることを示唆しており、考えるヒントという意味でとても重要です。ここでも変曲点や外れ値を見たら必ず「なぜ？」を考えることが大切になります。

■■3-1　データからコンビニを読み解く

　では早速、実際のデータを見ながら一緒に考えてみましょう。
　図表3-2はコンビニ上位4社の店舗数の推移を示したものです。このグラフからどのようなトレンドが読みとれるでしょうか？　各社ともに増えていることはわかるのですが、それが加速しているのか、減速しているのか、あるいは傾向に変化があるのかないのかを視覚的に確信を持ってなかなか読み取りにくいのではないでしょうか。

図表3-3　1970年代からのコンビニ主要チェーンの店舗数推移

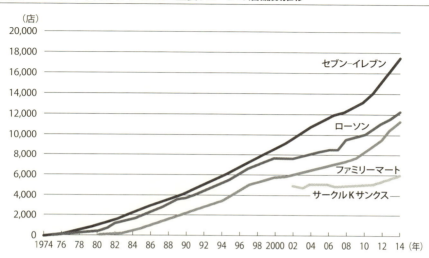

（出所）図表3-2と同じ。

　第4章の時系列グラフでも後述しますが、トレンドを見るときの1つのコツはできるだけ長めにデータをとって、鳥瞰的に傾向を捉えることです。
　それでは、同じデータを思いっきり時間軸を長く、1970年代からのデータを見てみましょう（図表3-3）。今度はどうでしょうか。
　かなり傾向が明確に読み取れるようになったのではないでしょうか。セブン-イレブンを例にとってみると、2000年代の半ば頃までは、ほぼ直線的に安定して店舗数が増えていることがわかります。閉店数が大きく変化しなかったと仮定すると、新規開店数もほぼ毎年一定していたことが読み取れます。おそらく、新規開店に振り向けるリソースも大きく変化しなかったのかもしれません。
　しかし、2000年以降、ローソンで顕著ですが、いったん店舗展開が鈍化していることがわかります。2004年には上位4社だけでも店舗数が3万店を超え、大きく新たな市場開拓ができない中、競争も激しくなり、出店も難しくなったということでしょうか。
　ところが、2010年前後を変曲点として、大きく傾き、すなわち出店スピードが増え、積極出店に変化していることがわかります。ここでは、さらにその変

84 | 第Ⅰ部　分析の考え方

図表3-4　コンビニ主要チェーンの店舗数純増減推移

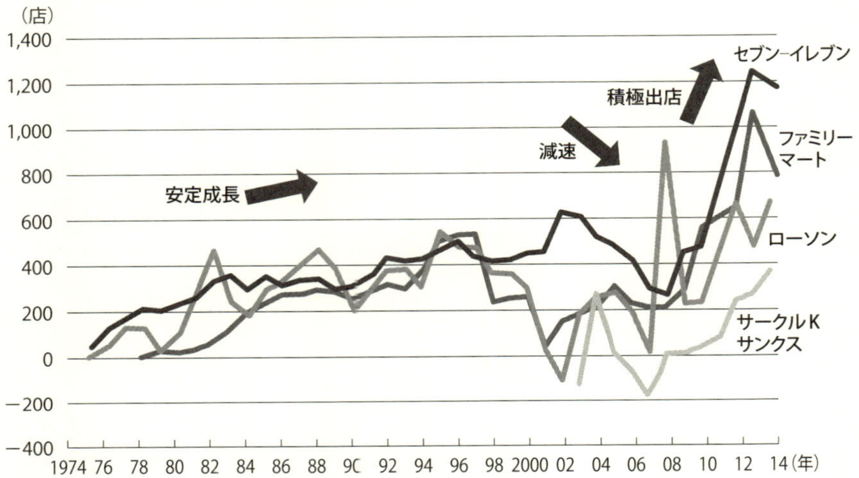

（店）

1,400
1,200
1,000
800
600
400
200
0
−200
−400

セブン-イレブン
積極出店
減速
安定成長
ファミリーマート
ローソン
サークルKサンクス

1974 76 78 80 82 84 86 88 90 92 94 96 98 2000 02 04 06 08 10 12 14（年）

（出所）図表3-3をもとに著者作成。

化を明確に視覚化するために、各チェーンの純出店増減（前年度との店舗数差分）を時系列のグラフにしてみました（図表3-4）。

　いったい、何が起こったのでしょうか。

　セブン＆アイ・ホールディングスの2010年2月期のアニュアルレポート[3]では、社会構造の4つの変化（世帯あたり人数の減少、働く女性の増加、少子高齢化、小売店舗の減少）により買い物に不便を感じる消費者の増加が見込まれること、さらに、「近くて便利」というコンセプトの下、この不便さを解消する食、およびサービスのソリューション提供をさらなる成長の機会と捉えることがうたわれています。すなわち、コンビニ市場を従来考えられていたような成熟マーケットと捉えるのではなく、視点を変えることで、満たされていないニーズがある、新たな大きな成長市場だとの認識を提示しています。

　実際、コンビニに来ている顧客層はそんなに変化してきているのでしょうか。図表3-5のグラフはセブン-イレブン店舗への1日の来店客数を年齢別に見たもので

3　セブン＆アイ・ホールディングス「ANNUAL REPORT 2010」。

図表3-5 セブン-イレブンの1日当たりの年齢層別来店客数推移

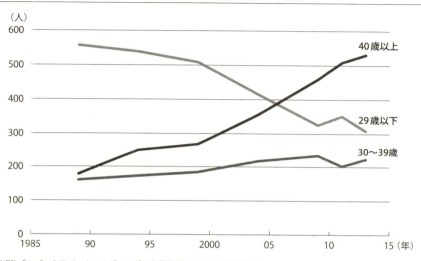

(出所)「セブン&アイ・ホールディングス事業概要2014」より著者作成。

すが、29歳以下の若者主体であった客層が、2000年以降に大きく減少する中、40歳以上のミドル、シニア層が大幅に増え、逆転していることが読み取れます。

このような社会構造変化を捉え、セブン-イレブンは翌年のアニュアルレポートでも高齢化人口の集中する大都市圏（東京、大阪、名古屋）での出店を加速することを方針として掲げており、2010年以降の出店攻勢は、まさにこの方針に対応したものと考えられます。

■■3-2 未来と人口予測

トレンドの視点でデータを見る際、使うデータは、ほとんど過去のデータが中心になると思います。というのも、未来に関する予測データそのものは、残念ながら外れることが多いからです。しかし、これには1つ例外があります。人口予測です。人口に関する未来予測は他の予測に比べると信頼度が高いとされています。したがって、皆さんが少し先の未来について議論する場合、スタート地点として最初に見るべきは人口に関する予測データです。

図表3-6はアジア諸国の老齢化率（人口に占める65歳以上の比率）の実績と

86 | 第Ⅰ部 分析の考え方

図表3-6 アジア諸国の老齢化率の推移と予測（1950〜2100年、中位推計）

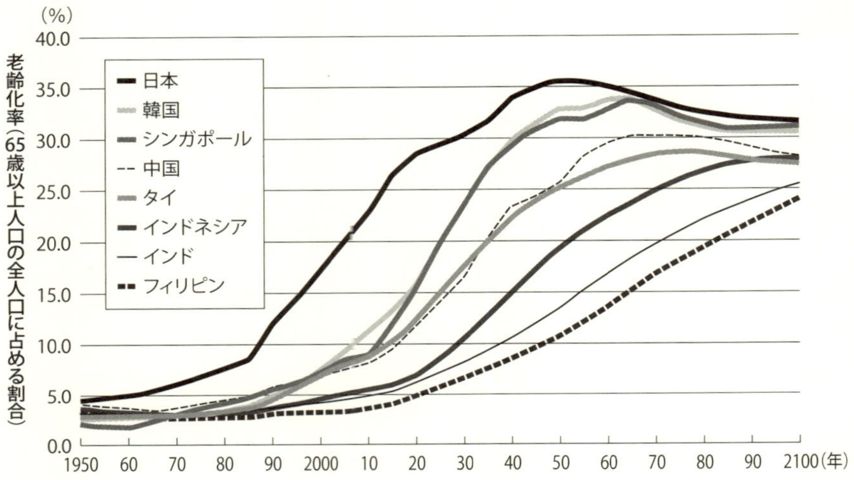

（出所）World Population Prospects 2010 revision より著者作成。

2100年までの予測です。老齢化率は国の高齢化の度合いを示す指標で、おおむね7％を超えると高齢化社会、14％を超えると高齢社会、さらに21％を超えると超高齢社会と表現されます。

　グラフのトレンドからわかることは、メディアでもよく取り上げられるとおり、日本はアジアの中で高齢化の先陣を切っており、21世紀の半ばまで急速な勢いで高齢化が続き、ピーク時には国民のほぼ3人に1人が65歳以上となります。しかし、実はアジア諸国は日本だけではなく、どの国も21世紀に急速に高齢化することが見込まれており、高齢化がアジアの共通課題であることもわかります。

　たとえば、中国は日本からほぼ20年遅れて高齢化の道筋をたどります。ネットの黎明期に先行する海外で成功したビジネスモデルを国内にいち早く持ち込む経営手法が「タイムマシン経営」と称されたことがありましたが、このトレンドの比較から、まさに日本の超高齢社会の状況とその経験はアジア諸国にとってはそこにある未来の「タイムマシン」であることがわかります。

4 ばらつき（分布）

　ばらつきを見るとは、全体を構成する要素のばらつき度合い、つまり各要素は特定の部分に偏って分布（集中）しているのか、あるいは、全体に均一に分布しているのか、構成を比較し把握することになります。図表2-4の問いのパターンで紹介した問題解決のフレームワーク（What→Where→Why→How）に則していうと、このうち、特にWhere?の問いに対する答えを探すためには、集中しているところがないかを見ることがとても重要になります。

　実は世の中の多くのものは偏った分布をとっており、一部分が全体に大きな影響を及ぼすことが多くあります。このことは、先ほど紹介した「パレートの法則（80対20の法則）」といった形で経験則として古くから知られています。一般に「上位20％の顧客で売上高の80％を占めている」といった偏りがビジネスの世界でもよくみられます。

　ビジネスにおいて、使える資源や時間が限られていることから、物事を重要なものから処理する、あるいは施策に対する感度の大きいものから手をつけることは非常に重要です。偏りに着眼することは、こうした優先順位づけに大いに役立ちます。問題解決では、パレートの法則に従えば、上位20％の問題に対処すれば、80％の課題解決が得られることになります。

　コンビニエンスストアにおけるPOSを使った売れ筋、死に筋の分析は、まさに商品間の売れ行きのばらつき、偏りに着目した分析にほかなりません。コンビニエンスストアは限られた売場面積で収益を最大化することが宿命づけられており、品揃えを絞り込まざるをえません。したがって、売れない商品、すなわち、死に筋の商品を見つけ、店頭からカットしてマーチャンダイジングにより新たな商品に入れ替えていくという手法がとられています。

　一方ビジネスでは、ばらつきを使って優先順位をつけるだけではなく、逆にばらつきをなくし、均質化、平準化することも重要な着眼です。たとえば戦後の日本的経営を支えた品質管理は、まさにこのばらつきを縮小することが至上命題でした。また、いろいろな分野で時間軸で変動する需要に対して、どのように供給力である設備や人材を充てていくのか、たとえば、うまく需要が平準

88 | 第Ⅰ部　分析の考え方

図表3-7　人口の多い日本の都市（2010年国勢調査）

順位	都市名	人口	順位	都市名	人口
1	東京23区	8,945,695	11	広島市	1,173,843
2	横浜市	3,689,773	12	仙台市	1,045,986
3	大阪市	2,665,314	13	北九州市	976,846
4	名古屋市	2,263,894	14	千葉市	961,749
5	札幌市	1,913,545	15	堺市	841,966
6	神戸市	1,544,200	16	新潟市	811,901
7	京都市	1,474,015	17	浜松市	800,866
8	福岡市	1,463,743	18	熊本市	734,474
9	川崎市	1,425,512	19	相模原市	717,544
10	さいたま市	1,222,434	20	静岡市	716,197

化できないか、といったことは重要な課題です。

【ジップの法則】

　世の中の多くの現象は「偏る」のですが、どのように偏るかについていくつかの法則が知られています。

　たとえば、皆さんはジップの法則（Zipf's law）を耳にしたことがありますか。もともとは名前の由来ともなった、ハーバード大学の言語学者だったジョージ・キングズリー・ジップが見出した英単語の出現頻度に関するパターン（k番目に多い単語の出現頻度は1番多い単語の1/kである）に起因しています。

　ジップの法則は、英単語以外にも商品やサービスのシェア、都市の人口の大きさなど、いろいろな分野で同様な現象が見られることが知られています。また、ネットの世界でもコンテンツのアクセスをはじめとして、このように偏る分布が多く見られます。

　たとえば、2014年度第1四半期のスマートフォンの世界シェア[4]は、1位のサムスンが30.2％、2位のアップルが15.5％、3位のファーウェイが4.9％、4位のレノボが4.6％、5位のLGエレクトロニクスが4.4％でした。ピッタリではないものの、順位とシェアの大小関係の傾向（上位に偏り、2位は1位の半分）は1、2

4　インタービジョン21（2014）『2015年度版　図解業界地図が一目で分かる本』三笠書房。

図表3-8　日本の都市人口（トップ100、2010年）

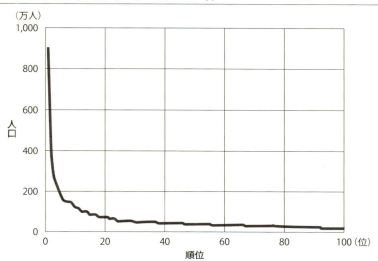

位を中心としてよく捉えていることがわかります。

　図表3-7は日本の都市を人口の多い順に、並べたものです。さらに図表3-8にトップ100都市を並べてグラフにしてみました。グラフからもわかるとおり、人口の分布は少数のきわめて大きい都市に集中し、また、人口10万人以下の比較的小規模な都市がたくさんあり、ほぼジップの法則が成り立っていることがわかります。

　このように社会現象を中心として「世の中は偏る」ことを指す法則としてよく名前を聞くものにはジップの法則以外にも、先ほど触れた「パレートの法則」や「べき乗則」というものがありますが、実はこの3つは同じ現象を指していることが知られています[5]。パレートの法則を順位で表現したものがジップの法則、さらに累積的な分布を表すパレートの法則を確率分布に直したものが、べき乗則です。

　どうしてこのように偏る分布となるのかについては諸説がありますが、多くの分布が「偏る」という事実は、ビジネスで広範囲に活用される、きわめて重

5　"Zipf, Power-laws, and Pareto: A Ranking Tutorial" (http://www.hpl.hp.com/research/idl/papers/ranking/ranking.html).

要な視点となっています。分布は「偏る」のではないか、という前提の下に、まずビジネスで考えてみましょう。

5 パターン（法則）

分析対象間の関係性を比較することで、潜む「パターン（法則性）」と、それから外れる「外れ値」、および傾向が大きく変わる「変曲点」を見つけることがパターンの視点です。

以下、それぞれのポイントを見ていきましょう。

■■5-1 パターンを見つける

法則を見つけるとは、「A という特性があると、○○になる」「Aが多ければ多いほど、△△になる」という傾向やルールを見つけることを意味します。第4章で説明することになる「相関」は、まさにこの法則の最たるものです。

図表3-9では、日本のコンビニエンスストアの規模と利益率の関係を比較してみました。規模が大きくなると収益性も良くなるパターン（法則）が読み取れますね。これは一般には「規模の経済性」と呼ばれる法則ですが、規模が大きいほど、その交渉力から商品仕入れ時に有利な価格で仕入れたり、あるいはシステム開発費用などの規模に依存しない固定費負担が有利になるからだといわれています。

ビジネスにおいて法則を見つけると、どんなメリットがあるのでしょうか。法則を見つけることで、予測の確度や打ち手の再現性を高められます。コンビニエンスストアの例でいえば、収益性を上げるためには規模を拡大していくことが有効なオプションの1つであることがわかりますね。

なお、法則を見つけることは、外れ値や変曲点を見つけるためのベースとなります。外れ値とは傾向とは異なる特徴を示すものであり、変曲点とはこれまで見られた傾向が変わる潮目のことを指しますが、いずれも「普通はだいたいこうなるはずである」という法則がベースにあってこそわかるものだからです。外れ値や変曲点を見つけるためにも、ぜひ法則性を探し出すことにチャレンジ

図表3-9　日本におけるコンビニエンスストア各社の売上規模と収益性（2011年度）

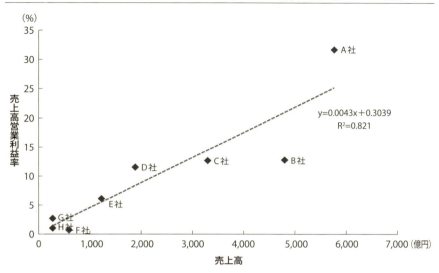

（出所）SPEEDA、各社決算資料をもとに著者作成。

してください。

■■5-2　外れ値を見つける

　外れ値を見つけるとは、「ルールやパターンとは異なる特徴を示す要素を見つけること」です。

　外れ値に着目するメリットは、外れ値自体に、実は事前に予測できなかったビジネスチャンスが潜んでいるので、外れ値発生のメカニズムを解き明かすことで、想定していなかったビジネスのヒントを得ることができるということです。

　先ほどのコンビニの例でも、既述のとおり、売上が大きいほど、売上高営業利益率が高い、規模の経済性が効いているパターンと考えることもできるのですが、仮にA社を除いて考えれば、売上が2000億円を超えると、B社、C社、D社とも営業利益率は、あたかも天井にぶつかったように頭打ちになっているようにも見えます。一定以上の売上では規模の経済性が効きにくいのではないか、という見方も可能です。

　だとすれば、B、C、D社に対してはるかに高い営業利益率を示しているA社

は法則から外れた、むしろ外れ値と考えたほうがよいのかもしれません。A社は他のチェーンとは違う独自の工夫をしているのではないでしょうか。どのような工夫をしているのか、A社の施策を他社と比較することで、収益性を上げるヒントが見えてくるはずです。

■■5-3 変曲点を見つける

変曲点を見つけるとは、「これまで観察された法則性とは違う法則が見られ始める、急激な変化のポイントを見つけること」です。ここでは一般に呼ばれているクリティカルマス、臨界点という考え方とほぼ同じ意味と思って結構です。

たとえば、気温をはじめとする天候がいろいろな商品の販売に影響を与えることが知られています。多くの季節性商品がある一定の気温を超える、あるいは下回ると急速に売れるようになることから、小売業では気温の変化に敏感にならざるをえません。たとえば、春から夏にかけて気温の上昇する局面では、20℃を超えるとビールが、また26℃を超えるとアイスクリームが売れ始めることが知られています。このような気温は商品の売れ行きに影響する変曲点です。

また、マルコム・グラッドウェル氏の著書[6]で有名になった、いわゆる「1万時間ルール」も練習量、経験量に対する成果の変曲点と考えることができます。これは、作曲家やチェスのプレーヤー、さらにはビートルズやビル・ゲイツに至るまで、各分野の成功者たちは、その分野で成功するまでに1万時間の練習を積んでいたというものです。一所懸命取り組んで1万時間の経験量を積むことが成果を飛躍的に高め、成功への必要条件になるのです。この場合、1万時間の練習量がその分野における成功者とそうでない人とを分かつ練習量、経験量の変曲点と考えることができます。

このような、量の蓄積が大きな質的な変化を生むという考え方は、弁証法における「量質転化の法則」（量が増大し、一定の水準を超えると質の変化が起こる）として田坂広志氏の著書[7]で紹介されています。

たとえば、水は100℃の沸点を超えると液体から気体に質的に姿を変えます。いわゆる相転移です。同様に、ビジネス分野でもインターネットの発達によっ

6　マルコム・グラッドウェル (2009)『天才! 成功する人々の法則』講談社。
7　田坂広志 (2005)『使える弁証法——ヘーゲルが分かればIT社会の未来が見える』東洋経済新報社。

図表3-10　最高気温と最大電力の関係（東京電力、2014暦年／平日）

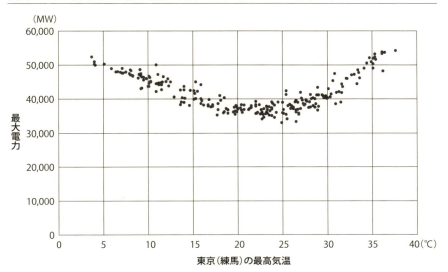

てコミュニケーションコストが劇的に下がることで、インターネットオークションに代表されるC to C（一般消費者間で行われる取引）のビジネスモデルが新たに登場してきました。また、ビッグデータがビジネスで本格的に話題となってきたのも、それまではデータは希少資源であったのが、データの収集、分析コストが劇的に下がったことで大きく活用方法が変わってきたことと無縁ではありません。

それでは変曲点を実際のデータをもとに見てみましょう。

図表3-10は、東京電力の1日の最大電力と東京（練馬）の最高気温の関係を見たものです。

最高気温によって1日の最大電力がほぼ決まるというパターンがあることがわかります。電力会社は発生する最大需要を織り込んで発電設備を確保する必要があるため、何によって最大電力需要が決まってくるかはきわめて重要となります。最大電力というと、夏の暑い時期の最大電力が話題になりがちですが、年間を通じて見ると、冬のピークも夏に匹敵するぐらい高くなっていることがわかります。

94 | 第Ⅰ部 分析の考え方

図表3-11 季節別最高気温と最大電力の関係（東京電力、2014暦年／平日）

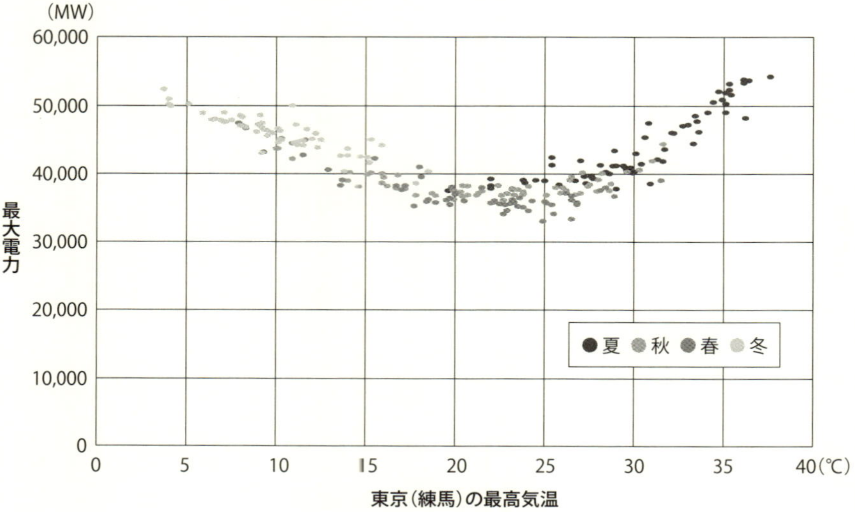

グラフからは明らかに20℃、および25℃あたりに傾きの大きく変化する変曲点があることが読み取れると思います。気温が変化してもあまり最大電力が変化しない20〜25℃の中央の領域に対して、気温に応じて電力需要が増減する20℃以下、および25℃以上の領域の3つの領域があります。この変曲点は何を意味しているのでしょうか。最大電力を決める法則性が何か異なっているのでしょうか。

同じグラフをさらに季節別に描き分けてみたのが図表3-11です。

気温からもわかることですが、右の領域はおおむね夏、真ん中の平坦領域が春秋、左の領域が冬に対応していることがわかります。さらに電力の使われ方をイメージするため、最大電力が発生した時間帯をグラフにしてみました（図表3-12）。

この2つのグラフから、夏の領域では、昼間、気温の上昇とともにエアコンなどの冷房需要に引っ張られ、最高気温の発生する午後に最大電力が生じること、一方、冬の領域では日没後、気温の低下により、暖房需要と照明需要により最大電力が発生しているであろうことが読み取れます。このことからたとえ

図表3-12　時間帯別最高気温と最大電力の関係（東京電力、2014暦年／平日）

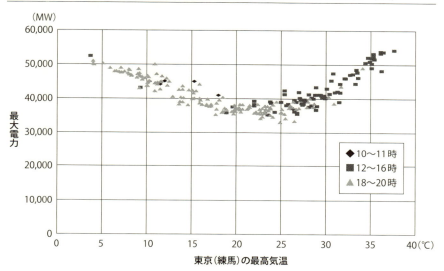

ば、夏場の最大電力需要への対応には日照が鍵となる太陽光発電はきわめて有効となるものの、日没後にピークが発生する冬場のピーク対応には必ずしも適していないことがわかります。

■■5-4　ビッグデータと機械学習によるパターンの抽出

　最近ではクレジットカードやポイントカードを使った購買履歴、ウェブサイトでの閲覧履歴をはじめとして、大量の顧客データが企業に蓄積されています。20世紀までは分析に使うデータを大量に取得するためには大きなコストがかかっていました。したがって、得られた希少なサンプルデータを最大限活用し、いかにサンプルが取り出された母集団（そのものは直接測定できない）の属性を推測するか（推測統計と呼ばれる分野です）に分析の重点はあったのです。

　テレビの視聴率調査はまさにその好例です。関東地区には、ほぼ1500万世帯があり、実際にある番組を観たかどうかを全世帯にわたって調査することは、ほぼ不可能です。このため、1500万世帯から抽出した600世帯で視聴率の調査を実施しています。たった600世帯で本当にわかるのだろうか、という疑問が

96 | 第I部 分析の考え方

あるかもしれません。まさにこのような問いに答えるために発展したのが推測統計学です。

　過去、関東地区のドラマでの最高視聴率は、なんと1983年の『積木くずし──親と子の200日戦争最終回』で45.3％でした[8]。はたして、1500万世帯全体の視聴率は本当はどのくらいなのでしょうか。推測統計を使うと、本当はどのくらいの視聴率があるのかを見積もることが可能です。

$$視聴率の誤差 = \pm 1.96 \sqrt{\frac{世帯視聴率\,(1-世帯視聴率)}{標本世帯数}}$$

　この式を使うと、誤差は95％の信頼度（95％の確率で本当の値が誤差の範囲に含まれる、と解釈いただいて大丈夫です[9]）で4.0％あることがわかります。すなわち、本当の視聴率は41.3〜49.3％の範囲にあるだろうと推測できるのです。

　ちなみに、この誤差の見積もりはこの公式を覚えていなくても、だいたいサンプルサイズ（ここでは対象世帯数）の平方根（ルート）をとればだいたい見積もることができます。便利なのでぜひ覚えておいてください。すなわち、600の平方根はほぼ24ですから、誤差はおよそ24件です。ここでは、視聴率の誤差を求めるので、24÷600＝0.04、つまり誤差は4％と簡単に試算することが可能です。

　しかし、ITの進歩により、データ取得にかかるコストが大きく低下している現在、データは希少資源から豊富な資源になり、この状況は大きく変わりつつあります。

　企業はこの膨大なデータ（いわゆるビッグデータ）を分析し、その中からパターンを見出して予測することで、特定の消費者の嗜好や消費行動にあった商品やサービスを訴求し、データを活用しようとしています。

　この活用に大きな力を発揮しているのが図表3-13のとおり、機械学習と呼ばれている一連の分析手法です。ビッグデータの本質は、この機械学習におけるデータに潜むパターンの抽出にあるといってもよいかもしれません。機械学習がなければ、データはただの情報の山にすぎないからです。機械学習は人工知

8　ビデオリサーチ社ウェブサイトより。
9　正確な解釈には議論があるが、たとえば Norm Matloff (2009) *From Algorithms to Z-Scores: Probabilistic and Statistical Modeling in Computer Science.*

図表3-13　機械が「学習」するということ

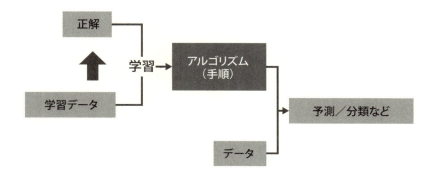

能の一分野とも、また、データマイニングと呼ばれてきた分野とも、ほぼ同義だと思っていただいて結構です。

　図表3-14のとおり、機械学習が得意としているデータからのパターン抽出は、大きく「予測」と「発見」の2つです。

　「予測」では過去の膨大なデータからソフトウェアが過去のアウトプットとインプットの関係性、パターンを抽出し、そのアルゴリズム（手順）をもとに新たなインプットのデータに対して予測を行っていきます。過去の知識から未来を推し量ると言い換えてもよいでしょう。第6章で扱う重回帰分析の目的変数（アウトプット）と説明変数（インプット）間の回帰式が、まさにこの予測の機械学習の1つにほかなりません。商品をレコメンデーションする、新しい楽曲がヒットするかどうかを見極める、といったことから、コンピューター将棋や囲碁といったものにまで幅広く使われています。

　実は、人間の脳は高度に同じようにパターン認識を行っていると考えることができます。たとえば、会った人の特徴から名前を思い出す、あるいは顔の表情から怒っているのか、笑っているのかなど相手の感情を推察するのも高度なパターン認識といえます。

　一方、「発見」では、対象を似通ったデータ同士、グループに分けるなど、データの背後にある本質的な構造を発見、抽出するものです。たとえば顧客をその属性、購買行動などから似たような顧客群にセグメンテーションする、と

図表3-14　機械学習が得意なこと

いったクラスター分析などがこのカテゴリーに当てはまります。
　以下に紹介する米国の小売業ターゲット社の事例[10]は大量のデータから分析により見出されたパターンの予測力を物語るものです。

「あるとき、ミネソタのターゲットの店舗に怒った父親が怒鳴りこんできた。『高校生の娘にマタニティ服などのクーポンを送ってくるとは何事だ！』。店舗のマネージャはその場で謝罪し、後日改めて父親に電話すると、『実は娘とじっくり話したんだ。8月が出産予定日だ』と逆に父親が謝罪することに。
　なぜ家族にすらわからなかった妊娠をターゲットは予測することができたのか。それは購買パターンにあった。過去に子どもが生まれた顧客の購買履歴データから共通する購買パターンを抽出して妊娠に関する予測モデルを構築した。たとえば大量の無香料のローションの購入、ビタミン、亜鉛などのサプリ、さらに大量の無香料の石鹸などの購入があれば出産予定日が近い。子どもが生まれた家庭はいろいろなものを大量に、さらにまとめ買いする傾向があり、スーパーマーケットにとっては大きなビジネスチャンスとなる。出産につながる購買『パターン』を見出すことで、潜在的なターゲットに効率的にアクセスすることが可能となっていた」

10　チャールズ・デュヒッグ（2013）『習慣の力』講談社。

第3章　分析の5つの視点（比較の軸）　99

■■5-5　機械翻訳におけるビッグデータの活用

　ビッグデータと呼ばれる大量のデータの威力を見せつけた出来事の1つに、2005年にNIST（米国国立標準技術研究所）主催で行われたコンピューターを用いた翻訳コンテストがあります。

　この機械翻訳（ソフトウェアを使った自動翻訳は機械翻訳と呼ばれています）のコンテストはもともと2001年にDARPA（米国国防高等研究計画局）のプログラムの一環として始められたものです。そもそもなぜ国防と機械翻訳が関係しているのでしょうか。

　実は、2001年9月11日に起こったテロの1日前、9月10日に米国のNSA（米国国家安全保障局）は「戦いが始まろうとしている」「明日が作戦開始だ」といった通信を傍受[11]していました。しかし、アラビア語の通信であったため、その内容は9月11日の翌日になって初めて翻訳され、この大切な情報は事件を未然に防ぐために活かされなかったのです。この苦い経験から、戦場をはじめとして集められた情報を素早く英語に翻訳する技術の開発が求められていたのです。

　コンテストでは100のニュース文章をアラビア語から英語、あるいは中国語から英語に翻訳するタスクが与えられていました。この年、初めてグーグルのチームがこのコンテストに参加し、図表3-15に示すとおり、優れたパフォーマンスで優勝したのです。アラビア語の翻訳競技であったにもかかわらず、実はグーグルのチームには誰一人アラビア語のわかるメンバーはいなかったと言われています。それなのに、なぜグーグルは勝てたのでしょうか。

　実は文法をベースに構文解析などをする従来の機械翻訳ソフトに対し、グーグルは大量の対訳データを用いて、統計的な手法の翻訳（SMT: Statistical Machine Translation）でこのコンテストに臨みました。

　統計的な機械翻訳のアプローチは分解するとおおむね、以下のように考えられます。

　①異言語間の対訳データをもとに、アラビア語の文章を（ブロークンな）英語の文章に置き換える（翻訳モデル）

11　NISTのウェブサイト"Translation Technology: Breaking the Language Barrier"。

図表3-15　翻訳コンテストの結果

チーム	BLEUスコア	スコアの解釈
グーグル	0.5131	人が編集できるレベル（0.5～0.6）
ISI	0.4657	トピックがわかるレベル（0.4～0.5）
IBM	0.4646	
UDM	0.4497	
JHU-GU	0.4348	
EDINBURGH	0.397	使えないレベル（0～0.4）
SYSTRA	0.1079	
MITRE	0.0772	
FSC	0.0037	

（出所）NIST 2005 Machine Translation Evaluation Official Results.

　②英語の大量な文章データをもとに、ブロークンな英語を滑らかな英語に変
　　換する（言語モデル）

　データには2億語にのぼる国際連合の文章の対訳データ（アラビア語、英語）、
さらに1兆語にのぼる英語のデータが用いられました。ちなみに、国連の公式
言語はアラビア語、中国語、英語、フランス語、ロシア語、スペイン語で、会
議などの公式記録はこれら言語に翻訳され、保存されており、それをグーグル
は使ったのです。
　英語としての滑らかさは、英語の単語が隣合わせで出現する確率を実際の膨
大な文章から学習し、最も出現確率の高い文章を選択することになります。こ
のとき、前の何単語までを考慮するかですが、この数をあまり大きくしても精
度がそれほど上がらないと言われており、通常は2～3単語と言われています。
　たとえば、英語の文章として、"I think"と"think I"という語順のどちらが自然
な英語かというケースを考えてみましょう。この問いは世の中にある文章でど
ちらの出現確率が大きいか、ということになります。実際にグーグルで"I think"
を検索すると8億7000万ヒットでした。一方、"think I"は2億8000万ヒットで
すので、"I think"という並びのほうがより自然（目にする機会が多い）ということ

図表3-16　5つの視点のまとめ

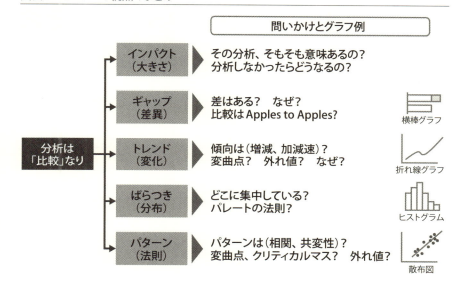

がわかります。

　従来の翻訳ソフトがどちらかというとルールベースの演繹的なアプローチだったのに対し、グーグルのアプローチは大量のデータをもとにした帰納法的なものと考えることができるかもしれません。まさに大量のデータから頻出するパターン（ここではアラビア語→英語の対応、さらに英語としての自然さ）を抽出して翻訳しているのです。

　第3章では、分析する際に重要な5つの視点について順番に見てきました。最後に、改めてそれぞれの視点での具体的な自らへの問いと視覚化する際のグラフ例を図表3-16にまとめてみました。

章末問題

1 2003年の小泉政権の頃から、日本政府は観光立国の実現に向けた取り組みを展開し、ビジット・ジャパンをはじめとする訪日外国人へ向けた政策を打ってきました。

しかしながら、国内における旅行消費の推移を見ると、全体が増えるどころかむしろ減少しています。政府の取組みにはどのような課題があったのでしょうか（ヒント：インパクトの視点から考えてみてください）。

【観光立国の実現に向けた政府の取組み】
2003年　小泉純一郎総理（当時）が「観光立国懇談会」を主宰
2003年　ビジット・ジャパン事業開始
2006年　観光立国推進基本法が成立
2007年　観光立国推進基本計画を閣議決定

国内における旅行消費の推移

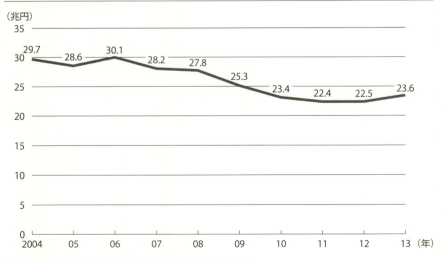

（出所）「旅行・観光産業の経済効果に関する調査研究」（2013年版）。

2008年　観光庁設置
2009年　中国個人観光ビザ発給開始
2012年　観光立国推進基本計画を閣議決定
2013年　「日本再生に向けた緊急経済対策」を閣議決定
　　　　観光立国推進閣僚会議を開催

2　2010年頃より、日本の若者が内向きになって海外への関心を失いつつあり、以前と違って海外へ留学しなくなっている、といった論説がメディアでも目立つようになってきました。たとえば、以下の記事はその典型的な例です。

> 「日本の若者たちの『留学離れ』が目立つ。今年のノーベル化学賞に輝いた根岸英一さんが『海外に出よ』と訴えたのも、米国で実感しているためだろう。統計でも明らかだ。海外留学先で最も多い米国では、大学など高等教育機関で学ぶ日本人留学生が一昨年3万人を切った。13年前のピーク時の6割に減っている。費用面で優遇されている留学制度への応募も減っている。
>
> 　一方、米国際教育研究所（IIE）によれば留学生総数は一昨年、過去最多となった。インドが1位で10万3000人。以下、中国、韓国、カナダと続く。日本は第5位だが前年より約14％も減った。
>
> 　根岸さんは『日本はカンファタブル（居心地良い）だから』と皮肉ったが、それだけでもあるまい。むしろ、行きたくても行きにくい状況が強まっているためではないか。
>
> 　たとえば『就活』だ。大学3年の秋から本格化する現状では、海外にいては後れを取る。留学が長引くと年齢的に不利になる。企業は留学経験を必ずしも評価しない……等々が影響している気がする。
>
> 　そんなリスクなどはね飛ばせ、とも言いたいが、内向き志向が及ぼすマイナス効果は心配になる。せめて企業側が、政府に言われなくても就職の幅を広げるぐらいの度量を示してこそ若者が留学に夢を託せるのではなかろうか」
>
> （『京都新聞』2010年10月16日）

　はたして日本の若者は、この記事にあるように内向きになってしまったの

でしょうか。どのようなデータがあれば確かめられそうでしょうか？

3 2000年、米国のタバコ会社であるフィリップモリス社は、チェコの保健省の主張、「タバコによる費用は財政的な便益を上回る」に対抗するため、コンサルティング会社に依頼し、タバコによって生じる費用と、税収などの社会的な便益の分析を行いました。次表はその結果です。分析によれば、喫煙により、喫煙者が早く亡くなることから、高齢者向けの年金や住宅、医療コスト負担額の節約により、国としては正味では年間約58億1500万チェココルナ（当時のレートで、日本円にしてほぼ158億円）のプラスになることがわかりました。あなたはこの分析に納得感があると思いますか。もしこの分析におかしなところがあるとすればどこでしょうか。

タバコの費用と便益

収入と費用	金額 （百万チェココルナ）
収入などのポジティブな効果	21,463
高齢者の住居が不要になることでの節約	28
寿命が短くなることによる年金などの節約	196
寿命が短くなることによる医療コストの節約	968
関税収入	354
法人税	747
付加価値税	3,521
物品税	15,648
喫煙に関連した公的な費用	15,647
火事によるコスト	49
死亡率が高まることで失われる所得税	1,367
仕事ができなくなることで増える公的費用	1,667
受動喫煙で生じる医療コスト	1,142
直接喫煙により生じる医療コスト	11,422
正味の便益	5,815

（出所）フィリップモリスへのコンサルティング会社からのレポート（たとえば、http://hspm.sph.sc.edu/courses/Econ/Classes/cbacea/czechsmokingcost.html）。

第II部

比較の技術

　分析とは「比較」であることは、すでに見てきましたが、数字のデータはそのままではなかなかうまく比較できません。比較するためには、データをグラフ、数字、あるいは式にうまく集約して、比較しやすくする必要があります。データ集約の仕方（分析アプローチ）は大別すると3つです。

　①目で見て「比較」してみる（グラフ）
　②数字に集約して「比較」してみる（数字）
　③数式に集約して「比較」してみる（式）

　第II部では、この3つのアプローチについて順番に見ていきます。
　その前に、ちょっと寄り道をして、そもそも定量的なデータにはどのような種類があるのか概観してみましょう。というのも、データの種類と分析のアプローチ（できること、できないこと）は密接に関連しているからです。
　次のページの表のとおり、量的データは、比率データ、間隔データともに平均値、標準偏差などの計算はできるため、取扱い上はその違いをあまり意識しなくても大丈夫です。
　また、5段階評価での満足度（⑤非常に満足、④満足、③どちらとも言えない、②不満、①非常に不満）などのアンケート結果は、厳密には順位データですが、実際には多少の問題には目をつぶって間隔データとして扱い、顧客の平均満足度といった形で平均値などを取ることがよくあります。

データの種類と分類

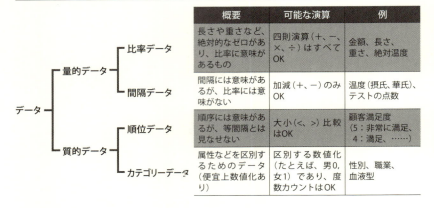

　カテゴリーデータは、この表から見る限り、度数を数えるだけで、そのままでは計算には使えないことから、定量分析ではあまり活用できない印象を持たれるかもしれません。しかし、たとえばカテゴリーによる比較分析は、クロス集計をはじめとして実際には多用されています。というのも、カテゴリーデータが顧客など、対象を分解・峻別する（問題解決のステップではWhere?に相当）のに使われるからです。

　また、第6章の回帰分析の項で後述するように、結果に与える男女の性別の差など、カテゴリーによる原因の違いを数式に織り込んだり、結果そのもの（たとえば試験に合格するのか、不合格なのか）を数式に織り込むことも可能です。

第 **4** 章

目で見て「比較」してみる（グラフ）

　分析でデータを比較するには、データを集約して比較しなければなりません。3つのデータの集約方法のうち、まず目で見る方法、すなわちグラフによる分析を見ていきましょう。

　人間は外界から得る情報の約80％を目を使った視覚情報に頼っているといわれています。人間は「目で見る」動物なのです。

　実際、研究者の試算[1]によれば、人間の網膜から脳に送られる情報量は毎秒10Mビットとされており、これはほぼ、新聞紙50ページの情報量[2]に相当します。目は膨大な量の情報を処理しているのです。この毎秒10Mビットというスピードは、オフィスや家庭で使われているLANと呼ばれるコンピューターネットワークの規格スピードに匹敵するものです。

　このような大量の視覚情報を処理することに長けている私たちの目と脳を分析に使わない手はありません。

　私自身、20代の後半に2年間の機会を得てシカゴ大学のビジネススクールで過ごしました。私が履修した統計の授業の担当は、当時すでに70歳近くの高齢だった名物講師で統計学者のハリー・ロバーツ教授[3]でした。

　私が大好きだった彼の授業では、もちろん分析手法をはじめとして大切なことを数多く学んだのですが、今でも思い出すのは、難しい分析手法ではありません。

　彼が授業のたびに繰り返していた、まず「最初に目を使え（eyeball test）」

という1点です。いろいろな手法を知り尽くしているはずの統計の大家が「目を使え」と繰り返していたことに、当時の私は大きな衝撃を受けました。

実は「目は最高の分析ツール」なのです。

1 目は最高の分析ツール

　皆さんは今までに、ナイチンゲール（1820～1910）の名前をどこかで耳にしたことがあるのではないでしょうか。ヴィクトリア朝時代に活躍した女性で、当時、統治していたヴィクトリア女王に次いで影響力のあった女性といわれています。

　日本では「白衣の天使」といった呼ばれ方をしますが、ナイチンゲールの母国であるイギリスではクリミア戦争での昼夜を問わない献身的な看護ぶりから、"Lady with the Lamp（ランプを手にした貴婦人）" として有名です。

　1860年に世界で最初となる専門的な看護婦の養成機関を設立し、看護に関する200以上の本やレポートなどを著した「近代看護教育の生みの親」でもあります。一方であまり知られていないのが、ナイチンゲールが統計にきわめて深い素養があっただけでなく、グラフを使ってデータを可視化することの重要性を強く意識していたことです。

　ナイチンゲールの名を有名にしたクリミア戦争は、1853年から1856年にわたり、クリミア半島を舞台に行われました。南下政策をとるロシアと、オスマントルコおよび同国を支援するイギリス・フランスとの間で起こった戦争です。

1　"Penn Researchers Calculate How Much the Eye Tells the Brain," Public Release, 26 Jul., 2006, University of Pennsylvania School of Medicine.

2　1Mビット＝100万÷16ビット／文字＝6万2500文字、新聞は1万2870文字／ページなので、10Mビットは、ほぼ新聞50ページ弱に相当する。

3　2013年にノーベル経済学賞を受賞したシカゴ大学のユージン・ファーマ教授は米Fortune誌の「私が得た最高のアドバイス」という特集の中で、ロバーツ教授の統計の授業で学んだ、データとの向き合い方（データを単に仮説検定に使うのではなく、データから何を学べるかが大事だ）を自分への最高のアドバイスとして挙げていました。

ちなみに、同じ頃、日本はまさに幕末まっただ中で、1853年には浦賀にペリーが来航しています。

1854年、イギリスの世論は揺れていました。クリミア戦争の傷病兵たちが医療品の補給もままならないまま、きわめて劣悪な環境に置かれていると報道されたからです。ナイチンゲールは陸軍省の依頼の下、38名の看護婦を率いてトルコにあった陸軍病院に赴き、病院の衛生状況などの改善に尽力することになります。このときの献身的な活躍ぶりがまさに、"Lady with the Lamp"という言葉に集約されています。

ナイチンゲールはクリミア戦争からの帰国後、ナイチンゲール基金に集まった多額の寄付をもとに、クリミア戦争でのあやまちを繰り返さないためにも、病院の衛生状態をはじめとする医療改革の必要性を強く訴えるようになります。このときに活用したのが、彼女のデータ分析の能力であり、グラフ化だったのです。

図表4-1は、ナイチンゲールが1858年に分析したクリミア戦争における死因の構成です。このグラフは円グラフの一種で、鶏頭図（Polar Area Diagram）と呼ばれており、ナイチンゲールの利用によって有名になりました。グラフの形はあまり見かけないものとなっていますが、基本的にはクリミア戦争開戦時からの時系列のグラフで、死者数を要因別に面積で示したものです。

グラフからはっきりとわかることは、死者の多くが、戦闘によって負った傷で亡くなったのではなく、むしろ病院での衛生状態の悪さからコレラなどの感染症によって亡くなったという事実です。

このことから、病院の衛生状態がきわめて大切であることをナイチンゲールは伝えようとしたのです。しかも、それを統計に土地勘のない国会議員や官僚に生き生きと伝えるために、グラフによって視覚化することを工夫したのでした。このような活動が後に陸軍内における数多くの改善につながり、結果、多くの命を救うことになります。

ナイチンゲールはその活動が認められ、1859年に女性としては初めて、王立統計協会の会員に選ばれたほか、1907年にはイギリスで最も名誉があるとされているメリット勲章を受章しています。

ナイチンゲールが工夫した鶏頭図に限らず、グラフはデータの分析、コミュ

図表4-1　ナイチンゲールの鶏頭図──クリミア戦争の死因構成

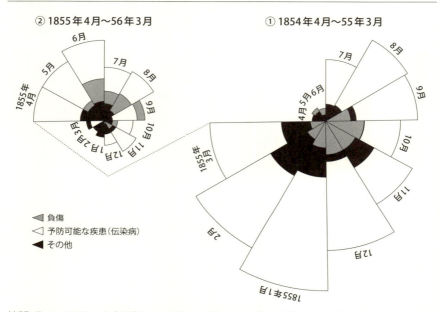

(出所) Florence Nightingale (1858) Notes on Matters Affecting the Health, Efficiency and Hospital Administration on the British Armyより著者作成。

ニケーションにきわめて威力を発揮するものです。というのも、人間は「目で見る動物」だからです。人間の脳は目を使い、会った人の特徴から名前を思い出すなど、視覚的に高度にパターン認識を行っています。だとすれば、この高いパターン認識能力を分析に使わない手はありません。そのためのツールがグラフなのです。この意味で、「目に最高の分析ツール」なのです。

2　グラフは言語である

　数字はそのままではうまく「比較」できません。簡単に比較するための最強のツールがグラフです。目の情報処理能力はきわめて高く、グラフでデータを可視化することでデータのさまざまな関係性を簡単に理解することができます。

図表4-2　仮説をグラフに翻訳する

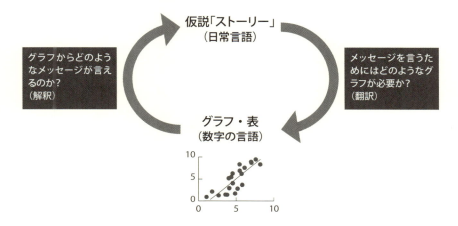

グラフを大いに活用してみましょう。

図表4-2の仮説構築力のステップ、「分析で仮説を確かめる」という視点からは、グラフから何が読み取れるか（解釈）以上に、仮説（ストーリー）をどのようにグラフに翻訳すればよいのかが大切になります。しかしながら、ビジネススクールでの授業や企業向けの研修での経験からわかるのは、多くの社会人が言いたいことをグラフで表現するのを苦手としている事実です。以下では、どのように言いたいことをグラフにすればよいのかを中心に見ていきます。仮説をグラフで表現できるようになれば、グラフを解釈することも容易になります。

■■2-1　グラフ化の3つのステップ

グラフ化するステップは3つから成り立ちます。まず、仮説を明確にしたうえで、その仮説にはどのような比較要素があるのかを考えます（図表4-3）。既述のとおり、分析は「比較」ですから、何と何を比較すればよいのかを明確に意識することがとても重要です。比較対象が明確になれば、比較対象に対応する形でどのようなグラフを使えばよいのかがほぼ決まってきます。

比較対象とよく使われるグラフの対応関係を図表4-4にまとめてみました。実はよく使われるグラフのパターンは、皆さんがよくご存じの円グラフ、棒グラフ、折れ線グラフをはじめとして、それほど多くありません。すなわち、グ

図表4-3　グラフ化への3つのステップ

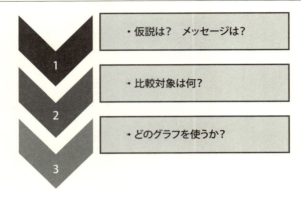

ラフの種類を新たに覚えることよりも、何を比較すればよいのかを明確に意識して皆さんが知っているグラフを活用することのほうが大切です。

図表では一般的な比較（ギャップ）の場合には棒グラフを推奨しています。これは視覚的には、たとえば円グラフの角度や面積に比べ、棒グラフの長さの長短のほうが比較しやすいからです。また、棒グラフの中でも縦棒グラフではなく、横棒グラフを優先しています。これは「A4横」など、一般的に多用される横長の資料を想定した場合、データの項目名などの記述を考慮すると横棒グラフの方が総じてきれいに見えるという理由からです。

トレンドは時間的なデータ比較ですが、一般には縦軸ではなく、横軸を左から右への時間の流れ、変化と捉えることが多いことから、横軸を時間変化に使う折れ線グラフ、縦棒グラフが使われることがほとんどです。

構成比や分布（ばらつき）を見る際には通常、ヒストグラム（あるいはパレートチャート）や円グラフが用いられます。ただし、構成比の時間変化や、たとえば構成比の国際比較など横断面での相互比較を行う場合には円グラフではなく、棒グラフ（帯グラフとも呼ばれる）を使うのが普通です。時間変化では横軸を時間軸にした縦棒グラフとし、また、横断的な相互比較では一般的な比較同様、横棒グラフで上下に配置し、構成比の変化を表現することが多くなっています。

4つ目の相関を見るために使うグラフは散布図です。散布図は2変数の関係を見るために人類が発明した偉大なグラフですから、2変数の関係を視覚化する

図表4-4 比較対象別のグラフイメージ

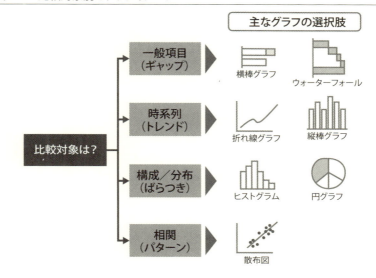

場合には迷わず散布図を使いましょう。

では、実際にグラフを使って、仮説を確かめてみましょう。

■■2-2　仮説をグラフで確かめる：仮説1「日本の公務員は多すぎる」

　新聞をはじめとするマスメディアでは日本の抱える国債残高、国の借金の問題が頻繁に報道されています。また、関連して、日本は公務員天国だ、といった公務員制度の非効率さに関する報道や主張もよく耳にするところです。

　「日本の公務員は多すぎる」という仮説を実際に分析で確かめてみましょう。

　先ほどの3ステップに従うと、次に何を比較するのかを明確にする必要があります。日本語では主語が省かれることが多く、同様に比較対象が文章の中で明確にならないことがままあります。もし「多すぎる」というのであれば何に比較して「多すぎる」のでしょうか。ここでは日本という国単位の話をしているので、国際比較、すなわち諸外国との比較で「多すぎる」と言えないかを考えてみることにします。

　国の規模がそれぞれ異なることから、公務員の数そのものではなく、働く人

に占める公務員の割合を比較してみましょう。比較対象が適切かどうかは、分析ではきわめて重要です。国の大きさを考慮せずに人数のままで比べてしまっては、まさにapples to orangesになってしまいますね。

以上を踏まえ、確かめたい仮説を丁寧に記述してみましょう。ここでは「日本の働く人に占める公務員の割合は、諸外国に比べて多い」としてみます。

比較対象が「一般項目」になるので、先ほどのグラフ選択のチャートから横棒グラフを使ってみましょう。国際比較ですので、OECDの出版物からデータを収集してみました。

図表4-5　労働者数に占める公務員（一般政府＋公企業体）の比率 2008年

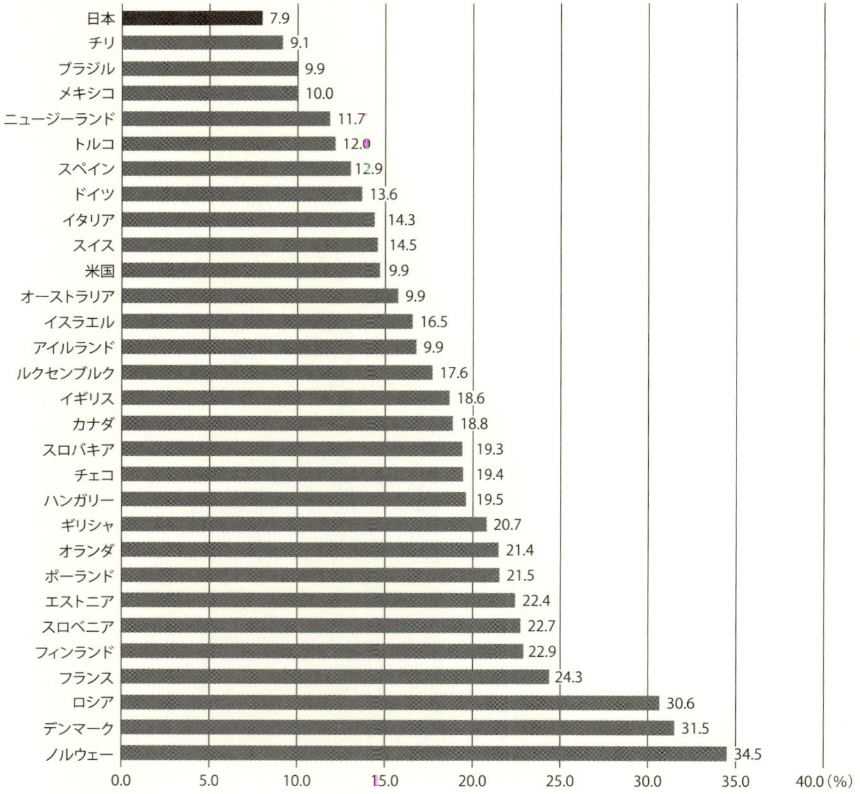
日本 7.9
チリ 9.1
ブラジル 9.9
メキシコ 10.0
ニュージーランド 11.7
トルコ 12.0
スペイン 12.9
ドイツ 13.6
イタリア 14.3
スイス 14.5
米国 9.9
オーストラリア 9.9
イスラエル 16.5
アイルランド 9.9
ルクセンブルク 17.6
イギリス 18.6
カナダ 18.8
スロバキア 19.3
チェコ 19.4
ハンガリー 19.5
ギリシャ 20.7
オランダ 21.4
ポーランド 21.5
エストニア 22.4
スロベニア 22.7
フィンランド 22.9
フランス 24.3
ロシア 30.6
デンマーク 31.5
ノルウェー 34.5
0.0
5.0
10.0
15.0
20.0
25.0
30.0
35.0
40.0（%）

（出所）Government at a Glance 2011, OECD.

第4章　目で見て「比較」してみる（グラフ）　115

　図表4-5のとおり、グラフにしてみると、大小関係は一目瞭然です。2008年の時点で、調査対象国30カ国のうち、日本の公務員の労働者に占める割合は7.9%となり、多いどころか実は最も少ないことがわかります[4]。

■■2-3　仮説をグラフで確かめる：仮説2「お金持ちは長生きする」

　経済的な豊かさと寿命の関係をグラフを使って考えてみましょう。経済的な裕福さと寿命にはどのような関係がありそうでしょうか。裕福になると衛生状態や栄養状態が良くなって長生きするのでしょうか。それとも、逆に贅沢があだとなって寿命は短くなるのでしょうか。

　ここでは仮説を「経済的に豊かであればあるほど長生きする」として、実際にデータで確かめてみましょう。そもそも何を比較すればよいのでしょうか。「～であればあるほど、～である」という表現は、実は2つの変数を比較しており、先ほどのグラフ選択のチャートでは「相関」と書いてあるものが、まさにこれにあたります（この相関については、この後の「式」に集約する、回帰分析部分で詳述します）。チャートから「散布図」を選択することとします。

　では実際に、裕福さと寿命という2つの要素の関係を見比べてみましょう。比較単位の選択肢は、個人から国までいろいろなレベルで選択できるのですが、ここではデータの入手のしやすさから、国単位での経済的な豊かさと寿命の関係を見たいと思います。

　図表4-6では、国レベルでの裕福さの指標として1人当たりのGDP（最も大切な経済指標の1つですが、ここではあまり難しく考えず、国民1人当たりの平均の収入ぐらいに考えておきましょう）と、さらに寿命として平均寿命（出生してから平均して何年生きると期待できるか、0歳での平均余命）をとってグラフにしてみました。グラフの円の大きさは各国の人口規模を表しています。

　グラフからは大多数の国にとって、経済的に豊かになると平均寿命が伸びるという直線的な右肩上がりの関係（統計の世界では、相関関係あるいは共変性といいます）が成り立つことがきれいに読み取れます。グラフから「裕福な国であるほど長生きできる」ということはいえそうですね。

4　公務員の定義には独立行政法人を含めるかなどで変わりうるため、この結論には異論もある。

116 | 第Ⅱ部　比較の技術

図表4-6　1人当たりのGDPと平均寿命の関係（2012年）

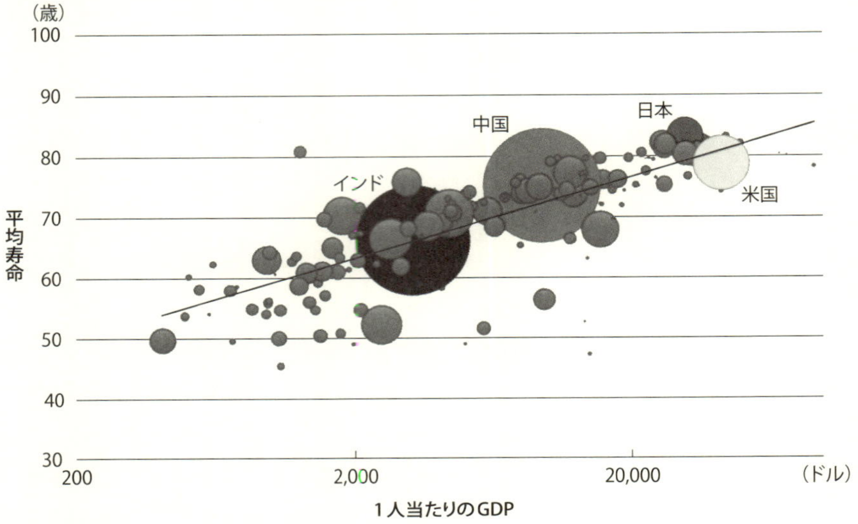

（出所）Gapminder Worldのデータより著者作成。

　実はこのデータは、下記サイトのデータをExcelでグラフ化したものです。サイトでは実は過去200年強に及ぶ豊かさと平均寿命の関係性をたどることができます。下記URLからサイトにアクセスし、ぜひ画面下にある「Play」ボタンを押してみてください。産業革命以降、経済的な発展が各国の平均寿命に与えた影響がグラフの変化として手に取るようにわかります。

Gapminder World（http://www.gapminder.org/）

■■2-4　仮説をグラフで確かめる：仮説3「幸せだと長生きする」

　アリストテレスは人生の最終的な目標は幸せだと説いていました。幸せだとどんな良いことがあるのでしょう。たとえば、幸せだと長生きするのでしょうか。

　ここでは仮説を「幸せであればあるほど、長生きする」として、データで確かめてみましょう。グラフにするためには幸せのレベルの違いによって、寿命にどのような違いがあるかを比較すればよいことになります。

　これについては面白い研究[5]があります。米国で180人の修道女が修道院に入

図表4-7　修道女の自伝のポジティブな表現の量と調査時点（80歳前後）での死亡率

る際に書いた（平均年齢22歳）自伝の内容を調べました。自伝にどれだけポジティブな表現が使われているかによって4グループに分け、彼女たちのその後の人生を調べたものです。この修道院では1930年から修道院に入る女性は、必ずそれまでの自伝を1ページにまとめることが求められていました。

図表4-7の結果からわかるとおり、自分の人生をポジティブな言葉で多く表現した人が他のグループより明らかに長生きしていることがわかります。

3　分析で力を発揮するグラフ

グラフが雄弁な数字の言葉だとして、実際のビジネスではどのようなグラフがどの程度の頻度で使われているのでしょうか。

ビジネス文脈でのグラフ利用の実態についてのデータがないか、ちょっと探してみたのですが、なかなか良いデータが実は見つかりませんでした。

こういった場合は、第2章のデータ収集で既述したとおり、自分で集めるに限ります。ないなら自分で集めよう、ですね。

5　Danner, D. D. et al. (2001) "Positive Emotions in Early Life and Longevity: Findings from the Nun Study," *Journal of Personality and Social Psychology* 80: 804-813.

グラフ作成に長けた人の作ったビジネスプレゼンテーション資料（たとえばコンサルタントのレポート）などを集めて分析できればよいのですが、クライアントの秘密が詰まったレポートが簡単に手に入るはずもありません。代わりにといっては何ですが、コンサルティングファームが外部向けに発表している論文類でのグラフ利用を調べてみることにしました。コンサルティングレポートそのものではないものの、コンサルタントが伝えたいことをどのようなグラフを使って表現しているかには類似のパターンがあるはずだと考えたからです。

マッキンゼー・アンド・カンパニー社が四半期ごとに発行している『マッキンゼー・クォータリー』という刊行物の2年半分（2012年4号〜15年1号）の10巻分の論文に使われているグラフをすべて集めて、使われている目的（視点）とグラフのパターンを分析してみました。使われていたグラフは全部で151ありました。分布は図表4-8のとおりです。

グラフのタイプでは圧倒的に棒グラフが多く、縦棒、横棒を合わせると全体の62％となっています。どんなグラフかを迷ったら、まず最初に考えるべきは、棒グラフですね。実際、縦棒、横棒グラフを合わせると、パターン以外の視点はほとんどカバーすることができます。その意味では最もつぶしの効くグラフといえるかもしれません。また、棒グラフの中でも横棒と縦棒グラフでは横棒グラフのほうが、ほぼ5割増しで使われる機会が多いこともわかります。

一方、視点ごとに考えた場合は、どのグラフが使われる機会が多いのでしょうか。データによれば、ギャップであれば横棒グラフ、ばらつきであれば縦棒グラフ、トレンドでは線グラフ、そしてパターンであれば散布図であることがわかります。

先の図で紹介したグラフのうち、皆さんがよく見かける（縦横）棒グラフ、円グラフ以外に、皆さんのグラフでの表現力を増すためにいくつかのグラフ（ヒストグラム、パレートチャート、ウォーターフォールチャート、散布図）についてさらに一緒に見てみましょう。

■■3-1　ヒストグラム

ヒストグラム（度数分布表）は、棒グラフで、横軸に分布を見たい変数をとり、縦軸に度数（データの個数）をとったものです。棒の面積が度数に比例するよう

図表4-8　マッキンゼー・クォータリーで使われているグラフの種類

視点	横棒	縦棒	円	線	点	その他	合計
ギャップ	**47**	**13**	1	**4**		3	68
ばらつき	8	16	9	4		2	39
トレンド		9		14		1	24
パターン					17	3	20
合計	55	38	10	22	17	9	151

WF4含む　　　WF1含む　　　　　　　　　WF→ウォーターフォールチャート

に作られており、データの全体的な「ばらつき具合」をより視覚的に理解するために作成します。

　データの分布が釣鐘状に左右対称の分布であれば、代表値である平均値、さらに散らばりを示す標準偏差があれば、分布の状況はおおむね把握することが可能です。私たちはどうしても無意識のうちに、左右対称な分布を想定しがちですが、実は世の中の分布は図表5-4の金融資産の分布や地震の規模の分布のように、左右対称ではなく、偏った分布をしていることや、分布のピークが複数あることなどがままあります。

　また、平均値や標準偏差はとても便利な数値である一方、元のデータを要約する過程で情報を捨てているのも事実です。したがって、実際に目で見て分布の偏りや外れ値の存在など、データの散らばりの状況を確認することが大切になります。

　図表4-9は140年間の米国株の年別リターンの分布です。平均である8%のリターンを中心におおむね左右対称に分布していることがわかります。このリターンのヒストグラムから、リーマンショックの2008年のリターン、－38.7%が分布上は最下限に位置すること、すなわち分布上は140年に1度か2度の頻度の事象であったことがわかります。

　ヒストグラムはデータの分布を可視化することで、分布の偏りや外れ値の存在などを教えてくれますが、分布の形そのものをあたかも対象を識別する指紋のように使うことも可能です。どういうことでしょうか。

　実は文学作品の世界では、誰が本当の作者なのかが論争の的となることがよ

120 | 第Ⅱ部　比較の技術

図表4-9　1871年から2010年まで140年間の米国株の年別リターン（S&Bインデックス）

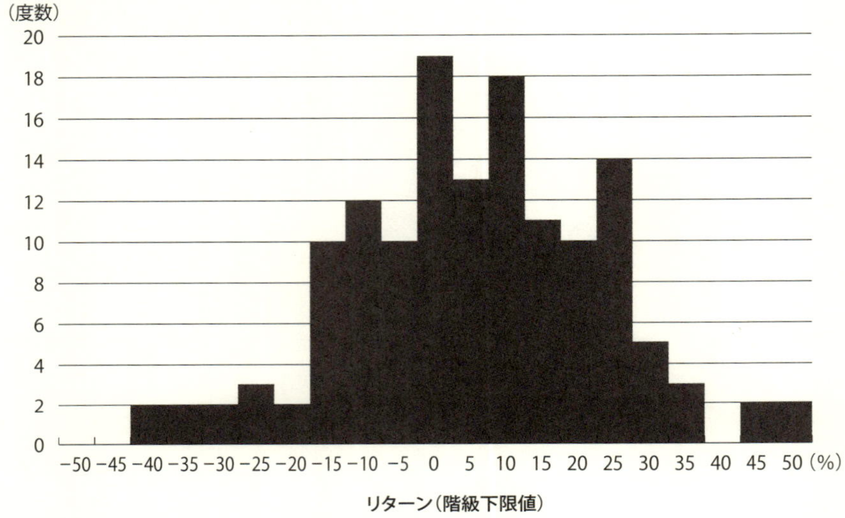

（度数）

リターン（階級下限値）

（出所）イェール大学ロバート・シラー博士のデータをもとに著者作成。

くあります。たとえば、皆さんは『ロミオとジュリエット』や『リア王』がシェークスピアの作品だということを疑ったことはないでしょう。ところが、このシェークスピアの名作に関しても、他の人が書いたに違いないという主張が古くは18世紀から続いているのです。

　これは、1つにはシェークスピアの人生に関する歴史的な証拠が必ずしも十分でないことや、シェークスピアの作品に見られる地理、外国語や政治の高度な知識レベルや豊かな語彙がシェークスピアの受けたとされる教育レベルと整合しないといったことに起因しているようです。

　たとえば、「シェークスピアの作品は、同時期に活躍したフランシス・ベーコンが、シェークスピアという偽名で著作したに違いない」という主張を定量的に検証してみましょう。どうすればよいでしょうか。

　実は、作家が英語で作品を書く際、作家ごとに使う単語の長さの分布には作家ごとの傾向があることが知られています。たとえば、長めの単語を使いたがる人がいる一方で、できるだけ短い単語を好む人がいるといった具合です。し

図表4-10　シェークスピアとベーコンの単語の長さの分布比較（ヒストグラム風折れ線グラフ）

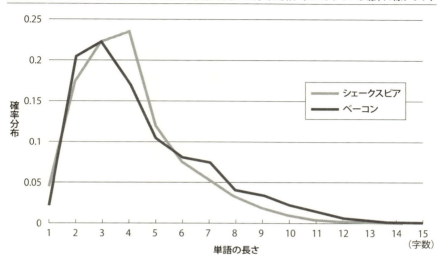

（出所）Oleg Seletsky et al.（2007）"The Shakespeare Authorship Question," Dartmouth College, Dec. 12.

たがって、作品の単語の長さの分布を調べると、分布の形をあたかもその作家固有の指紋のように使うことができるのです。

　図表4-10は、実際にベーコンの作品の単語の長さの分布と、シェークスピアの作品の単語の長さの分布を比べたものです。通常、ヒストグラムは縦棒グラフで描くことが多いのですが、分布を比べやすくするために折れ線グラフにしてみました。

　ヒストグラムのピークの違いからわかるように、明らかにシェークスピアは4文字の単語を多用する一方、ベーコンは3文字の単語をよく使っていることがわかります。実際にはこのような差異がたまたま生じたものなのか、めったに起こりえないものなのか、その確率を統計的に見極める必要があるのですが、結論から言うと、めったに起こりえないものであることが分析からわかっています。したがって、少なくともベーコンがシェークスピアの著作を書いたということはなさそうだ、ということがわかります。

　ヒストグラムの使い方を見てきましたが、次に、このグラフを使ううえでの難所も見ておきましょう。

122　第Ⅱ部　比較の技術

　ヒストグラムは階級幅の取り方によって、同じデータから作成しても形状が変わることが知られており、階級数、および階級幅をどのようにとるかが作成上の難所となります。そもそもヒストグラムを描くことによって何をしたいのかといえば、サンプルデータの分布から、データの背景にある「真の分布」を知りたい、ということになります。サンプルとして抽出してきた限られた数のデータから、元の分布の形を推計するということです。この目的を達成するため、真の分布に近い「適切」な形で見える階級数の目安を求められる公式があります。その代表例が、「スタージェスの公式」です。

　サンプルサイズ（データ数）をnとすると、「適切」な階級数kは2の累乗をとって、初めてサンプルサイズ以上となる数にさらに1を足したものとなります[6]。たとえば、サンプルサイズが30であれば、2の5乗が32ですので、求めるkは5＋1で6となります。

　参考までに、次のとおり典型的なサンプルサイズに対応する階級数を計算してみました。計算からもわかるように、公式から求められる階級数は急激に増えることはなく、たとえば、サンプルサイズが50から100前後であれば、階級数も7から8程度であることがわかります。

サンプルサイズ	スタージェスの公式で 求めた階級数
10	5
50	7
100	8
200	9
500	10

　ここで、「適切」な階級数とはそもそも何を指しているのでしょうか。たとえば、日本の年齢別の人口分布（人口ピラミッド）が知りたい、とします。国勢調査のように全国民を調査すれば正確な人口分布はわかるわけですが、たとえば無作為に抽出した100人の年齢データから日本全体の人口分布（人口ピラミッド）の形をある程度把握したいとします。

6　より正確にはk＝1＋$\log_2 n$という公式になります。Excelの関数では、LOG（n, 2）＋1を計算。端数が出たら、切り上げれば階級数が計算できます。

第4章　目で見て「比較」してみる（グラフ）　123

　階級幅を細かくとり、たとえば1歳刻みで分布を描けばデータ数が少ないために分布は凸凹になって、分布の形がスムーズには見えません。一方、階級幅を極端に幅広くとり、20歳刻みでとれば、団塊の世代といった人口分布上のピークは埋没してしまいます。

　階級幅の取り方によって、見え方が大きく変わるのですが、では、どのくらいの階級幅にとればヒストグラムの形が「真の分布」（ここではデータ数がとても多いときの分布ぐらいに考えておいてください）に近い形でスムーズに見えるか、それが「適切」ということです。

　スタージェスの公式[7]は、真の分布に近いスムーズな形で見える階級数の目安を与えてくれると理解してください。あくまで目安として割り切り、実際には階級数を変え（おおむね5〜10程度の範囲で）グラフを描き、分布の凹凸がどのように表現されているかをチェックするほうが安全です。

■■3-2　ウォーターフォールチャート

　ウォーターフォールチャート[8]とは、複数の構成要素からなるものの内訳を階段状にあたかも滝のように表現したグラフのことをいいます。このように並べて表現することで、構成要素のうち、どの部分が占める割合が大きいのか、時間的な変化の要因のうち何が大きいのか、などをわかりやすく表現することが可能となります。構成を比較するだけであれば円グラフも使えるのですが、要素にマイナスの要因が入っている場合や時間変化は、円グラフでは表現が難しく、ウォーターフォールチャートの出番となります。

　ウォーターフォールチャートは変化や構造を分解して視覚化するのにきわめて長じたグラフです。コンサルティングのレポートなどでは比較的よく見られるにもかかわらず、一般にはまだまだ目にすることの少ないグラフです。

　図表4-11はトヨタ自動車の2013年度の連結営業利益の前年度との比較です。

7　公式には、この他にも、たとえばスコットの公式
　　階級幅＝3.5×（サンプルの標準偏差）×サンプルサイズ$\frac{1}{3}$
　　がある。ただし、ここでの標準偏差は、データ数－1で割ったもの。
8　このグラフの重要性については、たとえば、イーサン・M・ラジェル（2006）『マッキンゼー式世界最強の仕事術』（英治出版）に以下のような記述がある。「元マッキンゼーの人に、チャートについてどんなことを学んだかと尋ねたら、全員が挙げたのがこの滝グラフだった」

124　第Ⅱ部　比較の技術

図表4-11　トヨタ自動車の連結営業利益の変化要因

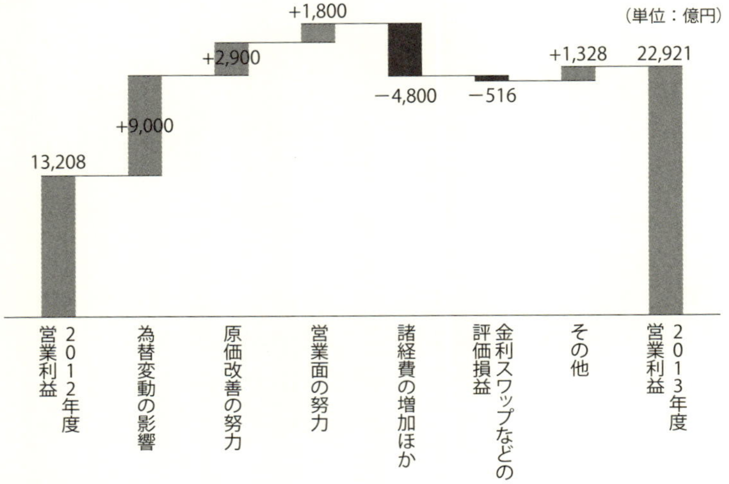

（単位：億円）

+1,800

+2,900

+9,000

13,208

−4,800

−516

+1,328

22,921

2012年度
営業利益

為替変動の影響

原価改善の努力

営業面の努力

諸経費の増加ほか

金利スワップなどの評価損益

その他

2013年度
営業利益

（出所）トヨタ自動車IR資料より作成。

　トヨタのお家芸である原価改善の貢献もあるものの、9713億円の営業利益の増加のほとんどが9000億円の円安による為替変動の影響で説明できてしまうほど、円安の影響が大きいことがグラフから読み取れます。ちなみに、2013年度は対ドルレートは期初に93.89円だったのが、年度末には102.85円まで約10％円安に動いています。

■■3-3　パレートチャート

　パレートチャートは「世の中は偏る」という、「パレートの法則」を活用するためのチャートです。グラフとしては度数の多い順番（降順）に要因を並べ替えたヒストグラムだと考えてみてください。偏りの状況をより明確にするため、通常は棒グラフに加え、折れ線グラフで累積の構成比を併記することが多くあります。

　19世紀のイタリアの経済学者であったパレートはイタリアの土地の80％は人口の20％で所有されていることを見出しました。何度かご説明したとおり、パレートの法則は80対20の法則とも呼ばれ、「いろいろな事象において、おおむ

図表4-12　日本の世帯別純金融資産の分布（2013年）

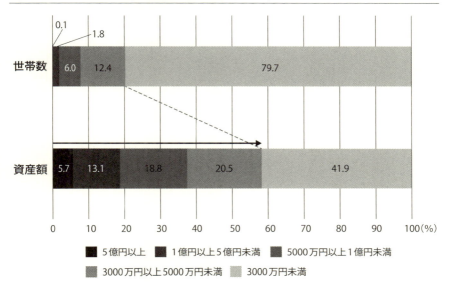

（出所）野村総合研究所のプレスリリースをもとに作成。

ね80％の結果は20％の要因から生み出されている」というものです。一言でいえば、「世の中は偏る」ということにほかなりません。

　実際はどうなのでしょうか。どの程度偏っているのでしょうか。図表4-12は、日本における金融資産の世帯別分布を見たものですが、上位20％の世帯がほぼ全体の6割弱の資産を保有していることがわかります。

　図表4-13は資産ではなく、トップ1％の得ている収入比率の推移を日米で過去125年にわたって見たものです。戦前は日米ともにトップ1％が全体の15〜20％程度の収入を得ていて、きわめて格差が大きかったものが、第二次世界大戦後は、日米ともにほぼ半減していることがわかります。しかし、最近は日米ともにこの格差が再び拡大してきていること、特に米国は、ほぼ戦前の状態に逆戻りしてしまっていることが読み取れます。

　この偏りを活用し、最も集中しているところにフォーカスして効率良く結果を出せばよい、ということで、パレートの法則自体は経験則として古くから多方面で活用されてきており、この法則だけで本が書かれているほどです。

図表4-13　日米トップ1％の所得の占める割合（キャピタルゲイン除く）

（注）米国のデータは、1913年以降のみ。
（出所）The World Top Incomes Databaseより著者作成。

　経営分野でも経営資源に制約のある状況では、集中している要因にフォーカスすることで最大限の結果を出すことができるため、たとえば、小売での売れ筋の絞込みや品質管理などで活用されています。コンビニエンスストアのPOS分析に代表されるように、限られた店舗面積を最大活用するため、パレートチャートを使って死に筋をカットして、売れ筋に絞り込む分析を行うわけです。

　一方、物理的な制約のないオンラインショップでは、トップセラーの、たとえば上位20％（ヘッド）を除いた残りの商品（テール）の売上と利益がヘッドの商品と比べても比較的大きいと言われており、こちらはロングテールの法則と呼ばれています（図表4-14）。日本語で言えば、「塵も積もれば山となる」でしょうか。

　パレートチャートでは、数量の大きい順に要素を並べ替えることで、全体に占める重要性の大小、各項目の順番、累計値を一覧的に示します。たとえば、図表4-15の品質管理の例では、「不良ハンダとパーツ破損で不良品発生原因の8割を占めるから、ここから優先的に着手すべき」というメッセージを伝えることができます。

　統計で勉強する代表的な分布は、図表5-9のような釣鐘型の分布である正規

図表4-14　パレートの法則とロングテールの法則

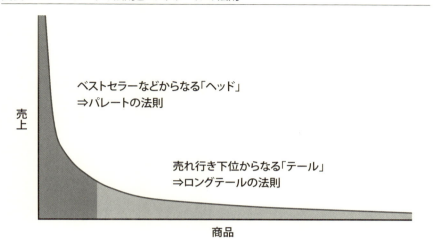

図表4-15　発生原因別不良品発生数

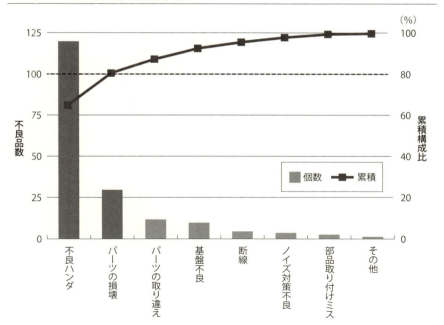

分布です。たとえばテストの点数の分布や、身長の分布は正規分布に従うことが知られています。従来、多くの自然現象や社会現象が正規分布に従うかのように言われてきたのですが、いわゆるビッグデータの世界では、実はパレートの法則に代表される、偏りのある分布（べき乗則などに従う分布）が多く、むしろ正規分布に従う分布のほうが特殊だともいわれています。このような偏りのある分布では正規分布に比べ、いわゆる尻尾であるテール部分が厚くなっており、釣鐘型の正規分布に比べ、極端なことの起こる確率が大きいことも特徴です。

■■3-4　時系列グラフ

　時系列グラフはデータの時系列での変化をグラフにしたものです。売上の変化をはじめとして、ビジネスでも多用されるグラフの1つといえます。横軸であるx軸に時間、縦軸y軸に売上などの変化を見てみたいデータを持ってきます（図表4-16）。

　通常は縦棒グラフ、あるいは折れ線グラフで表現しますが、複数データを並べて比較する場合は縦棒グラフではなく、折れ線グラフで表現することが一般的です。また、折れ線グラフの場合、マーカーを使わずに、点線ではなく実線で表現するほうが視覚への負荷が少なく、きれいに見えます。

　そもそも何のために時系列のデータを分析するのでしょうか。主たる目的は過去のデータを分析することで将来を予測したい、ということに尽きるのではないでしょうか。そのために、何をおいても最初にすべきことは、時系列データをグラフにして可視化することです。

　そのうえで、グラフのどういった点に着目すればよいのでしょうか。

　実は、時系列データには、一般的に以下の4つの要素が含まれています。

　　傾向変動……長期的に需要が伸びている、伸びていないといったトレンドを
　　　示します。
　　循環変動……景気変動のように、数年から数十年単位の不規則な周期で変動
　　　を繰り返すことをいいます。
　　季節変動……気候や制度などの影響で1年の中で周期を持ったり、ピークを
　　　示したりする変動のことを指します。

図表4-16　時系列データの要素（模式図）

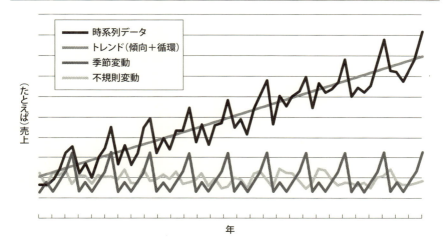

不規則変動……上記3つの変動では説明がつかないランダムな変動です。

　このうち、傾向変動と循環変動は傾向循環変動としてまとめて扱われることもあります。ここでも広義のトレンドとしてまとめて扱いたいと思います。
　これらの変動はそれぞれが持つ意味が異なりますので、分析の際にはできる限り分離して考えることが重要となります。特に予測という視点から大事になってくるのはトレンドです。まず、トレンドに着目して予測を行い、必要があれば季節変動など他の変動を加味して考えましょう。
　トレンド以外にも、時系列グラフから役に立つ意味合いを抽出する、解釈するという視点からは、トレンドから大きく外れている外れ値、さらにトレンドが変化している変曲点の2つが重要です。的確な予測をするには、トレンドという大きな流れをつかむのも大事なのですが、外れ値や変曲点といったちょっとした変化の予兆を読み取ることも重要なのです。たとえば、あるビジネスに関係する大きな「制度変更があった（たとえば、大幅な規制緩和があった）」とか、「画期的な技術開発が行われた」など、外れ値や変曲点には何らかの意味がある場合が多いからです。

図表4-17　世界全体の平均気温推移（1891～2011年）

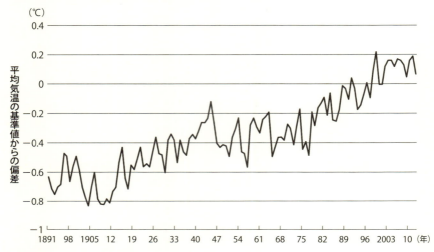

（注）基準値は1981～2010年の30年平均値。
（出所）気象庁「世界の年平均気温偏差（℃）」データから著者作成。

　トレンドはグラフから目で捉えて目算で定規を当てて伸ばしてもよいのですが、回帰分析（Excelのグラフでは近似［傾向を単純化する］機能）を使ってもっと簡単に客観的に捉えることができます。

　たとえば、「地球は温暖化しているのか？」「もしこのまま温暖化するとすれば100年後にはどのくらい気温が上昇するのか？」という問いに答えることを考えましょう。

　まず図表4-17のように時系列のグラフを描いてみると、目で見ても上昇傾向だということがわかります。では、どのくらいの上昇傾向なのでしょうか。Excelでグラフ上のデータを右クリックして、「＞近似曲線の追加＞線形近似」にチェックを入れます。このとき、「グラフに数式を表示する」「グラフにR-2乗値を表示する」もチェックします。

　結果は、図表4-18のグラフのようになるはずです。

　グラフ上に表示された式の傾きから、傾向として1年当たり0.0068℃の気温上昇があることがわかります。この傾向が続いた場合、100倍すれば100年後にはおよそ0.68℃の平均気温の上昇が見込まれることになります[9]。

図表4-18 世界全体の平均気温推移（1891～2011年）

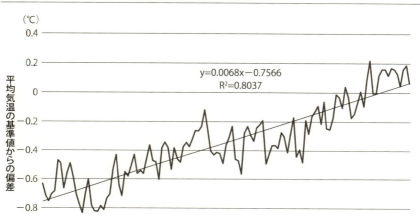

（注）基準値は1981～2010年の30年平均値。
（出所）図表4-17と同じ。

　トレンドを見る際には、直近のトレンドを見る虫の目と、出来る限り長期のトレンドを見る鳥の目の2つの視点が大切です。
　これに関して、終戦の詔勅の作成に関与した陽明学者の安岡正篤は物事の本質をつかむコツとして、次の3つのポイントを掲げています。

　①目先に捉われないで、できるだけ長い目で見る
　②物事の一面に捉われないで、できるだけ多面的に、できれば全面的に見る
　③何事によらず枝葉末節に捉われず、根本的に考える

　このうち、最初のポイントはまさに長期的な視点、鳥の目の重要性を強調したものにほかなりません。
　先ほどの地球温暖化の変化をさらに長期的な視点で見てみましょう。図表4-19は、南極の氷のデータから45万年に及ぶ南極での気温変化を示したもので

9　この近似は目的変数に気温を、また、説明変数に年をとった単回帰分析と呼ばれるものです。単回帰分析については、第6章で改めて詳述します。

図表4-19　過去45万年の南極の気温変化

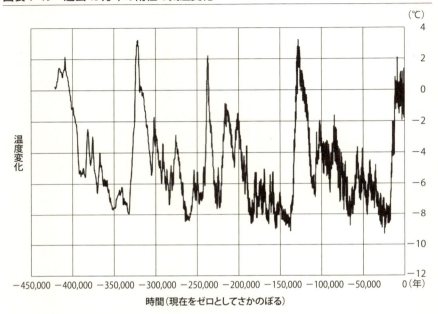

（出所）J. R. Petit et al., "Historical Isotopic Temparature Record from the Vostok Ice Core," in *Trends: A Compendium of Data on Global Change*, Carbon Dixide Information Analysis Center, Oak Ridge National Laboratory, U.S. Department of Energy.

す。グラフからはほぼ10万年サイクルで、地球が大きく温暖化と寒冷化を繰り返していることが読み取れます。先ほどのグラフからは直近、温暖化している傾向が読み取れましたが、さらに長いサイクルでは長期的な寒冷化の入口にいるかもしれないことが読み取れます。

　時系列データ同士のトレンドを比較することでわかることもあります。図表4-20は成人男子の平均身長を出生年代別に、200年近くにわたってグローバルに比較したものです。身長の伸び方のトレンドを見る限り、この100年間の米国、西ヨーロッパ、日本の傾きは他地域より急で、かつ平行に近い形となっています。おそらく経済成長、さらにそれに伴う栄養摂取状況の変化などが影響しているのではないかということが推量できます。直近の50年近くは、ほぼ全地域で身長が伸びているのですが、サハラ砂漠以南の直近は、むしろ他の地域とは

図表4-20　出生年代別の平均身長推移（男子）

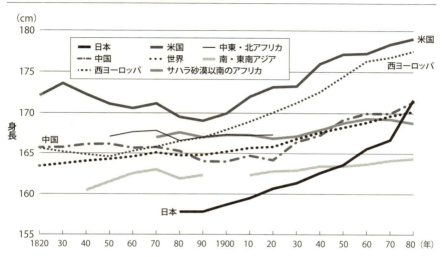

（出所）OECD（2014）*How was Life?: Global Well-being since 1820*, OECD Publishing.

逆に身長が減っていることもわかります。

　トレンド以外にも比較からは興味深いことがわかります。明治時代の初期、日本人は世界でも圧倒的に身長が低く、平均身長は160cm未満でした。また、多くの時期で、日本人と米国人とでは平均身長で10cm強の差があります。

　この差はどのくらい大きなものでしょうか。現在の日本人の身長の標準偏差が6cm前後であることから、第5章2節で説明する2SDルールを使うと、平均的な米国人の身長は日本人の中では、ほぼ2.5％前後しかいないきわめて身長の高い部類に入ることも推し量ることができます。一方、同じ東洋人として一緒に考えがちですが、中国人は幕末の時期はヨーロッパ人よりもむしろ身長が高かったことも驚きです。

■■3-5　散布図

　散布図は、横軸と縦軸にそれぞれ変数をとり、データをプロットすることで、2つの変数の関係性を見るためのグラフです。グラフの歴史は長いものがありますが、長きにわたり1変数のグラフの時代が続きました。2変数間の比較をする

散布図のアイディアは1833年のジョン・ハーシェルの論文が最初だと言われています[10]。ただし、散布図という言葉が統計分野で使われるようになったのは、1900年代に入ってからです。

統計学者のエドワード・タフトによれば、科学分野でのグラフの70～80％は散布図が使われているというほど、実は散布図は数多くあるグラフの中でとても重要であり、私は勝手に散布図のことを「グラフの王様」と呼んでいます。グラフのうち、サイエンス分野を中心としてグラフの使用頻度、さらにグラフの与えたインパクトから最も重要性の高いグラフの1つです。

経営分野で、『ハーバード・ビジネス・レビュー』（HBR）は世界中で多くの実務家が購読している、ハーバード・ビジネススクールの著名な経営誌です。HBRの編集者が2011年の12月号で、あまたある経営分野のチャート（図表）のうち、戦略の世界観を変えたチャートを5つ[11]選定しました。なんと、その5つのチャートのうち2つ、経験曲線と成長／シェアマトリックスが「散布図」でした（詳しくは第6章2節のコラム参照）。

散布図は何が他のグラフと異なるのでしょうか？　これまで本章で扱ってきたグラフは、時系列のグラフを除くと、基本的には1つの変数に関するグラフですが、散布図は2つの変数間の関係を可視化できる点に大きな特徴があります。

散布図によって、たとえば以下のようなことが可能です。

● 傾向から2つの変数の間の相関関係がわかり、原因と結果の関係をはじめとする2変数間の関係性が推し量れる（たとえば、結果と原因間のメカニズムを推論することで未来が予測できる）。
● データの集合状態からデータをグルーピングする。この場合、あくまでデータの分布から発見的にグルーピングする、あるいは、ある規則に従って散布図上のデータを2×2のマトリックスと見なして分類する。

10　Michael Friendly and Daniel Denis (2005) "The Early Origins and Development of The Scatterplot," *Journal of the History of the Behavioral Sciences* 41 (2) : 103–130, Spring.
11　順に、成長／シェアマトリックス、破壊的イノベーション、経験曲線、5つの力、マーケットピラミッド。

図表4-21　1人当たりGDPと自動車の保有台数（2007年）

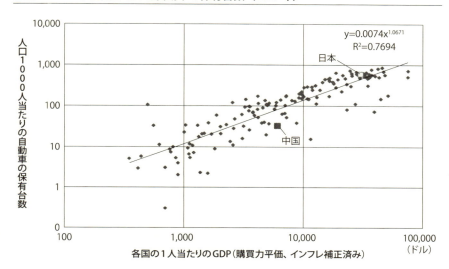

【相関関係から因果関係を推し量る】

　経済的な豊かさが自動車などのインフラにどのような影響を与えるのか、散布図を使って見てみましょう。図表4-21のグラフは世界各国の1人当たりGDPと自動車の普及状況の関係を散布図に示したものです。横軸に経済的な豊かさの指標として1人当たりのGDPを、縦軸に自動車、バス、トラックなどの4輪の人口1000人当たりの保有台数をとってみました。前述のGapminderを使うと簡単に描画することができます。

　グラフから、経済的に豊かになるとともに、それに応じて自動車が普及していくことがわかります。このデータは2007年での断面ですが、はたしてこの関係をもとに、たとえば日本の過去からの変化は説明できるのでしょうか。

　図表4-22のグラフは、同じグラフに日本のほぼ40年間の変化を重ねたものです。日本の40年間の変化がほぼグラフの傾向線に沿っていることがわかります。このことから、経済的な豊かさをもとに自動車保有数の動きが大まかに説明できるとともに、将来が予測できそうです。

　たとえば、中国でのモータリゼーションが経済発展に伴ってどのように進む

136 | 第Ⅱ部　比較の技術

図表4-22　1人当たりGDPと自動車の保有台数の関係（2007年、日本の1966〜2009年の変化を追記したもの）

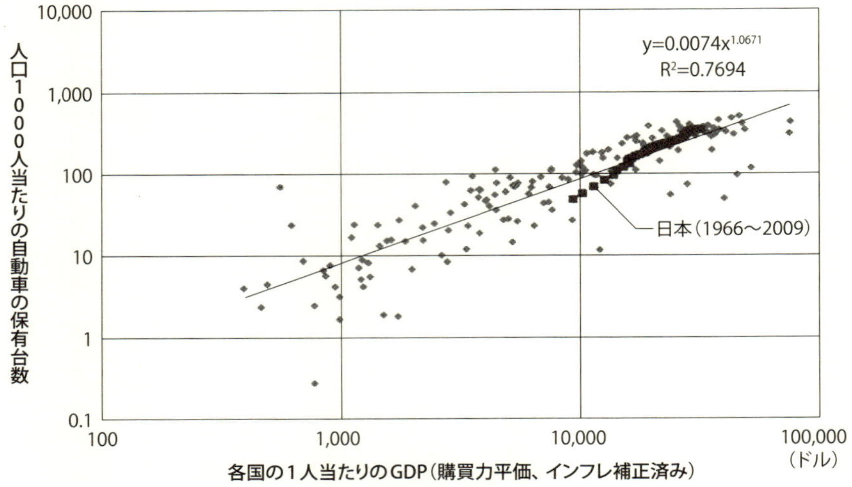

のか、未来の姿をこのグラフから読み取ることができます。言い換えると、2つの変数の関係性から、未来を予測することができるのです。

　散布図を描く際、特に因果関係があると推測できる場合、通常はX軸に原因系（インプット）のデータを、Y軸に結果系（アウトプット）のデータを配置します（参考までに、クロス集計のような表でデータを記述する際は、表の左側である表側に原因系を、表の上部である表頭に結果系を配置します）。

【散布図を使ってグルーピング、あるいは分類する】

　散布図は、2つのデータ間の関係性を見るだけではなく、その分布を使ってデータを分類することにも使えます。

　図表4-23は企業の事業ごとの相対シェア（自社を除くナンバーワン企業に対してのシェア）、および各事業の市場成長率を使って事業を散布図で模式的に示したものです（ここではX軸の大小を左右に反転してあります）。

　相対シェアが1より大きい（真ん中よりも左側）ということは、マーケットシェアが1位であるということを意味します。また、円の大きさは各事業の売上に相当します。

図表4-23　事業ポートフォリオ

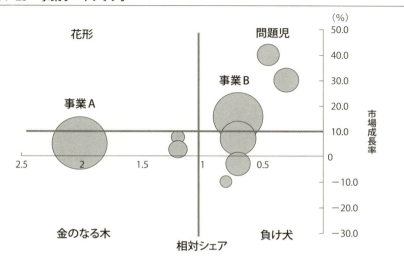

　各データポイントを異なる大きさの円で表すことで、散布図を使って通常の2つの変数だけではなく、3つ目の変数（円の面積）についても視覚的にグラフ上に表現することが可能です。相対シェアが1より大きいか小さいか、また市場成長率が所定の成長率（ここでは10％）より大きいか小さいかによって4つのグループに事業を特徴的に分類しています。
　このグラフのマトリックスはボストン コンサルティング グループ（BCG）が1968年に最初に開発したことから、BCGのPPM（Product Portfolio Management）あるいは成長・シェアマトリックス（Growth Share Matrix）と呼ばれています。
　成長・シェアマトリックスは、競合との相対シェア（相対的な競争力）、市場成長率（将来性）からなる散布図上の配置から、事業を4つ（金のなる木、花形、問題児、負け犬）に分類するのみならず、これら4パターンの事業ごとに必要なアクションの処方箋を提示した点で、経営分野では画期的なグラフなのです。
　分類を目的とした散布図では、何をX軸、Y軸にとるのか、それにどのような意味があるのかがとても大切になります。成長・シェアマトリックスではまずX軸に相対シェア（自社を除くナンバーワン企業に対してのシェアの比）をとることで、自社の競争力、ひいては事業に必要な資金の創出力を見ようとしてい

図表4-24　成長・シェアマトリックスとその意味

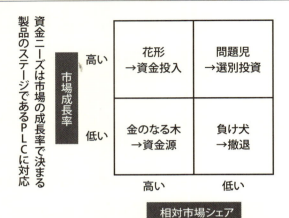

ます。

図表4-24のように、相対シェアが高いということは、生産量も多く、いわゆるスケールメリット（規模の経済性）や経験曲線が効くため、コストも低くできるため儲けられる、すなわちキャッシュ（資金）をより多くひねり出せるはずです。またY軸には、市場の成長率をとることで、各事業に必要な資金のニーズの大小を見極めようとしています。成長率の高い市場では、売上も伸びるのですが、成長し続けるためには投資をはじめとして、必要な資金も大きくなります。たとえば、「金のなる木」事業は市場成長率が低いことから、新たな設備投資はあまり必要なく、したがって資金ニーズも小さい。その一方で、シェアが高く、競争力があることから、とても儲かる事業であり、結果としてキャッシュ（資金）がふんだんにひねり出せる事業ということになります。

このように、資金創出力、資金ニーズの異なる4タイプの事業に対して、各事業の方向性を示唆するのです。キャッシュフローが潤沢である金のなる木は高シェアと低成長を維持しつつ資金を搾り出します。その資金を次なる金のなる木候補で、資金ニーズの高い花形製品に投じるとともに、成長性も競争力も乏しい負け犬事業は撤退、売却します。問題児はさらなる投資で花形製品に

持っていけるかを見きわめて選別のうえで投資する、といった形です。

　BCGのPPMが経営に与えた影響は大きく、1970年代、80年代にはフォーチュンのトップ500社のうち、半数近くの企業がPPMを使っていたといわれています[12]。しかし、1990年代以降、技術革新などの要因で企業環境変化のスピードが増すと同時に不確実性が高まったこと、さらに、シェアそのものの収益性に対する影響度が減ってきていることもあり、以前のようには使われなくなってきています。

【散布図での対数軸の利用】

　先ほどの1人当たりのGDPと自動車の保有台数をはじめとして、いくつかの散布図ではX軸（さらにY軸）が「対数」になっています。対数と聞くと、それだけでじんましんが出てしまうかもしれません。

　少しだけ復習（？）をすると、まず「指数」という概念があります。2の3乗は8である、といったように、2を3回掛けてやるという概念ですね。この際、3を指数と呼びます。結果である8や、掛け合わせる2に対して3という指数はどちらかというと、おまけみたいな扱いですが、この指数を主役に持ってきたのが対数です。対数は通常log（ログと読みます）という記号、関数で表され、この場合、$3 = \log_2 8$という形で表現されます。これは「2を何乗すると8になりますか？」という意味で、3乗だから3という答えになります。一般には$N = \log_a b$という形に表現し、「aを何乗するとbになりますか？　N乗です」という意味に解釈します。特にaが10の場合を常用対数と呼んでいます。

　ちょっとは思い出していただけたでしょうか。それでは、そもそもなぜ指数に注目する対数といった考え方が必要なのでしょうか。実は対数を使うことによって、グラフでは桁数の異なるきわめて広い範囲の数字を扱うことができるのです。

　さて、対数を使ったグラフはどのような特徴があるのでしょうか。

　普通のグラフはグラフ上での一定距離はある一定量を示しており、目盛も一定間隔です。これはグラフのどこへ行こうとも変わることはありません。一方、

12　"BCG Classics Revisited: The Growth Share Matrix," *bcg.perspectives*, June 04, 2014.

図表4-25　散布図でX軸を対数にしてみたら

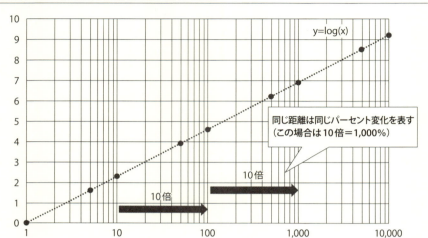

図表4-25に示すように、対数のグラフではたとえば、10から100までと100から1000までは等間隔ですが、変化量は90と900と一定ではなく、大きく異なっています。

　実は、対数のグラフは一定距離が同じパーセント変化を示すのです。すなわち、10から100は90増えたと捉えるのではなく、10倍になったと考えるのです。100から1000までも同じように10倍になっていますね。したがって、このグラフのようにX軸が対数になったグラフでデータが直線上にあるということは、xが同じパーセント変化すると、yは一定量変化する関係にあることがわかります。

　皆さんがグラフづくりに使うであろうExcelでは座標軸を右クリックして対数目盛での表示を選べば、データを何も直接加工することなく、座標軸が対数になったグラフを描くことができます。また、Gapminderのようなサイトでも簡単に対数軸で散布図を表示することが可能になっており、これは対数でのグラフ表現がきわめて有用かつ重要であることにほかなりません。

　さて、対数になったグラフの意味がわかったとして、なぜxの一定量の変化ではなく、パーセントの変化に着目する必要があるのでしょうか。

ここで実験です。年収が100万円増えたとして、年収増から得られる満足感はどの程度増えるでしょうか。100万円の年収が100万円増えた場合と、2000万円の年収が100万円増えた場合では同じ100万円の年収増ですが、満足感の増え方は一緒でしょうか。おそらく100万円の年収からの100万円の年収増の方がはるかに満足感は大きいのではないでしょうか。この場合、嬉しさは100万円という変化量ではなく、むしろもともとの年収を基準に考えたパーセント変化で決まってくるのではないかと考えたほうが自然です。100万円の年収増は最初の年収が100万円であれば100％増ですが、2000万円からの年収増は5％増にしかなりません。

同じようなことは、たとえばジョッキ1杯のビールについてもいえます。夏の暑い日に仕事の終わった後、1杯目、あるいは2杯目に飲むビールは、のどごしはもちろんのこと、とても美味しく感じるのではないでしょうか。一方、5杯目のビールを飲んで感じる美味しさは、1杯目と比べると、もうあまりおいしいとは感じないのではないでしょうか（経済学では「限界効用逓減の法則」と呼ばれています）。

実は人間の感覚量の多くは刺激強度に比例するのではなく、刺激強度の対数に比例する、すなわちパーセント変化に比例することが知られています（ヴェーバー・フェヒナーの法則）。ここでいう感覚量とは、たとえば音、味、におい、明るさをはじめとする五感や、お金、時間などが相当すると考えられます。

ちなみにNHKの時報（ピッ、ピッ、ピッ、ポーン）は、440Hzの音が3回鳴った後、正時に1オクターブ高い880Hzの音が1回鳴る構成になっています。音の高さに使われるオクターブは周波数が2倍になる変化なのです。

ビジネスの文脈では感覚量を消費量と読み替えてもよいかもしれません。また、刺激強度も、ビジネス文脈では年収や資産といった経済的な豊かさと捉えてみましょう。実際、グラフを描いてみると、ビジネスで重要となる経済活動の多くが軸を対数にとることで、直線的な関係に整理できることが多いのです。

先ほどのグラフでは1人当たりのGDPを対数でとりましたが、お金に関する指標で散布図を作る場合、もしかすると対数のほうがよいのではないか、パーセント変化に反応しているのではないか、という仮説を試してみる価値はありそうです。

【時間感覚とジャネの法則】

　この前、正月だったのに、あっという間に夏になっている。あるいは、あっという間に年の瀬が来てしまった。何か、年々時間の経つのが早くなっている……。

　皆さんはこういった感覚を抱いた経験はないでしょうか。心で感じる時間の流れ方は確かに一様ではなく、つまらないと感じることをする時間は長く感じられ、一方、好きなことや楽しいことをする時間はとても短く感じられるという経験はどなたにもおありだと思います。

　同様に年齢によって時間の過ぎ去るスピードの体感値が変わるのではないか、という仮説が「ジャネの法則」です。19世紀のフランス人で哲学者であったポール・ジャネが最初に紹介したとされています。

　これは、「時間の感覚は実際の時間のパーセント変化量に比例する」というもので、別な表現を使うと、「心理的に感じる時間のスピードは年齢の逆数に比例する」というものです。ここでも、ヴェーバー・フェヒナーの法則を見出すことができます。ジャネの法則によれば、5歳の子どもの1年間は5分の1（20%）、それに対して、50歳の大人の1年間は50分の1（2%）、したがって、50歳の1年のスピードは5歳の子どもの10倍のスピード感覚にあたります。似たような法則には、時間の感覚は単なる逆数ではなく、年齢の平方根の逆数だというものがあります。この場合、50歳の感じる時間のスピードは5歳の子どもの3.2倍程度となります。

　さあ、単なる年齢の逆数と、年齢の平方根の逆数、どちらの法則が皆さんの感覚値と合っているでしょうか。

章末問題

1 あなたはゲームショーに参加していて、賞品として自動車がもらえることになりました。目の前に3つのドアの選択肢があり、どれか1つを選ばなければなりません。3つのうち1つのドアには賞品の自動車がありますが、残りの2つのドアの後ろにはヤギ（つまりハズレ）が待っています。あなたが1つのドアを選んだ後で、ドアの後ろに何があるかを知っている司会者は、あなたが選ばなかった2つのドア（少なくとも、どちらかのドアはハズレです）のうちハズレのドアをあなたの前で開けてみせ、ドアからはお約束のヤギが出てきます。この時点で残るドアは2つですが、ここで司会者が「最初に選んだドアからもう片方のドアに変えてもいいですよ、どうしますか？」と聞いてきます。あなたはドアの選択肢を変えたほうがよいのでしょうか？

2 図表4-6で見た、1人当たりのGDPと平均寿命の関係を次ページでもう一度見てみましょう。多くの国々は右肩上がりの傾向線の周囲に位置していますが、いくつか傾向から大きく外れている国があります。たとえば、矢印で示した国は、アフリカの国ですが、人口はほぼ5078万人、1人当たりのGDP（購買力平価ベース）は9657ドルと、ほぼ1万ドル近くあるにもかかわらず、平均寿命56歳と、傾向から予測される寿命の72歳[13]からはかなり乖離しています。

さて、傾向から乖離しているこの国はアフリカのどこの国でしょうか。また、経済的には1人当たりのGDP（購買力平価ベース）がほぼ1万ドルと、いわゆる1万ドルクラブ（ほぼ先進国の仲間入りで消費行動などが大きく変化するといわれている国々）目前にもかかわらず、平均寿命が傾向から予測される寿命より大幅に短いのはなぜでしょうか。皆さんの仮説を考えてみてください。

13　傾向線は、$y = 5.7538 \times \ln(x) + 19.536$ となるため、xを9657として72.3歳と試算できます。

1人当たりのGDPと平均寿命の関係（2012年）

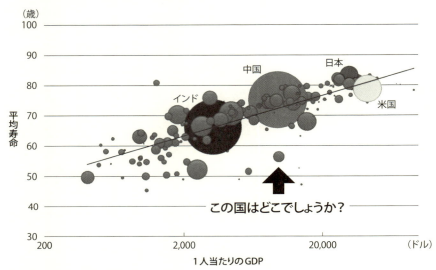

（出所）Gapminderのデータより著者作成。

3 次のグラフは東京23区の公立中学2年生の学力調査（読み解く力に関する調査）における数学の正答率と各区の公立小中学生の生徒に対する就学援助率の関係を示したものです。グラフからは就学援助[14]率が高ければ高いほど、正答率が下がる傾向が読み取れます。なぜこのような傾向が見られるのか、考えられる原因の仮説を考えてみてください。

---

14 就学援助とは、学校教育法第19条「経済的理由によって、就学困難と認められる学齢児童生徒の保護者に対しては、市町村は、必要な援助を与えなければならない」に基づく国、地方自治体による給食費などの補助のこと。

第4章 目で見て「比較」してみる（グラフ） | 145

東京23区の就学援助率と数学平均正答率（中学2年生）

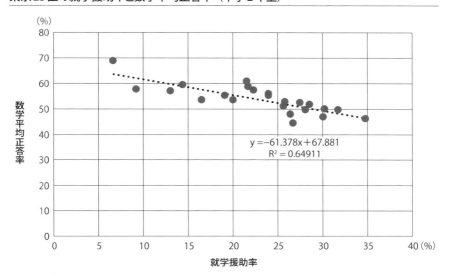

（注）学力は中学生データだが、就学援助率は各区の小中の全体での比率。また調査年に差異がある。
（出所）東京都教育委員会「児童生徒の学力向上を図るための調査報告書」および文部科学省「要保護及び準要保護児童生徒数について（平成21年度）」より作成。

第Ⅱ部　比較の技術

第5章

数字に集約して「比較」してみる

　第4章では、グラフで視覚的に比較することを試みました。データ集約の2つ目のアプローチは多数のデータの特徴をシンプルに1つの数字に集約して比較してみよう、という考え方です。

　数字への集約には大別すると、次の2つの視点があり、ここをまず押さえられれば、おおむねデータの全体像の様子がイメージできます。

　①データの中心はどこにあるか（代表値）
　②データはどのように散らばっているか（散らばり）

　このうち、代表値はまさにその名のとおり、データの中の代表的な値、代表選手は何か？　というものです。日本語では代表値と呼ばれていますが、英語ではmeasure of central tendency（中心的な傾向の目安）、あるいはmeasure of central location（中心の位置の目安）と、より説明的な名前で呼ばれており、データの中心的な値は何だろうか、という指標を指しています。

　最も多用されているのは平均ですが、代表値には平均以外にも中央値、最頻値があります。ちなみに、それぞれが実際にどのくらい使われているかをグーグルで検索してみると、平均は4億ヒット（平均値とすると900万ヒット）、中央値は42万ヒット、最頻値が10万ヒットでした。圧倒的に出番が多いのは平均ですが、それでは平均に加えてなぜ中央値や最頻値が必要なの

でしょうか。この第5章では、その違いと特徴についても見ていきます。

代表値は、データの中心的な位置は教えてくれるのですが、他のデータがどのあたりにいるのかについては全く情報を与えてくれません。データが平均の周囲にどのように広がっているのか、散らばっているのかについての情報を与えてくれるのが分散、あるいは標準偏差です。

分散や標準偏差など、散らばりに関する統計値は、英語ではmeasure of dispersion（散らばりの目安）と呼ばれています。なかでも特に重要なのが標準偏差です。ちなみにグーグルで「標準偏差」を検索してみると68万ヒットと、平均ほどではないものの、中央値や最頻値よりは出番が多いことがうかがえます。

その重要性から高校、大学と必ずどこかで標準偏差については学習していながら、これほど日常的に使われることが少ないものもないかもしれません。Excelなどを使えば、簡単に標準偏差の計算はできても、それが散らばりに関してどのような意味や情報を持っているのか、直感的な解釈が難しいのが原因だと考えています。以下では、標準偏差の内容に加え、その意味合いの解釈方法についても見ていきます。

1 データの中心はどこにあるのか（代表値）

データの中心はどこにあるのか、別の言葉でいうと、データの代表選手は誰かを考えることになります。

代表値として最も出番が多いのが平均値です。

平均にはよく利用される単純平均、加重平均の2種類に加え、年平均成長率の計算に多用される幾何平均があります。

■■1-1　単純平均、加重平均

単純平均とは、平均の対象となるデータの数値を、単に足し合わせてその

データ数で割った値です。算術平均、あるいは相加平均と呼ばれることもあります。式で書くと下記のような感じですが、基本、データをすべて足してデータの個数で割ってやることになります。皆さんが普通に平均といった場合には、まずこの単純平均を指すと思っていただいて大丈夫です。

$$\text{単純平均} = \frac{(x_1 + x_2 + \cdots + x_n)}{n}$$ ※nはデータ個数

単純平均、算術平均、相加平均といった呼び方ですが、グーグル検索でのヒット数で、実際に世の中での使われ方の実態をデータ収集してみると、単純平均が最もヒット数が多く、算術平均の約16倍、また相加平均の約50倍の頻度でした。この本では単純平均[1]という言葉を以降使ってみたいと思います。

単純平均に対し、加重平均とは、データの数値に何らかの重み付け（ウェイト）を掛け合わせ、その掛け合わせた数値の合計を、ウェイトを考慮した数で割った値です。

$$\text{加重平均} = \frac{w_1 x_1 + w_2 x_2 + \cdots + w_n x_n}{w_1 + w_2 + \cdots + w_n}$$ ※w_i はそれぞれのデータの重み

$$= \frac{w_1}{w_1 + w_2 + \cdots + w_n} x_1 + \frac{w_2}{w_1 + w_2 + \cdots + w_n} x_2 + \cdots$$

$$+ \frac{w_n}{w_1 + w_2 + \cdots + w_n} x_n$$

たとえば、A社の社員数が5万人、平均賃上げ額が1000円、B社の社員数が5000人、平均賃上げ額が5000円とします。

このとき、A社とB社の平均賃上げ額は、単純平均の考え方によれば、

$$\frac{(1000 + 5000)}{2} = 3000 \text{（円）}$$

になります。

1　単純平均は各データからの距離（平均値との差である偏差の絶対値）の2乗の総和を最小化する値なのです（一方、後述するとおり、各データからの距離を最小にするのが中央値になります）。式で表現すると、

$\sum_{i=1}^{n}(x_i - a)^2$ を最小にするaが単純平均（ただし、nはサンプルサイズ）

一方、社員数で重み付けした加重平均の考え方によれば、

$$1000 \times \frac{50000}{50000+5000} + 5000 \times \frac{5000}{50000+5000} = 1364\,(円)$$

になります。式のうち、分数の部分は両社の社員数の合計に対する、それぞれの企業の社員数の比率(ウェイト)ですね。

通常使われるのは単純平均ですが、データ1つ1つの値が平均値に与えるインパクトが異なると判断される場合は、加重平均を採用する場合もあります。日常生活やビジネスシーンでよく出てくる加重平均としては、TOPIX(東証株価指数:上場各社の株価を発行済株式数でウェイト付けしている)、消費者物価指数(各品目の価格を消費支出額でウェイト付けしている)、ファイナンスのWACC(有利子負債と株主資本のコストを金額のボリュームでウェイト付けしている)などがあります。

■■1-2　幾何平均(年平均成長率)

単純平均、加重平均に加え、ビジネスシーンでよく使われる「平均」に「年平均成長率(CAGR: compound annual growth rate)」や「年平均利回り」があります。これは単純平均のように各年の成長率(利回り)を足して年数で割ったものではありません。幾何平均という考え方によるもので、累乗根をとって以下のように計算します。累乗部分をExcelで計算する際は^の記号を使い、^(1/年数)とすればOKです。

$$CAGR = \left(\frac{最終年の値}{初年度の値} \right)^{\frac{1}{年数}} - 1$$

たとえば、日本のコンビニエンスストアの店舗数は1991年度に1万9107店舗だったのが、2013年度には5万2902店舗にまで増えています。

1991年度	2013年度	22年間=2013年−1991年
1万9107店舗	5万2902店舗	3万3795店増

この場合の年平均成長率は、

図表5-1　コンビニエンスストア、ファーストフードの店舗数推移

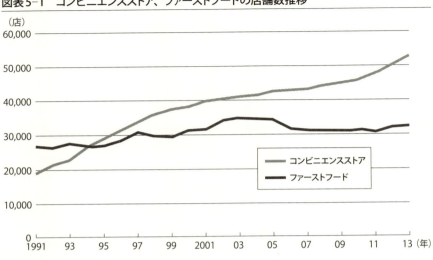

（出所）JFAフランチャイズチェーン統計調査より著者作成。

$$\mathrm{CAGR} = \left(\frac{52902}{19107}\right)^{\frac{1}{22}} - 1 = 0.0474$$

と計算され、この22年間の年平均成長率はほぼ4.7％であることがわかります。この平均成長率は仮に1991年の1万9107店舗が毎年4.7％で成長し続けたら、22年後には5万2902店舗になることを示しています。

　それでは、実際に年平均成長率を使ってみましょう。図表5-1は、1991年から2013年までのコンビニエンスストアとファーストフードの店舗数の推移をグラフにしてみたものです。グラフの傾きからもこの20年間、成長するコンビニエンスストアと大きな成長が見られないファーストフードが対照的です。ただし、成長率がどのように時代の変遷とともに変化したのかをグラフから視覚だけで読み取るのは必ずしも簡単ではありません。

　同じ時系列のデータをより成長性が読み取れるよう、ほぼ5年おき（ただし、直近だけは3年間）に年平均成長率を計算してみたのが図表5-2です。グラフからはコンビニエンスストアとファーストフードの成長性の違いと時代による変

図表 5-2　コンビニエンスストア、ファーストフードの店舗数年平均成長率

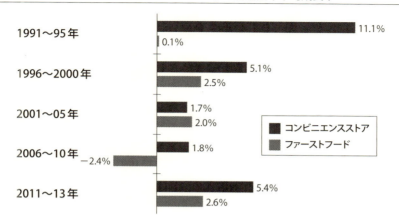

（出所）図表5-1と同じ。

遷を明確に読み取ることができます。

　コンビニエンスストアは、1990年代の高成長が2000年代に入っていったん鈍化したものの、2011年以降再び成長が加速していることがわかります。一方、ファーストフードは全般的にコンビニエンスストアに比べて成長率が劣ること、2000年代の後半には店舗数自体が減少していたことが明確に読み取れます。

　年平均成長率の考え方は便利な一方、利用にあたっては注意が必要です。たとえば図表5-3は、4つの全く異なる10年間の変化のパターンを示していますが、どのパターンもすべて10年間の年平均成長率、CAGRは10％になります。

　というのも、計算式からわかるように、CAGRの計算にはスタート地点とゴール地点の2点のデータしか使わないため、スタートとゴールが同じであるかぎり途中の変化がどのようであっても、値が同じになってしまうからです。最終的にCAGRを使うとしても、必ずいったんはグラフ化して途中の変化を視覚化することをお勧めします。

■■ 1-3　平均値のワナと中央値、最頻値

　2013年に金融広報中央委員会が実施した「家計の金融行動に関する世論調査」結果によれば、2013年の日本の一般世帯（2人以上）の保有する金融資産（預

図表5-3　すべて10年間の年平均成長率は10%

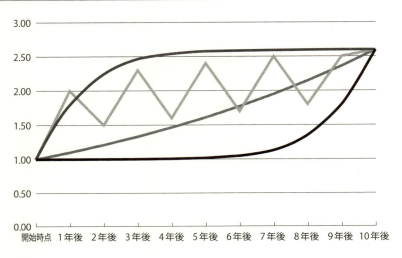

貯金、株式、保険など）の平均値は世帯あたり1101万円となっています。

　皆さんはこの数字を聞いて、どのように感じたでしょうか。多くの方は「えっ、そんなに持っていないけど」と感じられたのではないでしょうか。図表5-4は実際の保有額別に世帯の分布を見たものです。

　グラフからわかることは、分布の形が左右対称ではなく、金融資産を持っていない左側に大きく分布が偏っていて、ほぼ3世帯に1世帯は全く金融資産を持っていない状況です。折れ線は保有金融資産の少ないほうから累積での構成比を示したものですが、実は全世帯の7割弱が平均値よりも保有額が少ないことになります。金融資産の場合、平均値は、一部の高額な資産保有世帯の影響を受け、上方に引き上げられています。このような状態では平均値がデータの代表選手だと言われても納得感はないかもしれません。

　図表5-5の左のグラフのように、分布が平均を中心として釣鐘状に分布している場合は、平均値が最もデータの集中している数字であり、データの代表選手としての納得感も高くなります。しかし、金融資産分布に代表されるように、データの分布に偏りがある場合、必ずしも平均値の周りにはデータが集中しておらず、平均値が納得感の高い代表値とは限りません。

図表5-4　金融資産の分布（2人以上世帯）

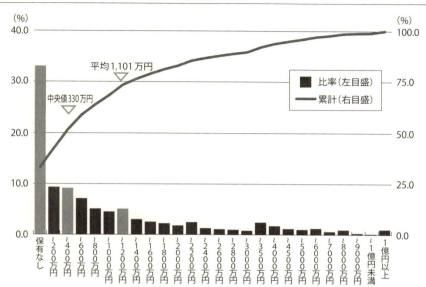

（出所）「家計の金融行動に関する世論調査（2人以上世帯調査、2013年）」より著者作成。

　このような場合、平均値とは別に、全体を代表する値の取り方として、中央値（メジアン）、最頻値（モード）があります。中央値[2]とは、標本の数値を順に並べたときにサンプルサイズの半分の順位に相当する値を指します（サンプルサイズが偶数の場合は、半分を挟んだ2つの標本の数値の平均を取ります）。たとえば、標本が100あったときは、50番目と51番目の数値の平均が中央値になります。

　中央値の解釈ですが、その名のとおり、中央にある値ですので、データ全体をみた時に、中央値より大きいデータが50％、中央値より小さいデータが50％ある分水嶺だと考えることができます。先ほどの金融資産の例では、金融資産が330万円より多い世帯が50％、少ない世帯が50％とわかります。

---

[2] 実は、中央値は各データからの距離の総和を最小化する値なのです。別の言葉でいうと、各データに最も近い値を代表選手だよ、としているのが中央値です。式で表現すると、

$\sum_{i=1}^{n} |x_i - a|$ を最小にする a が中央値（ただし、n はサンプルサイズ）

図表 5-5　分布の違い

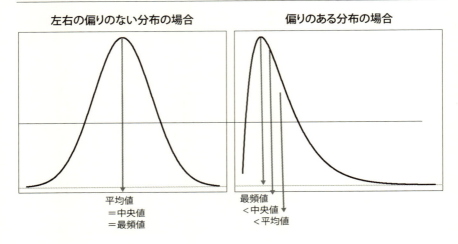

　中央値は、データの大小の順番のみに着目することから外れ値の影響も受けにくいという特徴があります。たとえば、バーで10人ほどで飲んでいたとしましょう。仮に飲み仲間の資産はあまりばらついておらず、その平均と中央値は400万円ほどだとしましょう。そこにどうしたわけか来日していたビル・ゲイツ氏がバーに飛び込んできました。フォーブスの2015年世界長者番付によれば、ゲイツ氏の資産は792億ドル（ほぼ9.5兆円）です。バーで飲んでいる連中の平均資産はゲイツ氏に引っ張られて、あっという間に8600億円近くに跳ね上がってしまいました。

　このように平均値は外れ値にきわめて影響を受けやすいという特徴を持っています。8600億円が飲み仲間の資産の代表値だと言われても納得感は全くありません。一方、資産の中央値はゲイツ氏の有無にかかわらず、ほぼ400万円であまり動かないはずです。

　中央値は、集団の特性上、単純平均の周囲に標本の大部分が分布しないと見込まれる場合（分布の縦棒グラフ、ヒストグラムを描いたとき、単純平均値を軸とした左右対称の分布にならない場合）に平均値の代わりに代表値としてしばしば使われます。たとえば、家計の金融資産ではこの値は330万円となり、平均値に比べると家計の実感に近く、代表値としてよりふさわしいと考えられます。

一方、最頻値とは、最も度数が高い数値を指します。ヒストグラムを描いたときに「山」が2つ以上できる場合や、単純平均を出そうとするとき一部の「外れ値（例外的な値）」が影響を与えてしまう場合などに採用されます。家計の金融資産の例では「保有なし」世帯が最も多く、「保有なし」が最頻値となります。

最頻値の課題としては、必ずしも最頻値が1つとは限らないこと（たとえば、一様に分布している場合や同じ高さのピークがいくつもあるような分布を想定）や、データの幅の取り方によって最頻値そのものが変わってしまうことが挙げられます。先ほどの金融資産の分布の例でも、資産幅の取り方を、「保有なし」「330万円（中央値）未満」「330万円以上」と3分割して考えれば、「330万円以上」が比率としては50％となり、最初の「保有なし」ではなく、この3つの区分では最頻値ということになります。

ネットの世界では、ユーザーが商品やサービスの評価をし、その結果が共有されることで新しいユーザーの購入、利用時の参考にしてもらうことが普通になっています。よく見かける評価方法としてはユーザーが5段階（☆→☆☆☆☆☆）で評価したものを平均値をはじめとする代表値化して表示する方法でしょう。

もし皆さんがネットでビジネスをしていて、ユーザーの評価を代表値で数字に集約して示す場合、平均値（単純、加重）、中央値、最頻値のうち、どの代表値を選択するでしょうか。

たとえば、悪意を持って極端に低評価をつけるユーザーや、逆に身内で極端に甘いレビューを付けるといったユーザーの外れ値の影響を考慮しなければならないかもしれません。もしこのような外れ値の影響を排除するのであれば、代表値として平均値よりも中央値を採用するほうがよいかもしれません。あるいは、レビューを寄せるユーザーの品質を何らかの形で評価して重み付けをし、加重平均を取るといったことも考えられるかもしれません。

実際、国内外のネットサービスでは、以下のような方法で代表値が計算されています[3]。

● Amazon、@cosmeは、ユーザーが付けた評価を単純平均で表示

3　各社ウェブサイトの情報より。

- 食べログでは、レビューを寄せたユーザーの信頼度（レビューの件数などと推定される）を食通度合として重みに換算してスコアを計算
- 映画のデータベースである、IMDb（Internet Movie Database）では単純平均ではなく、加重平均を表示しています。これは映画の評価結果を動かそうと、同じユーザーが何回も投票する影響を避けるためです。しかし、何を重みに使っているかは、不正を避けるために非公開とされています。

最後に平均値、中央値、最頻値について、その特徴を図表5-6にまとめます。

図表5-6　主な代表値

代表値	説明	利点	欠点	データ例	結果
単純平均	データの総和をデータ数で割ったもの。データの重心となる。各データまでの差分の二乗和 $\Sigma(x-\mu)^2$ が最も小さくなる値	すべてのデータが計算に用いられる	外れ値に弱い。バーにビル・ゲイツが突然来たら平均資産は跳ね上がる……	{1,1,2,3,4,4,4,100}	17
中央値（メジアン）	データを昇順、あるいは降順に並べた時にちょうど真ん中に位置するデータ。各データまで距離の総和 $\Sigma|x-\mu|$ が最も小さくなる値。データ数が偶数の場合は真ん中の2つのデータの平均とする	外れ値に強い。計算はほぼ不要	すべてのデータを用いるわけではない	{1,1,2,3,4,4,4,100}	3.5
最頻値（モード）	データの中で最も頻繁に出現する値	外れ値に強い。計算不要	複数ある、あるいはないことがありえる。また、ヒストグラムでデータの幅の取り方を変えると最頻値自体が変わってしまう	{1,1,2,3,4,4,4,100}	4

第5章　数字に集約して「比較」してみる　157

||||||||||||||||||||||||||||||||||||||||||||||||||||||||||||||||||||||||||||||||||||||||||||||||||||||||||||||||||||||||||||||||||||

COLUMN　　　　　　　　　72の法則

　資産の運用などを考える際、年利何パーセントで複利運用すると資産が2倍になるまでに何年かかるのか、が気になります。この際、複利の金利がまさにCAGR（別の言葉で言うと、「何パーセントのCAGRで運用」）にあたります。

　実は、この計算は近似的に72を使うと、簡単に計算できることが知られています。

　　　72÷金利＝2倍になるのにかかる年数

　たとえば、金利10％で運用すると7.2年、すなわち8年運用すれば2倍になることがわかります。参考までに、72を使った簡易計算と厳密に計算した結果の比較を示します。

年利	厳密な計算	72による簡易計算
1.0%	69.7	72.0
2.0%	35.0	36.0
3.0%	23.4	24.0
4.0%	17.7	18.0
5.0%	14.2	14.4
6.0%	11.9	12.0
7.0%	10.2	10.3
8.0%	9.0	9.0
9.0%	8.0	8.0
10.0%	7.3	7.2
11.0%	6.6	6.5
12.0%	6.1	6.0
13.0%	5.7	5.5
14.0%	5.3	5.1
15.0%	5.0	4.8
16.0%	4.7	4.5
17.0%	4.4	4.2
18.0%	4.2	4.0
19.0%	4.0	3.8
20.0%	3.8	3.6

||||||||||||||||||||||||||||||||||||||||||||||||||||||||||||||||||||||||||||||||||||||||||||||||||||||||||||||||||||||||||||||||||||

COLUMN　　　　　　　　物価と加重平均

　図表5-7は1961年から2014年までの54年間に及ぶ消費者物価指数（CPI）の対前年の変化率を世界銀行のデータをもとにグラフにしたものです。

　戦後の長い時間軸で見ると10％を超える高い物価上昇率の時期を経て、日本も米国も徐々に物価は落ち着く傾向にあることがわかります。

　しかし、日本に限ってみると、2000年以降、物価上昇率はマイナスの領域に落ち込んでおり、いわゆるデフレの状態が長く続いています。長らく続

図表5-7　日米独3カ国の消費者物価指数の変化率推移（1961～2014年）の比較

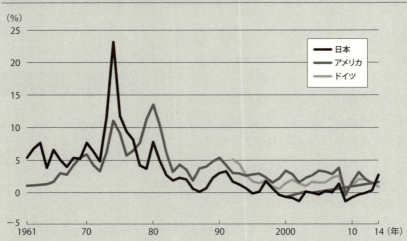

くデフレ状態を解消するために、日本銀行は2013年1月に物価安定の目標を消費者物価の前年比上昇率2％と定め、これを早期に実現するという約束をし、金融緩和を拡大しました。

そもそも、なぜ物価の安定は経済活動にとって大事なのでしょうか。実は個人や企業は価格の情報をもとに消費や投資を行うかを判断しており、物価が大きく変動するような状態では、消費や投資の意思決定が難しくなるからです。

それでは、このように政策に大きく影響を及ぼす消費者物価指数（CPI）はどのように測っているのでしょうか[4]。ここで使われているのが、「加重平均」なのです。

2010年基準の消費者物価指数では、同年の家計調査（約9000世帯の家計簿をもとにした調査）をもとに、実際に家計の消費支出全体に占める重要な商品（全588品目）の支出金額の割合を重み、ウェイトにとり、それぞれの品目の価格の変化を「加重平均」して、消費者物価指数を求めています。

仮に、チョコレートとアイスクリームの2品目だけで消費者物価指数ができていて、さらにその支出金額の割合はチョコレートが60％、アイスクリームが40％だとしましょう。今、基準時の100に対して、チョコレートは

20％値上がりし、アイスクリームは20％値下がりしていたとすると、物価指数は2つの品目の価格変化の加重平均を取り、

$$120 \times \frac{60\%}{100\%} + 80 \times \frac{40\%}{100\%} = 104$$

で104となります。したがって、全体としては基準時の100に対して、4％の物価上昇があったと計算できるわけです。

それではいったいどんな品目がどのようなウェイトになっているのでしょうか。実際の消費者物価指数（2015年6月時点）でのウェイトはチョコレート0.2％、アイスクリームが0.3％となっています。

一方、品目ごとの価格変化はどのように調べているのでしょうか。それぞれの品目の価格は、毎月実施されている小売物価統計調査で実際に店頭（約2万7000店）で調査されています。この際、調査する商品の銘柄は品目ごとに規定されており、たとえば、チョコレートであれば「板チョコレート（50g）」、銘柄は「明治ミルクチョコレート」「ロッテガーナミルクチョコレート」「森永ミルクチョコレート」、アイスクリームであれば「バニラアイスクリーム、カップ入り（110mL）」、銘柄は「ハーゲンダッツ　バニラ」といったように指定されています。

2　データはどのように散らばっているか（散らばり）

2-1　分散と標準偏差

　平均値は大量のデータの代表値としては大変便利なものですが、データが全体として代表値の周囲にどのように分布しているか、散らばっているのかについては教えてくれません。この散らばり具合を教えてくれるのが「分散」と「標準偏差」になります。

　海の波の上下動は、まさに海水位の散らばりにほかなりません。このとき、

4　「消費者物価指数のしくみと見方──平成22年度消費者物価指数」総務省統計局。

図表5-8　平均の周りの散らばりのイメージ

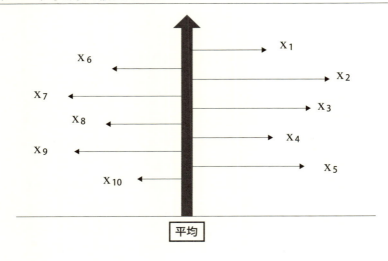

　漁船で生計を立てる漁師やサーファーの関心は、平均的な海水面の高さである潮位ではなく、むしろその散らばりである波になります。漁船で沖合に出る漁師であれば海が時化ない（水位の散らばりが小さい）ことが望ましく、また、波待ちをするサーファーにとっては大きな波が来る（水位の散らばりが大きい）ことが望ましくなります。
　このデータの散らばり具合を見るのに使うのが分散と標準偏差です。
　図表5-8のように平均の周りにデータが散らばっている状態で「各データが平均値の周りにどのように散らばっているか？」を知りたいとします。ただし、分布では当然のことながら、平均値より大きいデータもあれば、小さいデータもあります。したがって、データと平均値の差を求めると、プラスのものとマイナスのものが出てきてしまい、そんな「各データと平均値の差（偏差）」を単純に平均しようとしてもプラスとマイナスが相殺されてゼロとなってしまいます。そこで、この偏差の2乗をとった値の平均値をとり、分散（SD^2）を計算するのです[5]。

5　SDは、Standard Deviation（標準偏差）の略。σ（シグマ）と表記されることが多い。

$$SD^2 = \frac{(x_1-\bar{x})^2 + (x_2-\bar{x})^2 + \cdots + (x_n-\bar{x})^2}{n}$$

※$\bar{x}$は平均値、nはサンプルサイズ。対象を母集団ではなく、標本と見なす場合は分母をnではなく、n－1として計算する場合もある（コラム参照）。

　一方、この「分散」の平方根（つまり、先ほど2乗した分を元に戻す処理）をとったのが「標準偏差（SDあるいはσと表記）」となります。平均的な散らばり、平均からの離れ具合を表すのが、標準偏差だと考えてみてください。元の数字を2乗して平方根をとっているので、単位は元の数字と同じで理解しやすいこともあり、分散より標準偏差が散らばりの目安としてはよく使われます。

$$SD = \sqrt{\frac{(x_1-\bar{x})^2 + (x_2-\bar{x})^2 + \cdots + (x_n-\bar{x})^2}{n}}$$

※$\bar{x}$は平均値、nはサンプルサイズ。対象を母集団ではなく、標本と見なす場合は分母をnではなく、n－1として計算する場合もある（コラム参照）。

COLUMN　　　**分散や標準偏差はnで割るのか、n－1で割るのか？**

　幅広く使われている分散や標準偏差ですが、そもそもの算出の公式となると意外にも混乱（？）というか、本によって見解が分かれています。

　おそらく伝統的に最も多いパターンの説明は、標本、サンプルの場合はデータ数から1を引いたn－1で割り、母集団の場合にはnで割るというものです。しかし、実際に仕事などで目にするデータは、母集団そのものというよりはサンプルデータだと考えたほうがよいでしょうから、ほとんどの場合、実務上はn－1で割ることになるのではないでしょうか。

　一方、最近の本の中には標本、母集団ともにnで割ればよい、という定義をしているもの[6]も見かけるようになりました。どちらの公式を使って考え

ればよいのでしょうか。

ビジネス上では、目的に立ち返って何が一番よいのかを考えることが多い（目的合理性があるかどうか）ので、ここでも、同じように考えてみましょう。

まず、n−1で割って求めた分散は、不偏分散とも呼ばれていて、何度も繰り返し繰り返しサンプルをとって分散を計算し、その平均を求めると、不偏分散の平均は母集団の分散に近づく性質を持っていることが知られています。不偏分散の期待値は母集団の分散である、ということです。したがって、サンプルの分散から母集団の分散を見積もるという目的のためにはn−1で割ったものを使ったほうがよいということになります。

しかし、この場合も、分散はよいのですが、分散よりもさらによく使われる標準偏差はn−1で割っても、nで割っても不偏ではない（たくさんサンプリングを繰り返して、その平均をとっても母集団の標準偏差とはならない）ことがわかっており、「不偏性が大事だ」、という主義主張が一貫できないのが悩ましいところです。

一方で、素朴に目の前にしているデータの平均的な散らばりが知りたい、という場合には、平均との差分を2乗したものの和（偏差平方和）を単純にサンプルサイズnで割って平均をとるという考え方のほうがわかりやすいのではないでしょうか。データが平均的にどのくらい平均から離れているのだろう、という考え方です。

このことは象徴的にデータ数が1つの場合にどう考えればよいのか、と考えるとわかりやすいと思います。そもそもデータ数が1つの場合には、n−1はゼロとなってしまい、計算できませんし、n＝1の場合でも計算できるという考え方のほうがしっくりくると思います。

したがって私のお勧めは、分散や標準偏差を求める際にはデータ数であるnで割りましょう、です。

実際、データの数が増えていけばnで割ろうが、n−1で割ろうがほとんど答えに差はなく、多くの実務的な局面では、どちらで計算しても、ほぼ問題にならない差異だと思いますが。

標準偏差自体は、平均に比べ親しみにくい感があるかもしれません。しかしながら、前述のとおり、経営上意識する数値としては平均以上にきわめて重要な意味を持っています。

たとえば戦後の日本的経営の特徴の1つである、オペレーションにおける優れた品質管理は、まさにこの製品の品質面の散らばりである標準偏差自体を小さくし、均質化を図ることにあったといえます。また、ファイナンスで扱うリスクの概念は、まさにこの標準偏差が主役となります。

さまざまな自然現象や社会現象のばらつきは、その分布が釣鐘型をした「正規分布」に従うことが知られています。

正規分布では、平均値X近くでいちばん度数が高く、その標準偏差をSDとしたとき、

① $\bar{x}-SD≦x≦\bar{x}+SD$ の範囲に分布全体の68.3％が含まれる
② $\bar{x}-2SD≦x≦\bar{x}+2SD$ の範囲に分布全体の95.4％が含まれる
③ $\bar{x}-3SD≦x≦\bar{x}+3SD$ の範囲に分布全体の99.7％が含まれる

という関係性があります（図表5-9）。

このうち、特に2つ目の、「平均値±2SDの範囲にほぼ全体の95％のデータが含まれる」という関係性は特に重要ですので、「2SDルール」[7]としてぜひ覚えておきましょう。

たとえば、知能指数（IQ）は平均が100、そして標準偏差が15となるよう設計されています。したがって、2SDルールから95％のIQは70から130の間にあること、さらに130を超えるIQがきわめてまれであることがわかります。

人間は10％未満の確率（たとえば5％）は起こりにくいこと、と認識する傾向があるようです。

たとえば、目の前で誰かがコイン投げをして表裏をあなたに問うたとしましょう。なぜか表が連続して出るとします。何回ぐらい表が続いたら「怪しい、

6　小島寛之（2006）『完全独習 統計学入門』ダイヤモンド社；Norm Matloff, *From Algorithms to Z-Scores: Probabilistic and Statistical Modeling in Computer Science*, University of California, Davis.
7　イアン・エアーズ（2010）『その数学が戦略を決める』文春文庫。

図表5-9　正規分布と2SDルール

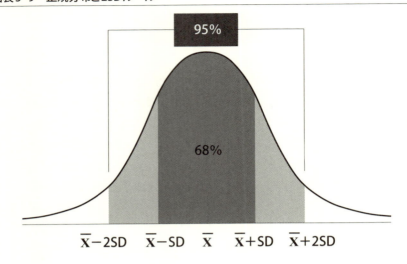

何かインチキをしているのではないか」とあなたは感じますか。

　授業での経験からはだいたい4〜5回ぐらい表が続くと怪しいと思う人がほとんどです。4回連続して表が続く確率は0.5の4乗で6.25％、また、5回連続して表が続く確率は0.5の5乗で3.125％ですから、「起こりにくいことが目の前で起こっていると感じる確率」の実感値はおおむね5％前後であることがわかります。

　したがって、日常的に「データはだいたいこの範囲に収まる」と感じる確率は100％から、たとえば起こりにくい5％を引いて、95％と読み替えても問題ないでしょう。となると、2SDルールからその範囲はおおむね平均±2SDだと考えればよいことになるのです。

　標準偏差ほど不遇な数字もありません。ほとんどの方が高校から大学のどこかで必ず一度は学んでいるにもかかわらず、その後は一生ほとんど使うことがない数字の代表例かもしれません。その理由は標準偏差の定義だけ覚えていても平均の周りの散らばりのイメージが持てないことにあります。その意味で、2SDルールは標準偏差の概念を実務に応用するうえでとても重要です。

　では早速、2SDルールを使ってみましょう。

　日本人の成人男子の身長の標準偏差はどのくらいだと思いますか？

おそらく全く見当がつかないかもしれません。しかし、2SDルールを使うと、おおよその値を見積もることが可能です。まず平均はどのくらいでしょうか。周りを見渡してみましょう。だいたい170cm前後だろうということはわかるのではないでしょうか。そのうえで、標準偏差を見積もってみましょう。平均と違って、標準偏差は視覚的にわかりにくいところが難しい点です。

先ほどの説明から、95％という値は「データはだいたいこの範囲に収まる」と感じる確率だということですね。皆さんの知る限り、周囲の方の身長はだいたいどの程度の範囲に収まっていそうでしょうか。授業や研修でこの演習をやると、最も多い答えは160cmから180cmぐらいではないか、というものです。2SDルールはこの間隔が2SD＋2SDで4SDだということを教えてくれています。したがって、160〜180cmの20cmを4で割って標準偏差SDは5cmと推測することができます。

実際のデータ[8]は平均が30代後半で平均171.75cm、標準偏差が5.55cmなので、簡単な推計にもかかわらず、だいたいの値が見積もられていますね。

【ばらつきと品質管理】

戦後、日本企業はその製品の品質により高い競争力を保ってきました。この品質を支えてきたものの1つが品質管理です。ここでの品質とは製品の特性が要求事項を満たしている程度を指しています。品質管理は、製品やサービスの品質をよくするとともに、ばらつきを小さくし、品質を一定に保つことをめざしています。これは品質にばらつきがある場合、顧客の不満につながるからです。製品に限らず、皆さんも何かサービスを受ける際、事前に期待されるサービスの質から大きくズレる場合（たとえば、すぐに来るはずの料理がなかなか来ない、など）には、やはり不満を感じるのではないでしょうか。

日本企業がQCサークルと呼ばれる現場の小集団活動で取り組んだのは、まさにこの品質のばらつき、標準偏差をいかにカイゼンにより小さくできるかということでした。戦後の日本的経営の特徴を語るうえでは「平均」よりも「標準偏差」のほうが、むしろ適切かもしれません。日本企業は「ばらつきは悪」

---

8 「平成23年度運動能力調査」の成人男子35〜39歳データ。

図表5-10　TOPIX（2009〜13年）の週次リターン推移

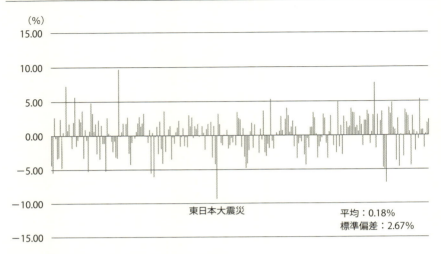

（出所）SMTインデックスファンド基準価格データより著者作成。

という暗黙の大前提の下に品質管理、経営に取り組んできたともいえます。

■■2-2　経営におけるリスクと、ハイリスク、ハイリターン？

　皆さんは「リスク」という言葉で何をイメージしますか。おそらく日常的な使い方では何か悪いこと、あるいは、その起こる可能性をリスクと捉えることが多いのではないでしょうか。

　経営においては結果が定まらないこと、ばらつき、不確実性があることをリスクがあると考えます。

　たとえば、あなたが100万円を持っていて投資をするとします。銀行の定期預金と株式への投資を比較してみましょう。銀行の定期預金では1年後に100万円がいくらになって返ってくるかがあらかじめわかっています。一方、株式に投資した場合、株価の予測は難しく、上がることもあれば下がることもあるでしょう。1年後に株価が上がっていれば儲けが出ますが、もし株価が下がっていれば、儲けるどころか損をしてしまうことになります。株式への投資は不確実性が大きい、ということは、預金に比べてリスクが大きいということがわかります。

図表5-11　TOPIXリターン（週次）の分布（2009～13年）

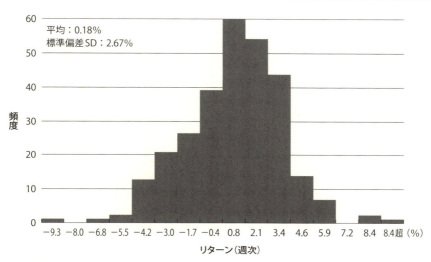

(出所) 図表5-10と同じ。

　リスクがばらつき、不確実性であるならば、リスクの大小を測る指標として、まさにいま学んだばかりの標準偏差を使えることになります。
　図表5-10と図表5-11はTOPIX（東証市場第一部に上場する内国普通株式全銘柄を対象とする株価指数）の5年間にわたる週次のリターン％（損益）の推移とその分布を示したものです。グラフからもわかるように、儲かる週もあれば、損する週もあり、計算から全体の平均は0.18％、標準偏差は2.67％であることがわかります。グラフ内で10％近く、大きくTOPIXが下落した週がありますが、2011年の東日本大震災の影響によるものです。
　さて、皆さんはハイリスク、ハイリターンという言葉を聞いたことがあるのではないでしょうか。高いリターン（収益率）を得ようとすれば、大きなリスク（標準偏差）を覚悟しなければならない、ということですが、本当にそうなのでしょうか。実際のデータを見てみましょう。
　図表5-12のグラフは、株式や債権をはじめとする各種の金融商品のリスク（標準偏差）とリターン（収益率）の関係を散布図にしたものです。グラフからもわかるように、リスクとリターンにはきれいな正の相関、直線的な比例関係が

図表5-12　アセットクラス別のリスクと平均リターン（2009〜13年、年率換算）

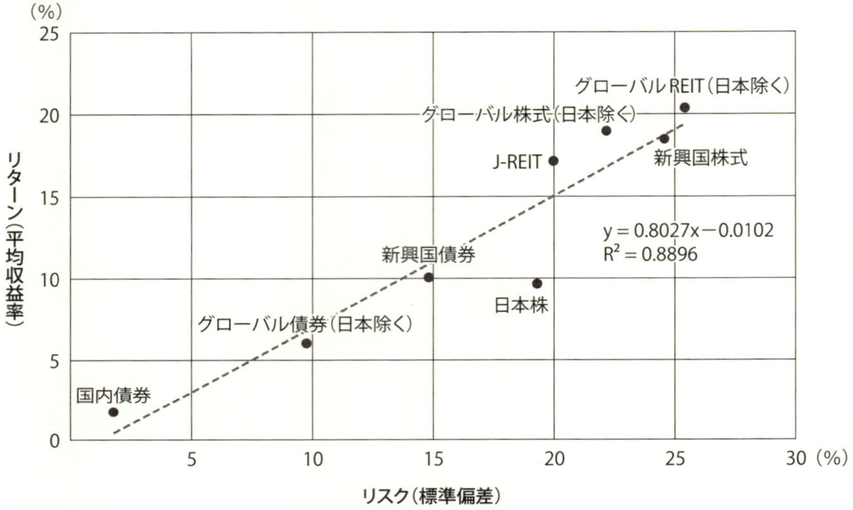

（注）週次リターンの算術平均を年率化したもの。本来、分配金を含めた補正が必要だが、分配金が少ないこともあり、含めていない。
（出所）図表5-10と同じ。

あることがわかります。すなわち、投資によって平均的に高いリターン（収益率）を得ようとすれば、大きなリスク、結果の散らばり、すなわち時として大きく損することも覚悟しなければならないことになります。

　データは金融商品の例でしたが、経営においても高いリターンを得るためには結果のリスク、散らばりを覚悟しなければならないといえます。品質管理の視点からは「ばらつきは悪」だったのですが、高いリターンを得るためには、むしろ「ばらつきは友達」といった全く異なる視点で、ばらつきと付き合う必要があるのです。

■■2-3　「みんなの答えは意外と正しい」が機能するとき

　1906年の秋、近代統計学の父であり、遺伝学の権威でもあったフランシス・ゴルトンは家畜ショーの体重あてクイズに参加していました。農家や肉屋のようなある意味、家畜の専門家のみならず、多くの素人も含め、全部で787名が

参加。優生学に強い関心のあったゴルトンの予想に反し、787名の予測の平均値は1197ポンドと、正解の1198ポンドからわずか1ポンドしか外れていなかったのです[9]。

　素人の意見でも数多く集まると、平均すれば意外と正解に近い答えが得られてしまう。何か不思議ですね。同じように、少数の専門家の意見より、多数の「みんなの意見」の平均のほうが、実は予測力があるといった事例が数多く見られています。どんな場合でも多数の素人の意見の平均の方が精度は高いのでしょうか。正解に近い答えが出るためには、どんな条件が必要なのでしょうか。

　今、真の値をD、各個人の予測をX_i、そして、その平均値をAとします。すると、みんなの意見の平均であるAと正解Dの集団誤差 $(A-D)^2$ は、計算から各個人の誤差から全員の答えの分散を引いたものであることがわかります[10, 11]。

　　　集団誤差＝個人誤差－分散

　つまり、どんな場合でも何となく「みんなの答えは意外と正しい」のではなく、条件があるのです。やはり、

● それぞれの個人がそれなりに正しい答え（個人誤差が小さい）を持っている
● さらに全員の答えに多様性（分散が大きい）がある

ほど、「みんなの答えは意外と正しい」ことがわかります。個人の知恵はもちろんですが、個人の知恵を集めて、集団として知恵を発揮するためには多様性（ここでは分散、あるいはその平方根である標準偏差）が大切なのです。

9　ジェームズ・スロウィッキー（2009）『「みんなの意見」は案外正しい』角川文庫。
10　西垣通（2013）『集合知とは何か──ネット時代の「知」のゆくえ』中公新書。
11　集団誤差＝$(A-D)^2$
　　個人誤差＝$\dfrac{1}{n}\sum_{i=1}^{n}(X_i-D)^2$
　　分散＝$\dfrac{1}{n}\sum_{i=1}^{n}(X_i-A)^2$
　　$(A-D)^2 = \dfrac{1}{n}\sum_{i=1}^{n}(X_i-D)^2 - \dfrac{1}{n}\sum_{i=1}^{n}(X_i-A)^2$

章末問題

1 次のグラフは、日本の2人以上世帯の世代別金融資産の保有額です。各世代はもちろんのこと、全世帯でも平均は1182万円に対して、中央値は400万円と大きく、差が開いています。なぜ金融資産の平均値はこのように中央値よりもはるかに大きいのでしょうか。また、世代間ではどのような特徴がありますか。

日本の世代別金融資産（2人以上世帯）

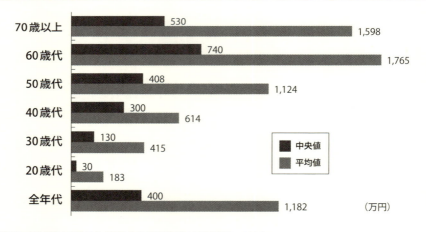

（出所）金融広報中央委員会「家計の金融行動に関する世論調査」2014年。

第6章

数式に集約して「比較」してみる（回帰分析とモデル化）

　数式にまとめる方法には、大別するとデータから帰納的に式を求める「回帰分析」と、データからではなく、演繹的に式を求める「モデル化」の2つの方法があります。

　このうち、回帰分析は世界中で最もよく使われている統計分析の手法です。回帰分析は「比較」ではあるのですが、同時に、第3章で説明した、ビッグデータの世界でより重要となりつつある機械学習の入口にある分析手法です。もちろん、自ら使えるようにもなってほしいのですが、少なくとも結果が解釈できるレベルをめざしてみましょう。

　また、回帰分析に至る散布図、相関といった考え方は因果関係を探り、Why?という問いに対する答えを考えるうえできわめて重要な分析手法です。実際のデータからその背景にある直線的な関係性を抽出することから、帰納法的なアプローチといえます。したがって、回帰分析で求めた式にそのまま当てはまるデータもあれば、式から外れるデータもあるのが一般的です。

　回帰分析によって仮説が検証できることから、ソフトバンクの孫正義氏は2001年にYahoo! BBを始めた頃から、以下のように社内で語っていたと言われています[1]。

　「これから回帰分析をしないやつの話は一切聞かない」

一方モデル化は、たとえば「売上＝客数×客単価」といったような形に、関心のある結果（アウトプット）を式の形で要素（インプット）に分解する方法です。式の形に分解することで、結果を出すためにどのような要素にどのようなアクションをとればよいのか（売上を増やすためには客数を増やすか、客単価を増やせばよい。そのためには○○をする必要がある）、を構造的に考えることが可能になります。

回帰分析と異なり、モデル化で求めた式は恒等式（必ず成り立つ式）になります。「日本にある電信柱の数は何本だと思いますか？」といったような、皆目見当もつかないような数字を推計させる「フェルミ推定」も、実はモデル化の一種です。式に分解することで、皆さんが知っている数字に引き寄せて考え、一見わけがわからない数字を推論するのです。

なお、モデル化で扱う式は、たとえば「売上＝客数×客単価」のように、厳密には客数や客単価は売上の原因ではなく、売上を分解したものにすぎません。ただし、結果を出すために必要なアクションを考えるという目的からは、特にこの違いを意識しなくてもビジネス上は問題ないでしょう。

1 散布図と相関係数

■■1-1　マンションへの投資を分析する

さて、ここでは皆さんが都心のＡ駅近く（徒歩5分圏内）にマンションを購入し、その賃料収入を生活費に充てることを考えているとしましょう。想定しているマンションの広さは25㎡です。どのくらいの賃料収入が期待できそうでしょうか。まず考えなければならないのは、どのような要因でワンルームマンションの賃料相場が決まっているかです。

賃料には広さ（専有面積）や駅からの所要時間（徒歩何分）、築年数、さらに方

1　三木雄信 (2015)『世界のトップを10秒で納得させる資料の法則』東洋経済新報社。

第6章　数式に集約して「比較」してみる（回帰分析とモデル化）　173

図表6-1　A駅付近のワンルームマンション

徒歩（分）	築年数	専有面積（㎡）	南向き	賃料＋共益費（円）
13	24	22.15	1	69,000
6	33	17.83	0	70,000
5	31	23.63	1	80,000
9	28	27.76	1	84,000
7	36	23.32	0	87,000
12	2	31.03	0	116,000
7	12	26.22	0	119,000
4	6	22.16	0	129,000
1	7	36.54	0	166,000
4	6	40.04	0	170,000
7	33	17.83	0	70,000
8	35	23.1	0	76,000
2	41	16.11	0	69,000
13	18	17	0	72,000
5	31	23.63	1	80,000
8	35	25.8	0	82,000
6	28	21.8	1	75,000
4	34	22.33	0	79,000
2	41	18.27	1	83,000
5	29	27.06	0	85,000
8	29	26.7	0	85,000
6	28	29.06	0	98,010
11	26	20.85	0	83,000
11	35	21.31	0	84,000
5	30	29.52	0	96,000
7	30	34.41	0	94,000
5	30	35.79	0	108,000
4	34	30.82	1	105,000
4	33	30.82	0	110,000
9	23	33.78	1	115,000
9	23	34.02	0	118,000
9	9	32.76	0	125,000
4	6	22.16	0	129,000
10	27	44.89	0	130,000
6	7	29.39	0	142,000
6	7	47.97	0	149,000
6	7	32.71	0	154,000
6	9	36.82	0	154,000
1	7	36.54	0	158,000
4	6	40.04	0	170,000
5	6	42.82	0	178,000
4	6	30.20	1	169,000

角（南向きか否か）などが効いてそうです。ここではおそらくマンションの広さが最も影響が大きいと考え、不動産関係の情報サイトからA駅近傍の42件のマンションの賃料と専有面積のデータを集めてみました（図表6-1）。

このデータから散布図を描いて、賃料と専有面積の関係を可視化して見てみましょう。

人類は長い間いろいろなグラフを描いてきましたが、時系列のグラフを除けば、1次元的な1変数の変化を扱うものが中心でした。これに対して、散布図は比較的最近考えられたグラフの1つです。2つの変数の関係性を可視化するという意味ではグラフの歴史上画期的で、「グラフの王様」とでも呼ぶべきものです。統計の世界で散布図という言葉が使われるようになったのは20世紀に入ってからだといわれています[2]。

散布図はExcelのグラフ機能で簡単に作成できます。作成する際には2変数のうち、原因系と考えられる変数をX軸へ、結果系と考えられる変数をY軸へ持って行きましょう。

ワークシートのデータ範囲を選択の後、「挿入」タブ→グラフの「散布図（マーカーのみ）」を選択すると図表6-2のような散布図ができます。

■■1-2　相関関係とは何か

グラフからは広ければ賃料も高い、言い換えると賃料と部屋の広さに右肩上がりの「正の相関」があることがわかります。

相関とは、2つの変数の間に何らかの法則性、共変性がある状態を言います。たとえば、気温が高くなればビールの売上も上がる、気温が低ければビールの売上も下がるという連動性がある場合、「気温」と「ビールの売上」には相関があるといえます。相関には、「正／負」と「強さ」があり、それを数値で表したものを相関係数といいます。散布図上で、データに対して直線で傾向線を引いた時にその直線の周りにどれだけデータが「直線らしく」集まっているかの度合い、と考えてもよいかもしれません。

数式に興味がある方のために、念のため定義の式を掲げます。式アレルギー

2　Michael Friendly and Daniel Denis (2005) "The Early Origins and Development of the Scatterplot." *Journal of History of the Behavioral Sciences* 41 (2): 103-130.

図表6-2　A駅から徒歩圏にあるワンルームマンションの広さと賃料の関係

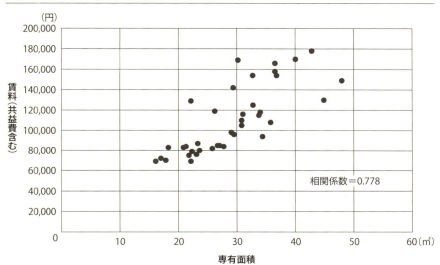

のある人は飛ばしていただいて大丈夫です。

$$\text{相関係数} \quad r = \frac{\text{cov}(x, y)}{SD_x \cdot SD_y}$$

$$x と y の共分散：\text{cov}(x, y) = \frac{\sum_{i=1}^{n}(x_i - \bar{x})(y_i - \bar{y})}{n}$$

$$x の標準偏差：SD_x = \sqrt{\frac{\sum_{i=1}^{n}(x_i - \bar{x})^2}{n}}$$

$$y の標準偏差：SD_y = \sqrt{\frac{\sum_{i=1}^{n}(y_i - \bar{y})^2}{n}}$$

　相関係数は、1から－1の範囲内で変動する数字で、「一方が大きくなれば他方が大きくなる」という関係が強いほど1に近づき、「正の相関が強い」ことを意味します。一方、「一方が大きくなれば他方が小さくなる」という関係が強いほど、相関係数は－1に近づき、「負の相関が強い」ことを意味します。そして

相関係数の絶対値がゼロに近づくほど「相関が弱い」ことを意味します。通常、ビジネス上で意味があるといえるレベルの相関の「強さ」は、絶対値0.7以上とされることがよくあります。

この相関係数を2乗した値が単回帰で説明する決定係数になります。相関係数は、そのままでは強弱の解釈が直感的に難しいのですが、回帰分析で後述するように、2乗して決定係数に変換することで、yの分散のうちの何パーセントがxによって説明できるか、すなわち、yに対するxの説明力として解釈が可能です。相関係数を見たら2乗するクセをつけておきましょう。先ほど、強い相関の目安とした相関係数の0.7は2乗すると0.49となります。すなわち、ほぼ50%の説明力に相当することがわかります。

★相関係数の数値の解釈例（絶対値）
　0～0.2：ほとんど相関関係がない
　0.2～0.4：やや相関関係がある
　0.4～0.7：かなり相関関係がある
　0.7～1.0：強い相関関係がある

ただし、この相関係数の大小の解釈については分野によっても異なっています。心理学などの分野での解釈例[3]を参考までに以下に示します。

★相関係数の数値の解釈例（絶対値）
　0.5：効果大
　0.3：効果中
　0.1：効果小

実際、それぞれの相関係数が散布図上では実際どのように見えるのか、図表6-3を確認してみましょう。

相関関係を見てきましたが、ここで気をつけなければならないのは、

3　水本篤・竹内理（2008）「研究論文における効果量の報告のために」『英語教育研究』31：57-66.

図表6-3　相関係数の大小と散布図イメージ

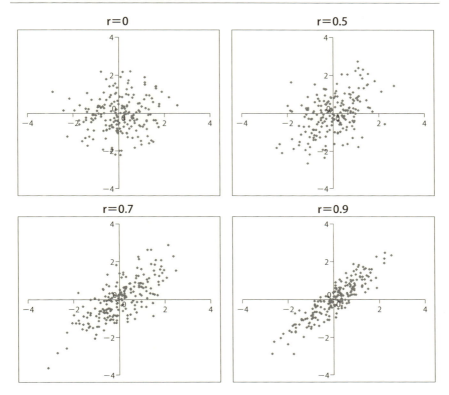

相関関係 ≠ 因果関係

ということです。相関があるからといって、因果関係があるとはいえない。それでは、どんなことがいえれば因果関係があると見なせるのでしょうか。よく使われる必要条件は、次の3つです。

①原因は結果に時間的に先行する
②相関（共変）している
③相関関係は他の変数（第三因子）で説明されない

前述のとおり、因果関係がある場合は相関関係もありますが、相関関係があるからといって必ずしも因果関係があるとは限らないことです。3点目の第三因子は見過ごされやすく、注意が必要です。

たとえば夏場のアイスクリームとビールの売上には相関関係がありますが、ビールを飲んだからアイスクリームが食べたくなる、という直接的な因果関係があるわけではありません。どちらも夏の暑さ、すなわち気温という共通の原因（第三因子）があり、暑い時には両方売れる、涼しいときには両方売れ行きが鈍るという見かけの相関関係があるだけで、直接の因果関係はありません。

図表6-4は、2000〜09年の米国における1人当たりの年間のモッツァレラチーズの消費量と土木工学の博士号の授与数との関係を散布図にしたものです。

両者の相関係数は、0.9586ときわめて高いものがあります。モッツァレラチーズを食べると、脳の機能が活性化して、博士号の取得者が増えるのでしょうか。チーズの消費量を土木工学の博士号の授与数に結びつけるストーリーに無理があるのは明らかで、両者には因果関係は全くありません。先ほどの3条件に照らせば、時間的にどちらかが先行するわけではなく、因果関係の要件を満たしていません。

実は両データとも、データがとれた2000〜09年には、ほぼ単調に増加しています。増加あるいは減少しているデータ同士をとると、たまたま相関していることが多く、注意が必要です。

仮に相関が見つかったとしても、もし「○○だと、●●が起きる」といった原因、結果のストーリーに展開して、あなた自身がもし何か違和感があるようだったら、もしかすると因果関係はないのかもしれません。○○がなかったら、●●は起きるだろうか、第三因子はないだろうか、原因が結果に時間的に先行していないのではないか、といった視点で何か不都合はないか、改めて考えてみましょう。

それでは、マンションの2つの変数の相関係数をExcelの分析ツールの相関を使って求めてみましょう。Excel 2016の画面では、分析ツールは分析タブの中にデータ分析となっています（図表6-5）。

すべての変数を選んで相関を実行すると、図表6-6のような変数間の相関係数をまとめた相関行列が得られます。

図表6-4 モッツァレラチーズを食べると土木工学の博士号が増える？　相関はあるけれど……

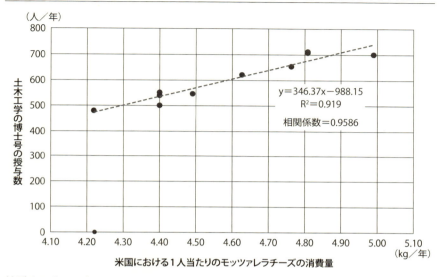

（出所）http://www.tylervigen.com/spurious-correlationsより作成。

図表6-5 Excelの分析ツール

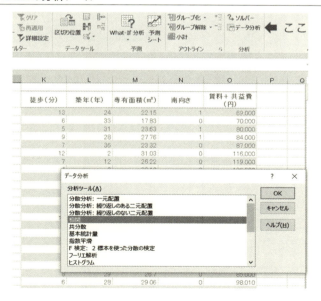

図表6-6　変数間の相関係数

	徒歩（分）	築年数	専有面積（㎡）	南向き	賃料＋共益費（円）
徒歩（分）	1.00				
築年数	0.07	1.00			
専有面積（㎡）	− 0.14	− 0.53	1.00		
南向き	− 0.01	0.23	− 0.20	1.00	
賃料＋共益費（円）	− 0.36	− 0.14	0.78	− 0.22	1.00

　結果から、賃料と面積の相関係数は0.78となり、きわめて強い相関があることがわかります。ちなみに、2乗すると0.60となり、賃料に対して専有面積が60％という高い説明力を持っていることがわかります。

　相関係数は、いろいろな分野で関係性の強さを見るために活躍しています。その活躍の一端（？）を一緒に見てみましょう。

【採用面接は役に立つのか？】

　皆さんの会社では、人を採用する際にいろいろな評価手法を用いていると思います。面接であったり、SPIのような試験であったりと、多岐にわたる方法が用いられています。そもそも採用における評価は、どの程度うまくいっているのでしょうか。「Aさんは採用では評価が高かったのに、どうも配属後はあまりパッとしない」だったり、「Bさんは採用時にはパッとしなかったのに、好実績を出している」など、エピソードはあるものの、評価自体をきちんと評価できていないケースが多いのではないでしょうか。そもそもなぜくじ引きではなく、一所懸命に評価をして採用しているのでしょうか。

　採用時の評価は、基本的には採用後の仕事での成果を予測するために実施していると考えると、実際にどの程度、採用時の評価結果が採用後のパフォーマンスと相関しているのかが気になります。相関係数が高ければ、採用時の評価結果によって採用後のパフォーマンスがより精度よく予測できることになります。採用時の評価と採用後の評価の相関係数を見ることで、評価手法の予測力を評価することができるのです。

　実際、どの程度相関していると思いますか？

図表6-7　仕事での成果と採用時の評価手法の関係（相関係数）

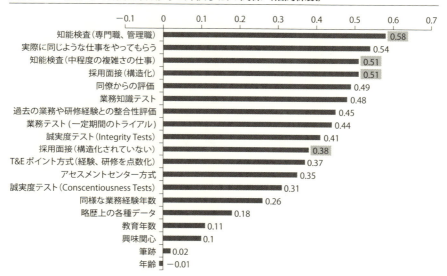

（出所）Frank L. Schmidt et al.（1998）"The Validity and Utility of Selection Methods in Personnel Psychology: Practical and Theoretical Implications of 85 Years of Research Findings," *Psychological Bulletin* 124（2）: 262-274より著者作成。

　図表6-7は、各種評価手法についての過去85年間の研究成果をメタアナリシス[4]によってまとめたものです。この結果によれば、最も予測力の高いのは管理的な職種での知能検査（IQテスト）になります。ただし、それでも相関係数が0.58、より一般的な仕事では0.51ですので、2乗して決定係数に直すと、説明力は25％程度ですね。

　実はIQテストは他の方法（たとえば実際にやってもらう、同僚の評価など）に比べ、未経験者にも使えることから、採用時の鉄板の評価手法とされているようです。一方、日本で多用されている一般的な面接（構造化されていない）になると相関係数は0.38ですから、2乗して14％程度の説明力となります。何もしないよりはましですが、それでも予測できない部分がかなりあると覚悟したほうがよさそうです。

4　過去の複数の研究結果を改めて総合的に分析すること。

イスラエルやフランスをはじめとして、国によっては筆跡で評価するやり方もあるようですが、予想どおり、相関係数は0.02で2乗するまでもなく、説明力は皆無といってもよいでしょう。

【相関係数が明らかにする遺伝の影響】

皆さん、自分の知能は何パーセント程度、遺伝の影響を受けると思いますか。

知能にもいろいろあるのですが、ここではIQテストで測るものを知能とします。さらにシンプルに、知能は遺伝と家庭、教育をはじめとする環境の2つの要因で決まると考えてみましょう。授業でこの質問をすると、意見は広範に分かれます。遺伝の影響はごく少ないとする人から、遺伝でほとんど決まるという人まで答えが幅広く分布するのが普通です。

それでは、どのような方法で、知能に対する遺伝の影響を見積もることができるでしょうか。

分析は比較だとすると、一番わかりやすいのは遺伝、あるいは環境の要因のどちらかだけを揃えて知能を比較してみることです。通常、人の遺伝子は異なるわけですが、実は世の中には全く遺伝子が同じである特殊なケースが存在しています。

一卵性双生児ですね。知能をはじめとするいろいろな能力や行動に対する遺伝子の影響を見るために一卵性双生児、二卵性双生児に対する研究が進められています。実は環境要因のみが異なる一卵性と二卵性双生児のそれぞれの相関係数から遺伝的要因の寄与度が計算できるのです。一卵性双生児同士の知能の相関係数を$r_{一卵性}$、二卵性双生児同士の相関係数を$r_{二卵性}$とすると、以下のような簡単な式[5]で遺伝の影響を見積もることができます。

遺伝要因＝2（$r_{一卵性}$ー$r_{二卵性}$）
→式はファルコナーの公式と呼ばれ、値は遺伝率（遺伝の寄与率）

5　$r_{一卵性}$＝100％×遺伝要因＋共有環境要因
　$r_{二卵性}$＝50％×遺伝要因＋共有環境要因
　遺伝要因＋共有環境要因＋非共有環境要因＝1
　二卵性双生児の遺伝要因の係数が50％となっているのは二卵性双生児の場合、遺伝子の一致している割合の期待値は50％だからです。

図表6-8　パーソナリティと認知能力への遺伝と環境の寄与度

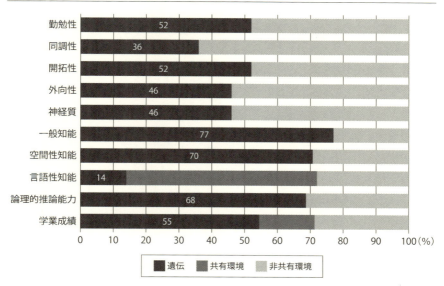

（注）グラフ中の遺伝率の算出にはシンプルなファルコナーの公式ではなく、より精度の高い手法（SEM）が用いられている。
（出所）安藤寿康（2014）『遺伝と環境の心理学』（培風館）より著者作成。

　たとえば、知能のうち、言語性知能は、一卵性双生児の相関係数$r_{一卵性}$が0.86、二卵性双生児の相関係数$r_{二卵性}$が0.60であることから、遺伝率は2×(0.86－0.60)で52％であることが計算できます。このような考え方をもとに求められた遺伝率のデータを参考までに図表6-8に示します。
　項目により差はあるものの、多くの能力、パーソナリティの項目にわたり、遺伝要因の寄与度が少なくとも半分程度はあることがわかります。これを「半分も」ととるか、「半分しか」ととるかは皆さん次第です。

【幸せだから成功する？】
　第4章2節で、「幸せだと長生きするか」についてデータをグラフで見てみました。一般には従来、「成功する→幸せになる」と信じられてきましたし、多くの人が今でもそう信じていると思います。幸せを最上の目標としたアリストテ

184 | 第Ⅱ部　比較の技術

図表6-9　幸せだから成功する?

横断的データの場合

	相関係数	研究例
仕事（成果など）	0.27	19
社会的な関係性（結婚など）	0.27	22
健康（寿命など）	0.32	19

縦断的（時系列）データの場合

	相関係数	研究例
仕事（成果など）	0.24	11
社会的な関係性（結婚など）	0.21	8
健康（寿命など）	0.18	26

（出所）S. Lyubominrsky et al.（2005）. "The Benefits of Frequent Positive Affect: Does Happiness Lead to Success?" *Psychological Bulletin* 131(6): 803–855.

レスではありませんが、多くの人が幸せに関心を持っていることから、幸せに関しては最近多くの研究が行われています。

　図表6-9で紹介するのは、こういった過去の多くの研究をまとめた研究（メタアナリシス）で、因果関係の向きはむしろ逆で、「幸せ→成功する」ということを示そうというものです。

　相関関係は因果関係の必要条件ですが、横断的に相関関係があるということだけでは、どちらが原因でどちらが結果かわからないため、幸せな状態が成功に先立っていることを示すために縦断的（時系列）な研究についても分析を加えています。

　いずれの結果（横断的、縦断的）も、仕事、社会的な関係性、健康の各分野にわたって幸せと成功には正の相関があること、すなわち幸せであればあるほど、成功している傾向があることがわかります。また、成功する前に幸せが先立っている場合でも同じ傾向がうかがえることから、一般に信じられているような「成功するから幸せになる」ではなく、むしろ「幸せだから成功する」のではないかということがわかります。

図表6-10　受講科目のお勧めの考え方

お勧め

履修科目	科目A	科目B	科目C	科目D	科目E	科目F	科目G	科目H	科目I	科目J	相関係数
鈴木さん	1	1	0	0	0	0	0	0	0	0	
Aさん	1	0	1	1	1	0	0	1	0	0	− 0.00
Bさん	1	1	0	0	0	1	0	0	1	0	0.61
Cさん	0	0	1	0	1	0	0	1	1	1	− 0.50
Dさん	1	1	0	0	0	1	0	0	0	0	0.76
Eさん	0	0	1	0	1	0	1	1	1	1	− 0.61
Fさん	1	1	0	0	1	1	1	1	1	0	0.10
Gさん	1	1	0	0	1	1	1	1	1	0	0.25
Hさん	0	0	0	1	0	1	0	0	1	1	− 0.41

お勧め度	—	—	0	0	0	1	0	0.5	0	0

（注）お勧め度は鈴木さんとの相関が高い（＞0.5）学生の選択（履修あり1、履修なし0）を平均したもの。

【ビッグデータと相関係数】

　ビッグデータの時代を迎え、相関係数は身近なところで大きな役割を果たすようになってきています。ネットショップで買い物をする際、多くのサイトで「あなたへのお勧め商品はこれです」といったレコメンデーション機能を見かけることがよくあると思います。

　実は、ここには相関係数が使われています。相関係数は類似性、似ている度合いを示す指標だと捉えることもできるからです。あなたの購入履歴、あるいは閲覧履歴との他の顧客の購入履歴、閲覧履歴との相関係数を計算し、相関係数の高い顧客、すなわち、あなたに購入履歴や閲覧履歴が似ている顧客とあなたの購入履歴、閲覧履歴を比較し、その差分の大きなものを「お勧めです」と提示しているのです。

　図表6-10はビジネススクールを想定して、履修科目のレコメンデーションを簡単なモデルにしたものです。今、鈴木さんに次の履修科目を推薦する必要があります。鈴木さんはすでに科目Aと科目Bの2科目を履修済みです。さて、どの科目が鈴木さんにはお勧めでしょうか。

　考え方はとてもシンプルです。鈴木さんに履修履歴の似ている人の選択パ

図表6-11 相関分析の流れ

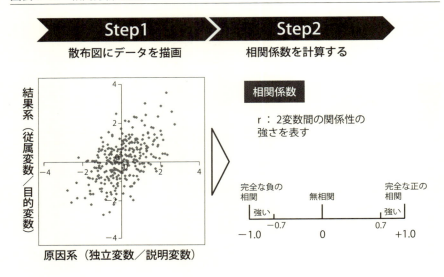

ターンと鈴木さんの選択パターンは似ているにちがいない。したがって、鈴木さんはまだ受けていないが、鈴木さんと履修履歴が似ている人がすでに受けている科目はお勧めにちがいない、そのように考えるのです。

　履修の有無を履修していれば1、履修していなければ0と表現し、履修履歴が似ているかどうかは相関係数で評価し、一定以上の相関係数を持った人の受講科目で、鈴木さんがまだ履修していない科目を勧めます。この場合は計算から科目Fがお勧めだとわかります。鈴木さんと相関が高い人はBさんとDさんで、BさんとDさんがとっていて、鈴木さんがとっていないのは、科目Fだからです。

　ここで重要なのは、なぜ鈴木さんが次に科目Fを履修すべきか、という因果的な説明はこのお勧めには全く必要ないということです。似ているという類似性、相関関係のみを使用し、因果関係の有無は全く関係がなくなってしまっています。

　第1章では、分析の目的は因果関係を明らかにして、結果を出すためのアクションに結びつけることだと記しました。これ自体は大切なのですが、実はビッグデータの世界では因果関係はわからなくてもよい（というより、そもそも因果も複雑になり、何が何に効いているかの把握も難しくなる）、むしろ相関関係のほう

第6章　数式に集約して「比較」してみる（回帰分析とモデル化）　187

が重要であると考えられています。

最後に、散布図から相関係数までの分析の流れを改めて図表6-11にまとめて
みました。

2 単回帰分析

相関係数は2変数間の関係の強さは示唆してくれますが、先ほどの例でいう
と、どれくらいの専有面積ならどの程度の賃料になるのかは示してくれません。
この関係性を数式化して分析するのが回帰分析になります。

回帰分析は統計分析の手法の中で最もよく使われる方法だといわれています。
仕事で回帰分析を毎日使うことはないかもしれません。しかし、回帰分析の結
果はアカデミックな論文はもちろんのこと、白書をはじめとする公的な文書に
も多く使われており、その分析の意味が理解できることで大きく世界が広がり
ます。少なくとも分析結果の意味がわかる、解釈できるレベルをぜひめざしま
しょう。

■■2-1　回帰分析の考え方

経営にかかわる事象は一般的に複雑で、ある事象を説明しようとすると、複
数の要因を考えなければなりません。回帰分析ではある事象を、たとえば次の
ような複数の要因からなる数式で説明しようとするものです。

$$y = a_1 x_1 + a_2 x_2 + a_3 x_3 + \cdots + a_k x_k + b$$

この例では一次式（xの足し算、引き算）で表現していますが、この他にも、対
数や指数を利用した式、xを累乗したx^2、x^3などを利用した多項式などもありま
す。ただし、ビジネス上では多くの場合そのシンプルさから、前出の一次式が
多用されます。左辺のyは右辺のxの値の変化によって変わりますので目的変
数、あるいは従属変数と呼び、xは説明変数、あるいは独立変数と呼びます。ま
た、bは定数項、a_kを偏回帰係数[6]と呼びます。

図表6-12　最もデータに対して当てはまりのよい線とは……

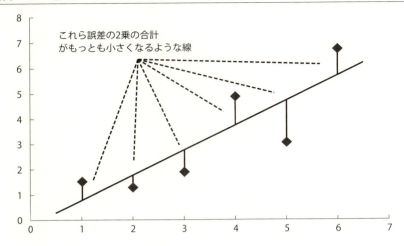

　このうち、説明変数が1つのものを単回帰分析、複数のものを重回帰分析と呼びます。したがって、単回帰のモデルはシンプルに次式で表されます。

　　$y = ax + b$

　単回帰分析は視覚的には散布図上のデータに対し、最も当てはまりの良い直線を引くことに相当します。もちろん、「エイヤッ」と気合でグラフ上に主観的に直線を描き入れてもよいのですが、それでは、人によって直線が異なり、再現性がありません。

　単回帰分析では「最も当てはまりのよい」という意味を、実際のデータと直線とのズレを最小になるように客観的に直線を引く、と考えます。

　具体的には図表6-12に示すように各データから回帰直線に降ろした直線の長さの2乗の総和を誤差と考え、この誤差を最小にする直線と読み替えて分析します。2乗の総和を最小にすることから、最小2乗法（あるいは最小自乗法）とも呼ばれています。直感的には距離（絶対値）の総和を最小にしたいところですが、

6　偏を省略して、単に回帰係数と呼ぶことも多い。

図表6-13　回帰直線の特徴

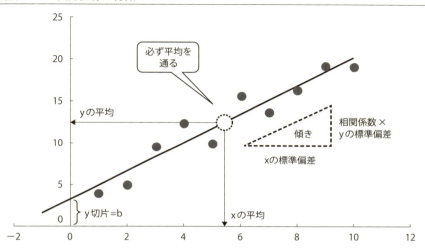

数学的な取扱いの容易さから2乗の総和を最小とする回帰直線を求めます。

実は代表値である平均値は、次式のように、各データから平均値までの距離の2乗の総和を最小とする値となっています。この回帰直線の求め方もきわめて似た考え方といえます。

$$\sum_{i=1}^{n}(x_i - a)^2：ここでxとはデータ、この式を最小化するaが単純平均となる。$$

回帰式自体は、データさえあればExcelの分析ツールを使って簡単に求めることができます。したがって、回帰式の公式そのものを覚えておく必要は全くありません。

興味がある人向けですが、下記2つの条件を覚えておくと比較的簡単に回帰式の公式を求めることができます（図表6-13）。

①回帰式の傾きが $r\dfrac{SD_y}{SD_x}$ であること（rはxとyの相関係数、SD_yはyの標準偏差、SD_xはxの標準偏差）。

②回帰式は必ずxとyの平均値である $(\bar{x}, \bar{y})$ を通る

190 | 第Ⅱ部　比較の技術

図表6-14　A駅から徒歩圏にあるワンルームマンションの広さと賃料の関係

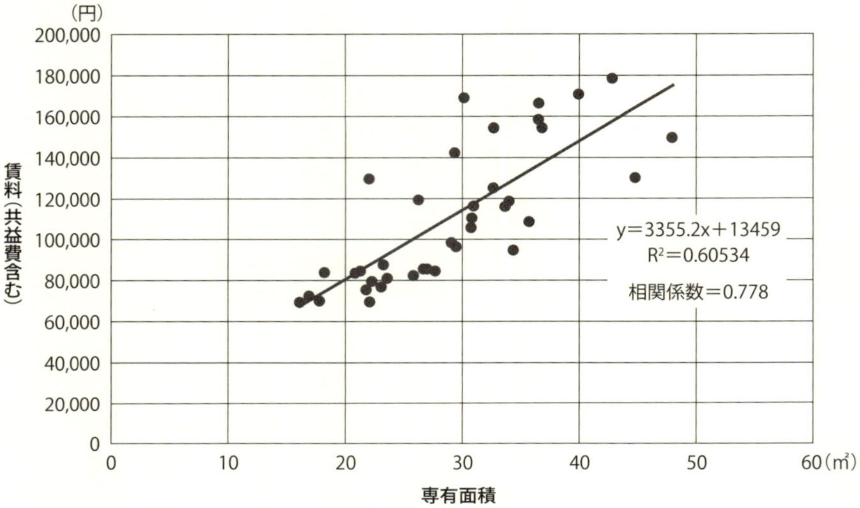

（円）

賃料（共益費含む）

専有面積

y＝3355.2x＋13459
R²＝0.60534

相関係数＝0.778

上記2つの条件から、y切片（y軸と回帰直線の交点）をbとすると、

$$\bar{y} = r \frac{SD_y}{SD_x} \bar{x} + b$$

$$b = \bar{y} - r \frac{SD_y}{SD_x} \bar{x}$$

したがって、回帰式は

$$y = r \frac{SD_y}{SD_x} x + \bar{y} - r \frac{SD_y}{SD_x} \bar{x}$$

となります。

　では、賃料と面積の関係をExcelの「分析ツール＞回帰」で分析してみましょう。分析結果とグラフを図表6-14と図表6-15に示します。なお、数値表記のうち、E＋nは10のn乗を、また、E-nが10のn乗分の1を表します。たとえば、E+3は10の3乗で1000を、また、E-3は10の3乗分の1で0.001となります。

【切片と係数】

　最も当てはまりのよい式の係数は図表6-15の最下部に示されています。

第6章　数式に集約して「比較」してみる（回帰分析とモデル化） | 191

図表6-15　ワンルームマンションの広さと賃料の関係（分析結果）

	回帰統計
重相関R	0.778
重決定R2	0.605
補正R2	0.595
標準誤差	21730.4
観測数	42

	自由度	変動	分散	観測された分散比	有意F
回帰	1	2.897E＋10	2.897E＋10	61.35	1.3338E－09
残差	40	1.889E＋10	472208520		
合計	41	4.786E＋10			

	係数	標準誤差	t	P－値	下限95%	上限95%
切片	13,459	12,758.47	1.05	0.30	－12,327.14	39,244.54
専有面積	3,355	428.35	7.83	0.00	2,489.51	4,220.98

（注）Excelの分析ツールで"回帰"を用いたアウトプット。

　一番下部にある切片が一次式の定数項、専有面積とあるのが面積の係数になります。このことから回帰直線は、

　　賃料＝3,355円／㎡×面積（㎡）＋13,459円

となります。この式から保有している25㎡のワンルームマンションの賃料相場は9万7340円であることがわかります。

【重相関R】

　仰々しい名称になっていますが、既述の相関係数です。意味の解釈は下記に説明する、2乗した決定係数で理解しましょう。

【重決定R2】

　一般には「決定係数」と呼ばれます。決定係数を％と読み替えると、決定係数は目的変数の分散のうち、説明変数で説明できる割合（回帰式の当てはまり度）、

192 第Ⅱ部 比較の技術

いわば説明力を示しています。説明変数が目的変数の何％程度を説明しているのかとざっくり考えましょう（より正確には目的変数の分散の何％ですが、ビジネス文脈ではわかったうえで省略しているとして、片目をつぶることとします）。

相関係数の2乗となることからもわかるとおり、0から1までの（$0 \leqq R^2 \leqq 1$）値をとります。この事例では決定係数が0.6053ですから賃料の変動のうち、60％は面積で説明できることがわかります。

■■2-2 決定係数の意味——説明力とは？

興味のある人のために、決定係数が何を意味しているかをExcelの回帰分析のアウトプットを使って説明してみたいと思います。もし、回帰分析をする前にデータを与えられて、xからyを予測してください、といわれたらどうしますか。この場合、個々に予測することは難しいので、とりあえず平均値を使ってyを予測することになるのではないでしょうか。

この場合、実際の値と予測との誤差の大きさとして、yの値から予測に使った平均値を引いて2乗したものの総和（全平方和）を考えます。Excelの回帰分析の結果の表では分散分析表の変動の合計がこれに相当します（2乗の和がこの値に等しくなることを、参考までに図表6-16で回帰分析結果の下に計算してみました）。

一方、回帰分析を行って直線を当てはめて予測することで、誤差は小さくなります。このとき、回帰分析を使った結果の誤差の大きさとして、予測値と実際の値との差の2乗の和（残差平方和）を考えます。Excelの回帰分析の結果の表では、分散分析表の残差の変動がこれに相当します。もともと、yの平均値で予測した際の平方和のうち、残差平方和のみが説明できずに残った、表現を変えると、残りは説明できたと考えるわけです。

図表6-17のように、もともとの全平方和のうち、回帰直線によって説明できた比率（あるいは、1から説明できない比率を引いたもの）が決定係数になります。

決定係数＝1－（残差平方和／全平方和）

予測値と平均の差の2乗の和を回帰平方和と呼ぶと、以下の関係があります。

第6章　数式に集約して「比較」してみる（回帰分析とモデル化）　|　193

図表6-16　R^2の具体的な計算方法

	回帰統計
重相関 R	0.778038
重決定 R2	0.605343
補正 R2	0.595477
標準誤差	21730.36
観測数	42

→Rの2乗となっている

	自由度	変動	分散	観測された分散比	有意F
回帰	1	2.897E+10	2.897E+10	61	0
残差	40	1.889E+10	4.722E+08		
合計	41	4.786E+10			

一致していることを確認

	係数	標準誤差	t	P－値	下限95%	上限95%
切片	13,458.70	12,758.47	1.05	0.30	－12,327.14	39,244.54
専有面積（㎡）	3,355	428.35	7.83	0.00	2,489.51	4,220.98

データNo.	x	y	回帰式で求めたy推計値	y推計値－y平均値(a)	aの2乗	y－yの平均（b）	bの2乗
1	22.15	69,000	87,777	－22,104	4.886E+08	－40,881	1.671E+09
2	17.83	70,000	73,283	－36,599	4.886E+08	－39,881	1.591E+09
3	24	80,000	92,743	－17,138	2.937E+08	－29,881	8.929E+08
		106,600				－25,881	6.698E+08
40	40.04	170,000	147,803	37,921	1.438E+09	60,119	3.614E+09
41	42.82	178,000	157,130	47,249	2.232E+09	68,119	4.640E+09
42	30.2	169,000	114,787	4,906	2.407E+07	59,119	3.495E+09
平均	29	109,000	109,881	合計→	2.897E+10	合計→	4.786E+10

決定係数　2.897E+10　÷　4.786E+10　=　0.6053

図表6-17　R^2の考え方

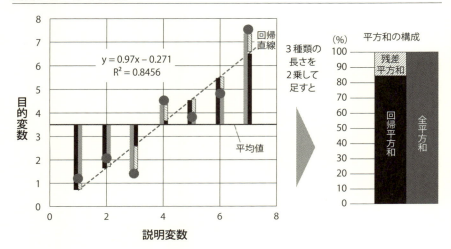

図表6-18　散布図と単回帰分析

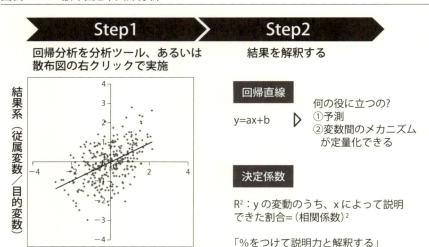

第6章　数式に集約して「比較」してみる（回帰分析とモデル化）　195

全平方和＝回帰平方和＋残差平方和

したがって、決定係数は、

決定係数＝回帰平方和／全平方和

とも表現できます。全平方和をデータ数で割ったものがその定義からの分散ですので、決定係数は目的変数yの分散のうち、どの程度が回帰直線によって説明できたか、とも解釈することができます。

最後に、図表6-18に散布図と単回帰分析の考え方についてまとめておきます。

COLUMN　　　　　**戦略の歴史を変えた散布図**

散布図と単回帰分析は視覚的にも理解しやすいため、物事の本質的な関係性、因果関係を捉えることにきわめて向いています。したがって、経営の分野でも、規模の経済性をはじめとする法則的なものは、その多くが皆さんもデータがあれば簡単に描ける散布図で表現可能です。

経営分野で著名な雑誌である『ハーバード・ビジネス・レビュー』が「世界を変えたチャート」[7]として、経営学への影響度から5つのチャート（成長・シェアマトリックス、経験曲線、破壊的イノベーション、ファイブフォース、マーケットピラミッド）を選出していますが、そのうち、経験曲線はシンプルな散布図ですし、成長・シェアマトリックスはこの経験曲線をベースにさらに散布図を使って事業をタイプ分けするために考えられたものです。

経験曲線は1960年代にボストン コンサルティング グループ（BCG）が経験則として見出したもので、累積の生産量が倍になるごとに20％から30％程度、コストが低下するというものです。経験、学習の積み重ねにより習熟度の向上、製造ラインの改善などの諸効果でコストが下がっていくと

され、個別の企業レベル、また産業レベルでも成り立つといわれています。

図表6-19は太陽電池、風力をはじめとするエネルギーコストと累積の設備容量との関係を、対数をとって散布図に示したもので、まさに経験曲線そのものです。たとえば太陽電池では、累積の設備容量が2倍になるとコストがほぼ80%（PR）[8]になる、すなわちコストが20%改善することがわかります。

経験曲線の戦略的な意味合いは、実はきわめて大きいものがあります。累積経験量（＝累積生産量）に応じてコストが下がる一方、企業間の相対的な累積経験量はシェアで決まるのであれば、トップシェアをとれば競合に対してコスト面で優位に立てる、すなわちマーケットシェアを目的にすることがコスト面からは合理的であることになるのです。

たとえば、常に競合に対してシェアを2倍に保てば、スタートが同じだとしても累積生産量も常に2倍を維持できるため、競合に対してコストも20～30%程度は常に低く維持できることになるのです。

図表6-19　エネルギーコストと累積の設備容量の関係

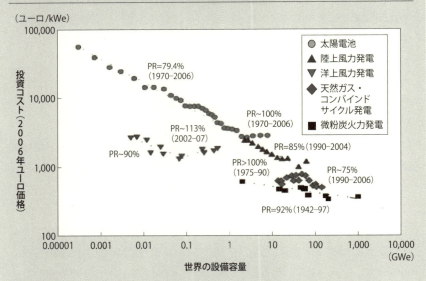

（出所）http://www.green-x.at/RS-potdb/potdb_long_term_cost_tech_change.php

第6章　数式に集約して「比較」してみる（回帰分析とモデル化）　197

　この経験曲線が、第4章3節で紹介した、BCGによって開発されたもう1つの大事なチャートである、成長・シェアマトリックスの大事なベース、すなわちなぜ横軸に相対シェアをとるかという理由の1つになっています。

　成長・シェアマトリックスは、企業の事業を相対市場シェアと成長率で4つのタイプに分類することで事業のマネジメントを可能にしたものです。金のなる木の事業が生み出したキャッシュを問題児、あるいは花形製品に投入し、負け犬は事業をたたむか売却する。時間が経つにつれ、問題児は花形になるか負け犬になり、金のなる木は、いずれ衰退して負け犬となるという形で、キャッシュの流れを中心に事業の展開ストーリーを可能にするものです。

3　重回帰分析

　先ほどのマンションの賃料の単回帰分析の例では、決定係数が0.60であったことから、60％は面積で説明できることがわかります。さらに説明力を上げるために情報量、具体的には説明変数の数を増やすことを考えてみましょう。

　重回帰分析では2つ以上の説明変数を用いて、目的となる解明したい事象を説明します。第1章で分析の本質は比較であること、また、分析の際、関心のある要因以外は条件を揃えて比較してやる必要があることを見てきました。

　ところが、ビジネスをはじめとして、実験が行えるような状況でない限り、なかなか条件を揃えるのは難しいのも事実です。重回帰分析は条件が揃えられない中で、式を使うことで「仮想的」にapples to applesの比較をする方法だと考えることができます。

　また、通常は目的変数として量的な連続データを扱うのですが、目的変数としてたとえば試験に受かる、受からない、といった2値の質的な変数を使う（ロジスティック回帰）ことも可能です。

7　"The Charts That Changed the World" (https://hbr.org/2011/12/the-charts-that-changed-the-world).

8　PRは学習率と呼ばれ、累積生産量が2倍になった場合のコスト比を指す。

198 | 第Ⅱ部　比較の技術

図表6-20　マンション賃料の重回帰分析

	回帰統計
重相関 R	0.960
重決定 R2	0.921
補正 R2	0.915
標準誤差	9,969.013
観測数	42

	自由度	変動	分散	観測された分散	有意F
回帰	3	4.408E+10	1.469E+10	147.861	5.35175E−21
残差	38	3.776E+09	9.938E+07		
合計	41	4.786E+10			

	係数	標準誤差	t	P−値	下限95%	上限95%
切片	112,084.88	9,925.82	11.29	0.00	91,991.12	132,178.64
徒歩（分）	−2,988.29	526.18	−5.68	0.00	−4,053.49	−1,923.09
専有面積（㎡）	1,847.19	233.69	7.90	0.00	1,347.11	2,320.26
築年数（年）	−1,639.26	149.52	−10.96	0.00	−1,941.95	−1,336.56

　ここでは賃料に効く要因として広さ以外に、駅からのどのくらいかかるのか、という「徒歩（分）」、建ってからどのくらい経つのかという「築年数（年）」の2つの説明変数を加えてみましょう。

　Excelの「データ＞分析ツール＞回帰分析」で分析した結果は、図表6-20のとおりです。単回帰分析同様、結果は一見複雑ですが、見るべきポイントは3カ所（回帰統計、係数、P値）です。

【切片と係数】

　最も当てはまりのよい式の係数は、図表6-20の最下部に示されています。

　一番下部にある切片が一次式の定数項、さらにそれぞれの変数の係数が記述されています。このことから回帰直線は、

賃料＝−2,988円／分×徒歩（分）+1,847円／㎡×面積（㎡）−1,639円／年×築年数（年）+112,085円

となります。

　保有している25㎡のワンルームマンションはA駅から徒歩5分、築年数が1年ですので、時間距離と築年数を考慮した賃料相場は、この式から賃料相場は14万1681円であることがわかります。

　この式から徒歩1分伸びるごとに賃料が2988円安くなること、また築年数が1年古くなるごとに1639円安くなることがわかります。

【重決定R2】

　単回帰同様、一般には「決定係数」と呼ばれ、回帰式全体の精度、説明力を示しています。決定係数は％と読み替えることができ、これは目的変数の分散のうち、説明変数で説明できる割合（回帰式の当てはまり度）を示しています。つまり、説明変数が目的変数の何％程度を説明しているのかを表すと考えましょう。

　重決定R2は、相関係数の2乗となることからもわかるとおり、0から1までの$(0 \leq R^2 \leq 1)$値をとります。この事例では0.92ですから、賃料の変動のうち、92％は面積、徒歩、築年数で説明できることがわかります。単回帰の60％に比べて説明力が大幅にアップしていることがわかりますね。

【補正R2】

　一般には「自由度調整済み決定係数」と呼ばれます。決定係数は説明変数の数を増やすほど大きくなる特性があるため、いくつかの候補となる回帰式がある場合、説明変数の数を考慮した補正R2（自由度調整済み決定係数）の高い回帰式を選択します。重回帰分析の場合は回帰式の選択に決定係数ではなく、こちらの値を使いましょう。

【P値】

　Excelでは、「P-値」と表記されています。各変数に対して計算され、1つ1つの変数に統計的な意味があるかどうか（本当はゼロなのに、たまたまではないか）を教えてくれます。この値は危険率ともいわれ、ゼロに近ければ近いほどよく、大きい値であればその説明変数は採用しないほうがよいとされています。

　一般に、P値を％表示したときに、所定の確率（たとえばP値0.1＝10％）より

も大きいときには、説明変数には採用しないほうがよいとされます。

　しかし、この危険率の目安の10％に統計的な根拠はありません。起こりにくい確率の目安として、慣行的に使われているにすぎません。第5章にも記述したコイン投げの実験からも、人は起こる確率が10％を下回る現象は起こりにくい、と感じるようです。

　実は、ここでは背理法という考え方が使われています。得られた説明変数の係数が「実はゼロだった」（≒その説明変数に意味はない）という（否定したい）仮説を立て、そうすると不条理なことが起こるので、そもそもの係数はゼロではない、意味があると考えるのです。具体的にP値は、その（否定したい、本当はゼロという）仮定の下で、今回のデータが観察される確率を示しています。

■■3-1　質的変数（カテゴリーデータ）の重回帰分析への導入

　これまでの分析は賃料、面積、築年数といった数値データを扱ってきました。結果、補正R2（自由度調整済み決定係数）が0.91と、かなり説明力の高い回帰式ができましたが、もしかすると部屋の方角（南向きか否か）が賃料に効いているのではないか、という考えが湧いてきました。このような質的な変数、カテゴリーデータをどのように回帰式に取り込めばよいのでしょうか。

　カテゴリーデータは「ダミー変数」を使って重回帰分析に取り込むことができます。ダミー変数とは通常、0と1の値を取る変数です。たとえば「南向き」という新しい変数を導入しようとするとき、具体的には、

　　　南向き（南向き＝1）
　　　それ以外（南向き＝0）

といった形で数量データ化します。

　もし、南向き、北向き、それ以外、と3つのカテゴリーを峻別したい場合は、どうすればよいでしょうか。この場合、2つのダミー変数を用意します。すなわち、「南向き」、「北向き」という2つの変数で、

　　　南向きのときは（南向き＝1、北向き＝0）

第6章　数式に集約して「比較」してみる（回帰分析とモデル化）　201

図表6-21　マンション賃料の重回帰分析──「南向き」の変数追加

	回帰統計
重相関 R	0.960
重決定 R2	0.921
補正 R2	0.913
標準誤差	10099.931
観測数	42

	自由度	変動	分散	観測された分散比	有意F
回帰	4	4.409E＋10	1.102E＋10	108.04	7.1E－20
残差	37	3.774E＋09	1.020E＋08		
合計	41	4.786E＋10			

	係数	標準誤差	t	P－値	下限95%	上限95%
切片	112,251.20	10,120.67	11.09	2.53161E－13	91,744.8	132,758
徒歩（分）	－2,991.14	533.45	－5.61	2.1381E－06	－4072	－1,910.3
築年数（年）	－1,636.02	153.10	－10.69	7.2971E－13	－1,946.25	－1,325.8
専有面積（㎡）	1,843.80	237.89	7.75	2.904E－09	1,361.79	2,325.82
南向き	－571.23	3,918.12	－0.15	0.88	－8510.1	7,367.64

　　北向きのときは（南向き＝0、北向き＝1）
　　それ以外のときは（南向き＝0、北向き＝0）

となります。「それ以外」という変数を導入したい衝動に駆られますが、両方がゼロの場合がそれ以外に相当しますので不要です。常にカテゴリーの数より1つ少ない種類のダミー変数を導入します。

　それでは、実際に南向きという変数を導入した結果を図表6-21で見てみましょう。

　説明変数が増えたことで、重決定R2（決定係数）は0.921と前のモデルと変わっていませんが、補正R2（自由度調整済み決定係数）は0.915だったものが、0.913と減少していることがわかります。すなわち、「南向き」という変数を入れない、より少ない説明変数からなるモデルのほうが良いモデル、ということになります。

202 | 第Ⅱ部　比較の技術

図表6-22　マンション賃料の重回帰分析──「南向き」をダミー変数1と2で追加

	回帰統計
重相関 R	0.960
重決定 R2	0.921
補正 R2	0.913
標準誤差	10099.931
観測数	42

	自由度	変動	分散	観測された分散比	有意F
回帰	4	4.409E+10	1.102E+10	108.04	7.051E−20
残差	37	3.774E+09	1.020E−08		
合計	41	4.786E+10			

	係数	標準誤差	t	P−値	下限95%	上限95%
切片	111,108.74	12,081.18	9.20	2.53161E−13	86,629.94	135,587.54
徒歩（分）	−2,991.14	533.45	−5.61	2.1381E−06	−4,072.01	−1,910.26
築年数（年）	−1,636.02	153.10	−10.69	7.2971E−13	−1,946.24	−1,325.80
専有面積（㎡）	1,843.80	237.89	7.75	2.904E−09	1,361.79	2,325.82
南向き	571.23	3,918.12	0.15	0.88	−7,367.64	8,510.10

　さらに「南向き」変数のP値（危険率）は目安となる10％をはるかに超える88％となり、この変数が本当はゼロである（意味がない）ということが否定できない状況です。

　せっかく南向きが効いているのではないかと考えたのですが、今回の事例では計算結果からは「南向き」を加えることにはあまり意味がなく、むしろ入れないモデルのほうがよいということがわかりました。

　さて、ダミー変数でよくある質問は、0と1ではなく、たとえば1と2ではダメでしょうか、という質問です。アンケートなどでは選択肢でこういった数値を置きそうですから、質問が出るのも無理はないと思います。仮に南向きを1、それ以外を2として扱った場合、どんなことが起こるのでしょうか。

　図表6-22に実際に計算してみました。

　先ほどの式と比べると、南向きの係数と切片が変化している他は全く同じ係数になっていることがわかります。ただし、わかりにくいのは係数の解釈です。

第6章　数式に集約して「比較」してみる（回帰分析とモデル化）　203

0と1の場合は南向きの効果は、マイナス571円とすぐにわかったのですが、1と2の場合は、南向き（1）の場合から、それ以外（2）の場合も引かなければなりません。実際に計算してみると、571－571×2でマイナス571円と面倒です。ダミー変数を使う場合は素直に0と1でいきましょう。

■■3-2　どの説明変数が一番効いているのだろうか？

　授業でよく質問を受けるのが、「複数の説明変数のうち、どれが一番結果に効いているのでしょうか？」というものです。

　改めて家賃の分析結果を「Excel統計」という市販のアドインソフトで分析した結果を図表6-23で見てみましょう。回帰分析では、Excelの標準機能以外のソフトが使われることも多いため、ここではあえてExcel以外の結果を使うこととします。見るべきポイントは、図表6-23の3カ所（回帰式の精度、偏回帰係数、P値）です。表の他の部分については、ひとまず今は置いておきましょう。ここでは説明変数が「徒歩所要時間」「専有面積」「築年数」の3つありますが、結局家賃にはどれが一番効いていて、影響が大きいのでしょうか。

　最初によく返ってくる答えは、「回帰係数の絶対値が2988.29と最も大きい徒歩所要時間が効いているのではないか」というものです。皆さんも一瞬そうかなと思ったのではないでしょうか。

　ここは回帰分析で陥りがちな落とし穴なのですが、実は回帰係数の絶対値の大小では目的変数への影響は判断できません。これは次のように考えるとわかりやすいと思います。

　次の結果は、同じデータで徒歩所要時間を分ではなく秒に変換して計算したものです。単位が変わっただけですから、本質は何も変わっていません。徒歩の回帰係数だけが、もともとの2988.29を60で割った49.8になっていることがわかります（図表6-24）。

　つまり、データの単位が変われば、本質は何も変わらないまま回帰係数は変わりうる。したがって回帰係数の大小関係も大きく変わりうるということです。比較としてapples to applesではなく、apples to orangesになってしまっているのです。

　多くの統計ソフトでは係数の比較ができるように強制的に単位を揃えて（平均がゼロ、標準偏差が1になるように標準化）回帰分析を行った結果を同時に示して

204 | 第Ⅱ部　比較の技術

図表6-23　マンション賃料の重回帰分析（Excel統計の場合）

回帰式の精度

重相関係数		決定係数		ダービン＝ワトソン比	AIC
R	修正R	R2乗	修正R2乗		
0.9597	0.9565	0.9211	0.9149	1.8652	777.2044

回帰式の有意性（分散分析）

要因	平方和	自由度	平均平方	F値	P値
回帰変動	44,083,680,660	3	14,694,560,220	147.8605	0.0000
誤差変動	3,776,486,580	38	99,381,226		
全体変動	47,860,167,240	41			

回帰式に含まれる変数（偏回帰係数・信頼区間等）

変数	偏回帰係数	標準誤差	標準偏回帰係数	偏回帰係数の95%信頼区間	
				下限値	上限値
徒歩（分）	−2,988.29	526.18	−0.26	−4,053.49	−1,923.09
築年数（年）	−1,639.26	149.52	−0.59	−1,941.95	−1,336.56
専有面積（㎡）	1,847.19	233.69	0.43	1,374.11	2,320.26
定数項	112,084.88	9,925.82		91,991.12	132,178.64

	偏回帰係数の有意性の検定		＊： P<0.05	目的変数との相関		多重共線性の統計量	
変数	F値	t値	P値 ＊＊： P<0.01	単相関	偏相関	トレランス	VIF
徒歩（分）	32.25	−5.68	0.0000 ＊＊	−0.36	−0.68	0.98	1.02
築年数（年）	120.19	−10.96	0.0000 ＊＊	−0.84	−0.87	0.72	1.39
専有面積（㎡）	62.48	7.90	0.0000 ＊＊	0.78	0.79	0.71	1.41
定数項	127.52	11.29	0.0000 ＊＊				

図表6-24　マンション賃料の重回帰分析（徒歩を秒に変えた場合）

変数	偏回帰係数	標準誤差	標準偏回帰係数
徒歩（秒）	−49.80	8.77	−0.26
築年数（年）	−1,639.26	149.52	−0.59
専有面積（㎡）	1,847.19	233.69	0.43
定数項	112,084.88	9,925.82	

くれます。上記の結果では、「標準偏回帰係数」がこれにあたります。標準偏回帰係数の絶対値の比較結果から、家賃に最も効いているのは、実は築年数であるということがわかります。

　Excelでは残念ながら、この標準偏回帰係数の分析結果を出せないのですが、図表6-23のt値の絶対値の大小で大まかな傾向がつかめます。t値の絶対値は

図表6-25　各説明変数（最大値―最小値）の家賃への影響

築年数が10.96と最も大きくなっており、標準偏回帰係数での分析結果と対応しています。

標準偏回帰係数もt値も、影響力の大小は教えてくれるのですが、それによってどの程度結果が異なるのかは、すぐにはピンとこないのも事実です。家賃にどのくらい影響があるのかを見るには、たとえば、それぞれの説明変数のデータの実際の最大値と最小値から結果への影響を具体的に見てみたほうがわかりやすいです。

図表6-25は、各説明変数の実際の最大値と最小値を使って別途回帰式で計算した家賃にどのくらい差があるかをグラフにしたものです。築年数による影響が最も大きく、家賃では6万4000円ほどの差を生じていることがわかります。

■■3-3　サンプルサイズ（データ数）はどのくらいあればよいのか？

さらに授業で多く受ける質問の1つが、「分析にあたって、どのくらいデータ数があればよいのでしょうか？」というものです。

まず、最低でもデータ数（n）は説明変数の数（p）より2以上大きい必要（n＞p＋1）があります。これよりデータ数が少ない場合は、回帰式が計算できません。

このことは単回帰分析をイメージすると、たとえば図表6-12のとおり、わかりやすいかもしれません。説明変数が1つですからデータ数は最低でも3つ必要だということがわかります。もしデータ数が2つだとすると、必ずこの2点を通る直線が引けてしまいますから、回帰分析自体が無意味になってしまいます。

206 第Ⅱ部　比較の技術

　一般にいえるのは、データ数は多いほうがよい、ということです。あまりに
データ数が少ないと、回帰分析の結果が1つ1つのデータに大きく依存すること
になり、ちょっとしたデータの変化によって回帰分析の結果もまた大きく変化し
てしまう可能性があるからです。一般的には、可能であれば説明変数の数の10
倍程度のデータ数は必要だといわれています。

■■3-4　予測力はどう測るか

　いくつかの回帰式から最も良いものを選択する際、Excelの分析ツールを使っ
た分析結果では、補正R2（自由度調整済み決定係数）の最も大きいものを選択す
れば大丈夫です。

　しかし、ビジネスにおける予測という視点で、R^2 ではどの程度の精度で予測
できているのかが、なかなかわかりにくいのも事実です。たとえば事例として
使ってきた家賃のケースでは、「選ばれた予測式の補正R2が0.914でした」と
部下から報告を受けてすぐに予測誤差の精度をイメージできる上司は多くはい
ないでしょう。

　予測精度について賃料のケースでは、比率で捉えたほうがわかりやすいと思
います。ここでは、誤差の比率を使って予測の精度を表現してみましょう。方
法はきわめて簡単です。予測誤差の絶対値を実際の値で割って比率を計算し、
その平均をとるのです。この方法はMAPE（平均絶対誤差率：Mean Absolute
Percentage Error）と呼ばれています。

> **MAPE＝{| 回帰式で計算した予測値－実際の値 |÷実際の値} の全データ
> 平均値**

　家賃のケースで最終的に選択した回帰式（南向きのダミー変数を除いたもの）で
MAPEを計算すると、予測誤差は7.4%であることがわかります。

　一方、最初に専有面積だけを使った単回帰では、この平均誤差率は15.1%で
したので、重回帰分析によって大きく予測精度が上がっていることがわかりま
す。参考に、単回帰でのMAPEの計算例を示しましょう（図表6-26）。

第6章 数式に集約して「比較」してみる（回帰分析とモデル化）　207

図表6-26　単回帰でのMAPE計算例

No.	実データ a	回帰分析での予測値 b	誤差 c＝b－a	MAPE（＝c/aの絶対値）
1	69,000	87,777	−18,777	27.2%
2	70,000	73,283	−3,283	4.7%
3	80,000	92,743	−12,743	15.9%
4	84,000	106,600	−22,600	26.9%
5	87,000	91,703	−4,703	5.4%
6	116,000	117,572	−1,572	1.4%
7	119,000	101,433	17,567	14.8%
40	170,000	147,803	22,197	13.1%
41	178,000	157,130	20,870	11.7%
42	169,000	114,787	54,213	32.1%
			平均→	15.1%

■■■**3-5　重回帰分析における説明変数の選び方**

　解釈や説明の難易度を考えると、回帰式は説明変数の少ないできる限りシンプルなほうが便利です。説明変数の選択には大別すると、2種類の方法があります。

　①仮説ベース
　②探索ベース（自動選択）

　①の方法は、因果関係に関する仮説を立て、その検証を繰り返すことから、変数を選択する方法です。ワンルームマンションの賃料のケースは、これにあたります。得られる回帰式の説明力は、必ずしも最高値ではない可能性がありますが、なぜその変数が採用されているのかが理解しやすく、説明しやすいという特徴があります。

　②の方法は、一般にステップワイズと呼ばれています。可能性のある説明変数の候補をすべて投入し、あとはソフトウェアが一定の基準で最適と思われるモデルを選択していくものです。得られる回帰式の説明力は高いのですが、なぜその変数が採用されているのかが説明しにくいという側面があります。

　どちらの方法にも一長一短があるのですが、変数の自動選択が実際には多用されています。

　R、SASやSPSSをはじめとする統計用ソフトウェア、あるいはExcel統計などのExcelの市販アドインソフトには通常、説明変数の自動選択の機能があり、

自動的に変数を選択してくれます。

　残念ながらExcelには、この変数の自動選択機能はないのですが、マニュアル操作で擬似的な変数選択が可能です。具体的には全変数を入れたモデルから変数を除いていく変数減少法という方法です。

【変数減少法による自動的な変数選択（Excelを想定）】

①仮説を持って目的変数、説明変数の候補群を抽出する。

②変数減少法で説明変数を絞り込む。

・分析ツールの相関を用い、相関行列を作成する。多重共線性（巻末付録を参照）を防ぐために、相関係数が0.9以上の変数は、この段階でどちらかを説明変数から外す（通常は原因系を残す）。

・最初に、すべての説明変数を用いて分析ツールから回帰分析を実行する。

・結果のうち最もP値の大きい説明変数を1個除いて回帰式を作り、これを説明変数が1つになるまで繰り返す。

・補正R2が最大となったモデルを選択する。

・確認：モデルの各説明変数のP値がおおむね10％より小さくなっているか？

　先ほどの家賃の分析で、徒歩での所要時間、築年数、専有面積、南向きが変数の候補として挙がっている中で最適なモデルを実際に上記の変数減少法を使って選んでみましょう。最初に全変数を使って回帰分析を行います。

　図表6-27のとおり、この段階で最もP値が大きい（0.88）のは南向きのダミー変数ですので、この南向き変数を除いて次のステップの回帰分析を行います。この2つ目のステップで最もP値の高いのは徒歩所要時間ですので、それを除いて次のステップへ移ります。最後のステップでは専有面積が最もP値が大きいので、これを除いて築年数のみで最終ステップの分析を行います。

　この手順を繰り返し、結果をまとめると、図表6-28のようになります。最適な回帰式の選択には、Excelでは補正R2（自由度調整済み決定係数）を使います。ここでは変数が3つ（徒歩、築年数、専有面積）のモデルが最も補正R2が高く、最適であることがわかります。

第6章 数式に集約して「比較」してみる（回帰分析とモデル化） | 209

図表6-27　全変数を使った回帰分析（変数減少法の最初のステップ）

	回帰統計
重相関 R	0.960
重決定 R2	0.921
補正 R2	0.913
標準誤差	10099.931
観測数	42

	自由度	変動	分散	観測された分散比	有意F
回帰	4	4.49E+10	1.1021E+10	108.04	7.051E−20
残差	37	3.774E+09	102008604		
合計	41	4.786E+10			

	係数	標準誤差	t	P－値	下限95%	上限95%
片道	112,251.20	10,120.67	11.09	3E−13	91,744.78	132,757.63
徒歩（分）	−2,991.14	533.45	−5.61	2E−06	−4,072.01	−1,910.26
築年数（年）	−1,636.02	153.10	−10.69	7E−13	−1,946.24	−1,325.80
専有面積（㎡）	1,843.80	237.89	7.75	3E−09	1,361.79	2,325.82
南向き	-571.23	3,918.12	−0.15	0.8849	−8,510.10	7,367.64

図表6-28　変数減少法による分析結果

ステップ	補正R2	R2	徒歩（分）	築年数（年）	専有面積（㎡）	南向き
1 全変数	0.91261	0.92114	✓	✓	✓	✓
2 1変数減	0.91486	0.92109	✓	✓	✓	
3 2変数減	0.84664	0.85412		✓	✓	
4 3変数減	0.69160	0.69912		✓		

■■3-6　予測か、因果的な説明か？

　日本の品質管理に大きな影響を与えた統計学者のエドワード・デミングは次のように語ったといわれています。

　「統計学者が唯一役に立つのは予測である。予測によってアクションのための根拠を与えることだ（The only useful function of a statistician is to make prediction,

210 | 第Ⅱ部 比較の技術

図表6-29 回帰分析の目的に対する適合度

	予測	（因果的）説明
単回帰分析	○	○
重回帰分析	◎	△

（注）通常、説明変数間に相関があるためモデル作成には注意が必要。

and thus to provide a basis for action）」

　回帰分析の目的は2つに大別することができます。1つはデミングが語っていたとおりの「予測」であり、もう1つが因果関係を定量的に「説明」し、アクションに結びつけることです。どうしても人は因果的な説明があって初めて納得するところがあり、回帰分析の結果も、ともすれば因果的な説明に使いたくなります。

　しかし、結論から申し上げると、皆さんが論文を書いて因果関係を示したいというのでなければ、ビジネスの文脈での回帰分析は、予測目的での利用を主として考えることをお勧めしたいです（図表6-29）。以下、その理由を3つ述べましょう。

　1つ目に、回帰分析でわかることは、あくまで変数間の共変性、相関であり、必ずしも因果関係そのものとは限らないことには注意が必要です。先に紹介した夏場のアイスクリームとビールの売上は相関が高いとされています。仮にこの相関関係を用いて、回帰分析から、

　　　アイスクリームの売上＝α×ビールの売上＋β

という式が得られたとします。この式自体はビールの売上からアイスクリームの売上を予測するのに使うことは全く問題ありません。

一方、この式をビールの売上を増やすためのアクションに使おうとした瞬間に、おかしなことが起こります。ビールの売上を増やすためにアイスクリームを拡販すればよいとはなりませんね。というのも、アイスクリームとビールの売上には直接的な因果関係はなく、双方に因果関係のある気温という第三因子のために相関しているだけだからです。

2つ目の理由は、巻末の付録に記述した「多重共線性」の問題です。説明変数を予測に使う場合、多重共線性は気にしなくてもよいのですが、因果的な説明に使おうとした場合、気にしないわけにはいかなくなります。

というのも、多重共線性がある場合、偏回帰係数の計算結果が不安定（データが少し異なるだけで係数が大きく動くこと）になるので結果、ちょっとしたデータの違いで係数の符号の正負が逆転するといったことが起こります。これでは、結果を出すためにどのような打ち手を打てばよいのかが全くわからなくなってしまいます。

3つ目の理由は、説明変数間の関係性にかかわるものです。複数の説明変数がある場合、実は説明変数間に相関や実際に因果関係があることが多くあります。このため、回帰分析の結果だけから、どの変数がどれだけ因果的に効いているのかの判断を難しくすることがよくあるのです。説明変数の数が増えるに従って、このような関係性の把握がきわめて難しくなるであろうことは想像に難くありません。

重回帰分析の式の係数は、それぞれが単独に独立（他の変数は変わらないという前提）に動いた場合に目的変数に与える効果を示しています。実際のビジネスで観察されるデータは、研究室での実験とは異なり、説明変数相互に相関があることも多く、説明変数が増えれば増えるほど、回帰式の係数の解釈はきわめて難しくなります。具体的な数字を使った事例に興味のある方は、巻末の付録を参照してください。

これら3つの理由から、因果関係を立証するために周到に準備した実験ならばともかく、ビジネスにおける回帰分析では、このような係数の解釈にあまり注意を払わなくてもよい予測主体の利用をお勧めします。

212 | 第Ⅱ部　比較の技術

■■3-7　重回帰分析のパワー

【学習における振り返りは効果があるのか？——説明のパワー】

　第1章で紹介した振り返りの話を覚えていますか？

　近年、学習における振り返り（学んだことを自分の中で考え整理統合する）の重要性が強調されています。私が教えているビジネススクールでも、授業の後に学習内容を振り返ることを繰り返し、学生に推奨しています。さらに1人で振り返るだけではなく、メーリングリスト上で他の学生と共有することや、学生同士の勉強会などの場で教え合うことも強く勧めています。

　しかし、こうした振り返りや、共有といった学習スタイルは、はたして本当に学習効果につながるのでしょうか。実際に現場での振り返りの効果を重回帰分析によって分析した内容を図表6-30で見てみましょう。

　グローバル企業にBPO（ビジネスプロセス・アウトソーシング）サービスを提供しているインドのウィプロ社でのケースです。同社はカスタマーサポートや、データ入力、処理などの業務を請け負っている企業です。西欧のIT企業向けのサービスにあたる新人に対するテクニカル研修で、

　　①研修のみで何もしなかった場合
　　②振り返りを実施した場合
　　③振り返り＋他者との共有

の3パターンで実施した研修効果を重回帰分析によって評価しています。

　振り返りは、具体的には研修後に15分、「主たる学びが何だったか、少なくとも2つ書き留める」時間をとって行われ、さらに振り返りを共有するグループは振り返った内容を他の参加者に口頭で説明することが求められました。

　トレーニング終了時の100点満点のアセスメントテストの結果が目的変数です。説明変数として、年齢、性別、以前の経験、振り返り、共有の有無が使われています。ここで、振り返り、共有の有無については、先ほど説明した「ダミー変数」が使われています。

　結果の表からわかることは、振り返り、共有については、振り返りの効果は

第6章　数式に集約して「比較」してみる（回帰分析とモデル化）　213

図表6-30　振り返りの結果

	モデル1				モデル2			
	係数	標準誤差	t値	p値	係数	標準誤差	t値	p値
年齢	−1.392	0.455	−3.1	<1%	−1.024	0.413	−2.5	<5%
性別（ダミー変数）	−4.795	3.509	−1.4		−3.910	3.214	−1.2	
以前の業務経験（月数）	0.171	0.057	3.0	<1%	0.135	0.052	2.6	<1%
振り返り（ダミー変数）					15.076	2.882	5.2	<0.1%
振り返り＋共有（ダミー変数）					16.549	2.987	5.5	<0.1%
定数項	100.259	11.033	9.1	<0.1%	80.459	10.505	7.7	<0.1%
サンプルサイズ	144				144			
自由度調整済み決定係数	0.065				0.259			

（注）平均点は66.1点。
（出所）Giada Di Stefano et al. (2014) "Learning by Thinking: How Reflection Aids Performance," Harvard Business School Working Paper.

全体の平均点66.1点に対して、振り返りがあった場合は、15.1（係数より）÷66.1＝22.8％程度の向上効果があり、さらに振り返った内容を共有した場合には、16.5（係数より）÷66.1＝25.0％程度の向上効果があったことがわかります。

【ワイン評論家にワイン方程式は勝てるか？──予測のパワー】

今度は別の話題にしてみましょう[9]。皆さんはワインはお好きですか？

フランス、ボルドーは世界的に有名な赤ワインの産地です。ボルドー産の赤ワインは醸造間もない頃は渋みが強いのですが、時間が経ち、熟成するに従って渋みが消え、美味しくなっていきます。したがって、若いワインだけではなく、何十年も熟成したワインも積極的に取引されています。しかし、その価格は図表6-31に示したとおり、年によって大きく異なることから、ある年に製造されたワインが将来価値を生むかどうかは投機的な要素が避けられません。

ワインの著名な評論家はテイスティングを行って、「鼻」で当該年のワインが

9　イアン・エアーズ（2010）『その数学が戦略を決める』文春文庫。

214 | 第Ⅱ部 比較の技術

当たり年で将来価値を持つのかどうかを予測するわけですが、結局のところ、何がワインの価格に効いているのかはわからないままでした。

これに挑んだのがプリンストン大学の経済学者だったオーリー・アッシェンフェルターです。彼は産地の天候が効いているのではないかという仮説の下、重回帰分析を用いてワイン価格の予測式（ワイン方程式）[10]を作りました。

ワインの相対価格　log（当該年産のワインの平均価格／1961年産ワインの平均価格）
＝0.0238×ワインの年齢＋0.616×平均気温（4月〜9月）−0.00386
　　×雨量（8月）＋0.001173×雨量（前年10月〜3月）−12.145
決定係数R^2＝0.828
※ワインの原料となるブドウの収穫時期は9〜10月

分析結果からわかることは、ワインの相対価格はワインの年齢に加え、ワインが作られた年のブドウの成長期間の平均気温と収穫直前の雨量に加え、その前年の冬の時期の雨量で、ほぼその分散の80％が説明できてしまうということです。

この予測式について、1990年当時、たとえば著名なワイン評論家のロバート・パーカーは「ludicrous and absurd（滑稽で馬鹿げている）」とコメントしていました[11]。しかし、このときワイン方程式を使ってアッシェンフェルターが行った2つの予測、

①ロバート・パーカーの高評価にもかかわらず、1986年は平凡な出来になる。
②（樽詰めされたばかりで評論家も味わっていない）1989年はとても良い出来になる

が図表6-31からもわかるように的中したことによって、この重回帰分析の精度が世間に認められることになるのです。

10　Orley Ashenfelter (2008) "Predicting the Quality and Prices of Bordeaux Wines," *Economic Journal* 118 (529): F174-F184.
11　"Wine Equation Puts Some Noses Out of Joint," *New York Times*, Mar. 4, 1990.

第6章　数式に集約して「比較」してみる（回帰分析とモデル化） 215

図表6-31　ボルドー産ワイン（シャトー・ペトリュス）のヴィンテージ別価格例（750mlボトル）

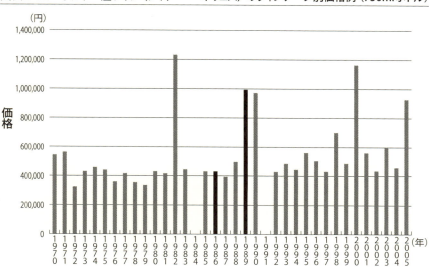

（出所）通販サイトでシャトー・ペトリュスの価格データをもとに作成。一部の年はデータ欠損。

> **COLUMN　ロジスティック回帰分析で見るスペースシャトル事故**
>
> 　重回帰分析では、通常は目的変数として量的な連続データを扱うのですが、目的変数としてたとえば試験に受かる、受からない、といった2値の質的な変数を使う（ロジスティック回帰）ことで発生確率を計算することが可能です。
> 　特に医療分野では、治療効果を評価するために、目的変数として、たとえば、「生存／死亡」、「発症の有／無」といった変数を用いて、ロジスティック回帰分析による分析が多用されています。
> 　第1章で見たスペースシャトルの事故を、ここではロジスティック回帰を使って分析してみましょう。ロジスティック回帰分析を使うと、Oリングの不具合の発生確率を式の形で計算することができます。使うデータは図表6-32にあるとおり、23回の打上げデータです。目的変数として不具合の発生

216 | 第Ⅱ部　比較の技術

(1)、発生しない (0)、さらに説明変数として当日の気温 (℃) を使います。

残念ながら、Excelにはロジスティック回帰分析の機能がないのですが、ここでは市販のアドインソフトであるExcel統計を使った結果を見てみます。

式にちょっと自然対数 (ln, exp) が出てきますが、少しだけ目をつぶって我慢してください。ここではpが確率になります。

$$\ln\left(\frac{p}{1-p}\right) = -0.403 \times 気温(℃) + 7.29$$

この式を確率の形に書き直すと次の式の形になります。

$$p = \frac{1}{1 + \exp(0.403 \times 気温(℃) - 7.29)}$$

事故当日の気温、−0.6℃を式に入れると、不具合の発生確率は99.9％と

図表6-32　打ち上げ時の温度とOリング不具合の発生状況

打ち上げ	ジョイントの温度（℃）	Oリングの不具合有無
STS-1	18.9	0
STS-2	21.1	1
STS-3	26.7	0
STS-5	20.0	0
STS-6	19.4	0
STS-7	22.2	0
STS-8	22.8	0
STS-9	21.1	0
STS 41-B	13.9	1
STS 41-C	17.2	1
STS 41-D	21.1	1
STS 41-G	19.4	0
STS 51-A	19.4	0
STS 51-C	11.7	1
STS 51-D	19.4	0
STS 51-B	23.9	0
STS 51-G	21.1	0
STS 51-F	27.2	0
STS 51-I	24.4	0
STS 51-J	26.1	0
STS 61-A	23.9	1
STS 61-B	24.4	0
STS 61-C	14.4	1

（出所）UCI Machine Learning Repositoryより著者作成。

計算されます。ロジスティック回帰分析からは、ほぼ間違いなく不具合が生じたであろうことが予測可能だったのです。

　ロジスティック回帰分析は、このように現象の発生確率を計算できることから、経営分野でもたとえば、特定のマーケティング施策に対する顧客の行動有無などを分析することで、顧客ごとの反応を予測することが可能です。

4 ｜ モデル化──関係性を演繹的に数式化する

■■4-1　フェルミ推定

　回帰分析による関係性の数式化は、実際のデータをもとに、その背景にある関係性を帰納法的に記述する方法でしたが、それに対してモデル化は、演繹的（必ずいつでも成り立つ形）に関係を数式化する手法です。

　「シカゴのピアノ調律師の数は？」「日本にある電信柱の数は？」「日本の年間の新車の販売台数は？」といった、一見すぐには見当のつかないような数字を知っている数字から組み立てて推測する、いわゆる「フェルミ推定」と呼ばれている考え方も、まさにこのモデル化にほかなりません。

　第1章で紹介したアインシュタインの言葉を再掲すると、

　　「もしあなたが簡単に説明することができないのなら、あなたは十分にわかっていないということです（If you can't explain it simply, you don't understand it well enough.）」

なのですが、モデル化は一見複雑に見えるビジネスの仕組みを、まさにモデルという形でシンプルに表現することで、ビジネスの本質に十二分に迫ろうとするもの、ともいえます。

　実は「シカゴのピアノ調律師の数は？」という質問は、シカゴ大学で世界最初の原子炉の開発を行った、ノーベル物理学賞受賞者のエンリコ・フェルミが

図表6-33　ピアノの調律師のモデル化

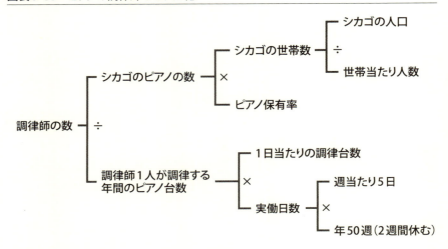

授業で学生に対してしたとされる有名な問いかけです。

当惑する学生たちにフェルミは、ピアノ調律師の数をどのように見積もったらよいか、以下のような説明をしたとされています[12]。

①シカゴの人口は300万人である。
②もし平均的な世帯が4人家族だとするとシカゴの世帯数は75万世帯。
③もし5世帯に1世帯がピアノを持っているとすると、75万÷5で15万のピアノがシカゴにある。
④ピアノは平均すると1年に1回調律する。
⑤もし、調律師が平日に1日4台の調律をして夏に2週間休んだとすると、年間の調律台数は4台／日×5日／週×50週で1000台となる。
⑥したがって、15万台÷1000台＝150人

かなりざっくりとした計算ですが、すぐにわかる数字といくつかの前提から答えが導き出されています。数倍程度の誤差はあるかもしれませんが、調律師

12　http://www.grc.nasa.gov/WWW/k-12/Numbers/Math/Mathematical_Thinking/fermis_piano_tuner.htm

図表6-34　外食レストランの売上げのモデル化

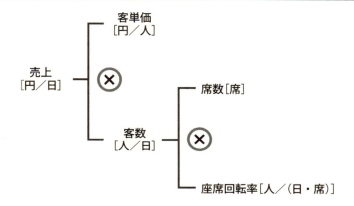

の数が15人や1500人ということは考えにくいですね。すなわち、おそらく10倍の誤差はないぐらいの精度はあるのではないでしょうか。

私たちはともすると情報がないと考えられない、という状態になりがちですが、知っている数字を組み合わせることで、かなりいろいろなことが数字で推論可能です。

図表6-34のように、シンプルな「売上＝客数×客単価」をはじめとして、関心のある結果を式の形に分解することをモデル化と呼んでいます。また、「因数分解」とも呼んでいます。

一見複雑な事象をシンプルに捉えようとするモデル化の考え方はきわめて汎用性が高く、

①ビジネスのメカニズム・収益構造などを多面的な角度から捉えることができる
　→当該ビジネスの仕組みや特性を再確認・発見し、必要な打ち手につなげていく
②予測や感度分析に活用できる
　→経営資源の配分や、リスク管理、ビジネスモデルの再構築などに活用できる

といったことに応用が可能です。

たとえば、ほとんどのビジネスが何らかのサービスや製品をユーザーに売るわけですが、この際、そもそも全体の市場規模がどのくらいか、といったことはビジネスを始める前に考える必要があります。それによって必要となるビジネスの戦いの大きさ、ひいては必要な資源の大きさが大きく変わってくるわけですから。

その場合、最初に思い浮かべるのは、どこかに市場規模に関する調査データがあるのではないかということです。ただし、すでに公的なデータがある、ということは、そのマーケットはどちらかというと出来上がった市場だと考えたほうがよいかもしれません。多くの皆さんが取り組むのは、おそらく新しいマーケット、すなわち、公的なデータがないマーケットでしょう。その場合でもモデル化、フェルミ推定を使うことで、市場規模をおおよそ見積もることができるのです。

ここでは、外食産業をイメージして、簡単なモデル化で売上を増やすためのアクションを構造的に考えることにチャレンジしてみましょう。

皆さんはある外食レストランの店長です。最近、売上の低迷が続いており、どのようにして売上を増やせばよいか、頭を悩ませています。モデル化を使って、どのようなアクションの方向性があるのか考えてみることにします。

外食産業の売上はいろいろな形の式に分解可能ですが、ここでは、顧客とさらに設備である座席数に着目してモデル化してみましょう。式にはいろいろな形がありうるのですが、どの業界でもだいたい売上を見るときに必ず注目する数字（外食ではたとえば客単価など）があり、筋の良いモデル化にはそういった数字が何かをつかむ必要があります。

1日の売上は客数に1人の1回当たりの食事金額である客単価を乗算して算出できます。さらに1日の客数は各座席に1日に何人が座って食事をしてくれたか（座席回転率）に座席数を乗じると計算できます。

シンプルなモデルですが、これを左から右に見ていくと、まず売上を増やすためには、客単価を増やすか、あるいは客数を増やすしかありません。

さらに客数を増やすためには、店舗当たりの座席数を増やすか、座席回転率を上げて、できるだけ多くの人に食事をしてもらうしかないことがわかります。座席数は開店時の設備で決まってしまうので、すぐにはあまり増やせないとす

図表6-35　モデルからアクションを導く

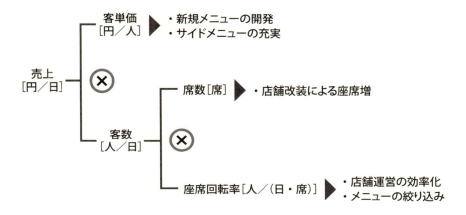

ると、当面、売上を上げるには、モデルから、

- 客単価を上げる
- 座席回転率を上げる

を狙って具体的なアクションを考えるしかないことがわかります（図表6-35）。
　たとえば新規メニューの開発によって客単価を上げる、あるいは徹底的にシステム化、マニュアル化によりサービスの効率化を図って座席回転率を上げるといったアクションが考えられます。モデル化により売上増のためにどのようなアクションをとればよいのかが具体的に見えてきました。
　では、外食業界全体を見渡したときに、モデル化からわかったこのような売上増のためのアクションの方向性が、実際にどのように選択されているかをグラフで見てみましょう。
　図表6-36は、実際の外食産業の業態別の客単価と座席回転率の関係を散布図にしたものです。このグラフから、実際には客単価と座席回転率を同時に上げることは難しく、ディナーレストランのように客単価を上げることに専念するか、あるいはファーストフードのように座席回転率を上げるか、のどちらかに方向性を絞り込まざるをえないことがわかります。

図表6-36　平均客単価（円／人）×座席回転率（人／日）

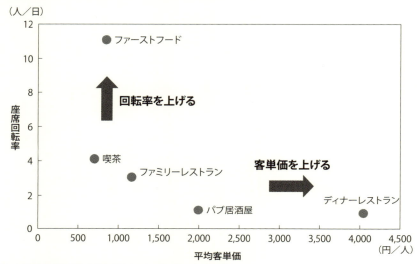

（出所）「外食産業経営動向調査報告書」（平成25年3月）より著者作成。

■■4-2　利益の方程式で考える利益の出し方

　ビジネスで最終的に問われるのは、「どうしたら利益を出せるのか？」ということに尽きます。それでは、利益を出すためにはどうしたらよいのでしょうか。ここでは、これ以上簡単にはできないぐらいに、シンプルにモデル化、因数分解で考えてみましょう。これは利益の方程式と呼ばれているものです。

　たとえば、次の2つのモデルは両モデルとも利益が目的となっています。最初の式[13]は商品の数量に着目したモデルですが、2つ目のモデル[14]は顧客単位にまとめ、細かい点は捨象しつつ、利益に対する感応度が高い（影響の大きそうな）と思われる要因にフォーカスしたものです。

　　利益＝（売価－変動費）×販売数量－固定費
　　利益＝（顧客単価－顧客獲得コスト－顧客原価）×顧客数

13　河瀬誠（2003）『戦略思考コンプリートブック』日本実業出版社。
14　勝間和代（2008）『勝間式「利益の方程式」』東洋経済新報社。

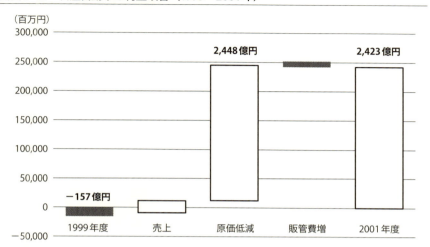

図表6-37　日産自動車の利益改善（1999〜2001年）

（出所）SPEEDAより著者作成。

　どちらのモデルも、利益を上げるためにどの要素をコントロールすればよいか、一見複雑に見えるビジネスの本質をきわめてシンプルに表現してくれています。たとえば最初のモデルを使うと、カルロス・ゴーン氏の下、2000年から始まった日産リバイバルプランでの利益の急速なV字回復をよりよく理解することができます（図表6-37）。

　日産自動車（単体）は1999年度には営業利益は157億円の赤字だったのですが、2年後の2001年度には2423億円の利益を出すまでに、＋2580億円の収益の大幅な改善を遂げています。リバイバルプランの下、購買コストを2002年までに対1999年度で20％削減（サプライヤー数の半減など各種施策による）しており、原価削減による利益改善の効果がきわめて大きかったことがわかります。

　ここでは、2つ目の勝間和代氏の『勝間式「利益の方程式」』をもとに、利益を増やすために必要なアクションとの関係を一緒に見てみましょう。

　2つ目のモデルから、利益を増やすためには、次のように、

①顧客単価を増やす
②顧客獲得コストを減らす

図表6-38　コンビニエンスストアのモデル化

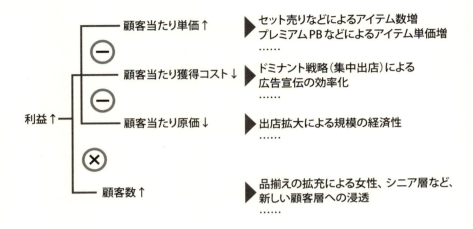

③顧客原価を減らす
④顧客数を増やす

という4つの方法に集約されることがわかります。
　ここでは、皆さんの身近にあるコンビニエンスストア・チェーンが利益を上げるために、どのようなアクションをとっているかをこのモデルを使って考えてみましょう（図表6-38）。顧客当たりの単価を上げるためには、購入頻度を上げるととともに、毎回の購入時に購入する品目数（アイテム数）を増やすか、1品当たりの単価（アイテム単価）を増やすといった方向が考えられます。
　コンビニではアイテム数を増やす（もう1品買ってもらう）ために、どのようなことをしているでしょうか。たとえば、レジ周りを見てみると、どんな商品がありますか。小銭程度で買えるスイーツであったり、小腹を満たす唐揚げなどのいわゆるカウンター商材だったり、ついで買いを誘う商材が並んでいます。
　一方、アイテム単価を増やすためにどのようなアクションが取られているでしょうか。たとえばコンビニのPB（プライベートブランド）を見てみましょう。通常PBというと、ナショナルブランドより安価で同様なものが購入できる、という点がウリだったのですが、コンビニのPBでは、たとえば「セブンゴールド」

といった形でむしろ品質にこだわり、単価をより上げる方向の商品ラインが投入されています。

それでは、購入頻度を増やすためには、どんなことが行われていますか。

2013年『日経トレンディ』誌のベストヒット1位はコンビニコーヒーでした。コンビニでの淹れたてのコーヒー導入には、いくつかの狙い（利益率、併買による客単価向上など）があると考えられています。習慣性（？）のあるコーヒーは、他の商品に比べリピート率が高く、結果として、顧客の固定化を図り、来店頻度、購入頻度を高める効果も見込めることがわかります。

■■4-3　モデル化で見る日米自動車産業のアプローチの違い

東京大学の藤本隆宏教授は著書『能力構築競争』の中で、自動車産業の生産性向上における日米のアプローチの違いをこのモデル化を使って説明しています。ここで紹介してみましょう（図表6-39）。

自動車の生産工程における生産性について考えます。生産性は時間当たりの生産量ですので、

$$生産性＝\frac{生産量}{労働時間}$$

という形で式にすることができます。

ところが、労働時間のすべてを自動車の生産に使っているかというと、必ずしもそうではないのです。実際には生産に直接貢献しない、ある意味で無駄な時間がどうしても発生してしまいます。これには、たとえば、

　故障時間（設備が故障で動かない）

　段取り替時間（生産品種の切り替えでラインが動かない）

　手待ち時間（部品待ちなどで作業者が動けない）

などといった時間が含まれます。ここでは、そういった無駄な時間を除いたものを「正味作業時間」と呼ぶことにしましょう。

そうすると、先ほどの生産性は、

図表6-39 モデル化で考える自動車産業の労働生産性

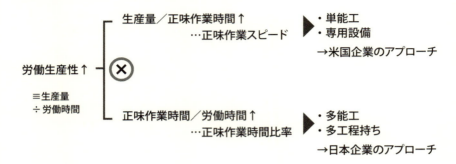

$$生産性 = \frac{生産量}{正味作業時間} \times \frac{正味作業時間}{労働時間}$$

という形に分解することができます。このうち、前者の（生産量÷正味作業時間）は「正味の作業スピード」を、また、後者の（正味作業時間÷労働時間）は「正味作業時間比率」を表していると解釈することができます。したがって、生産性を向上させるためには、モデルからは「正味の作業スピード」を向上させるか、あるいは「正味作業時間比率」をあげるかの2つのアクションが可能であることがわかります。

「正味作業スピード」を上げるためにはどうすればよいのでしょうか。これには、たとえば、作業者が1つの作業に専念できるような単能工化や専用設備の導入によってラインのスピードを上げることで生産スピードを上げる、といったアプローチが必要になってくるのですが、まさにこれが米国の自動車メーカーのとったアプローチです。

一方、「正味作業時間比率」を上げるためには、どのようなアクションが必要なのでしょうか。こちらは先程とは対照的に、多能工化により1人の作業者が複数の作業をこなす、あるいは、複数の工程を担当する多工程持ちといったアプローチによりムダな時間を少なくする工夫がとられてきました。これがまさに「トヨタ生産方式」に代表される日本の自動車メーカーのアプローチにほかなりません。

モデルからは、どちらのアプローチでも生産性は上がるはずなのですが、実

図表6-40　デュポン分析

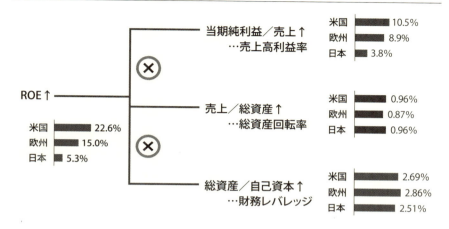

（出所）経済産業省経済産業政策局「企業と投資家の望ましい関係構築」プロジェクト資料より著者作成。2012年暦年ベース。金融不動産除く。TOPIX500、S&P500、Bloomberg European500企業。

際の戦後の日米自動車メーカーのたどった道筋を考えると、「少なくとも生産性に関しては後者（日本）のアプローチのほうがより高い成果を生んできたことは、トヨタ生産方式の成果でも明らかである」[15]ということになりそうです。

■■4-4　デュポン分析で見る日米欧のROEの差異要因

　企業の収益性分析によく使われる指標の1つにROEがあります。ROEは株主の持ち分である株主資本が、どれだけの利益を上げているのかを示す指標で、株主資本利益率とも呼ばれています。日本企業はこのROEが欧米企業に比べて低いことが知られていますが、その要因をモデル化によって分析してみましょう。

　ROEの因数分解にはデュポン社で使われていたといわれるデュポン分析というモデル化がよく使われています。これは、図表6-40に示すとおり、売上高利益率、総資産回転率、財務レバレッジに分解して分析するものです。このうち、財務レバレッジは企業がビジネスに使うお金をどのように調達している（負債を

15　藤本隆宏（2003）『能力構築競争——日本の自動車産業はなぜ強いのか』中公新書。

うまく活用している）のか、総資産回転率は資産を効率的に活用して売上を上げているのか、そして売上高利益率は利益率を重視した経営を行っているのか、を指標として示しています。

図からもわかるとおり、日本企業のROEは2012年の平均で5.3％と米国企業の22.6％、欧州企業の15.0％に比べて低くなっています。モデル化から、このROEの差が主として売上高利益率の差から生じていることがわかります。

章末問題

1 次のグラフは、2013年に実施された全国学力・学習状況調査の結果です。朝食を毎日食べているか、という質問に対する回答群別に国語、算数の試験の平均正答率（％）の違いを見たものです。朝食をきちんと食べている子どもほど、算数、国語の両科目とも成績が良い傾向がある（相関がある）ことが明確に読み取れます。このデータをもとに、子どもの成績の良し悪しの原因は朝食をとる習慣の有無だと考え、子どもたちの成績を上げるために「朝食を食べよう」運動を行うべきだと考えました。はたして、結果につながりそうでしょうか。もし結果が出ないと考えるのであれば、なぜでしょうか。因果関係に関して、どのような可能性が考えられますか。

※国語、算数ともに、Aは主として「知識」に関する問題を中心とした出題、Bは主として「活用」に関する問題を中心とした出題。

2 日本にあるガソリンスタンドの数はいくつぐらいでしょうか？　モデル化（フェルミ推定）を使って考えてみてください。

「朝食を毎日食べているか」による平均正答率の違い

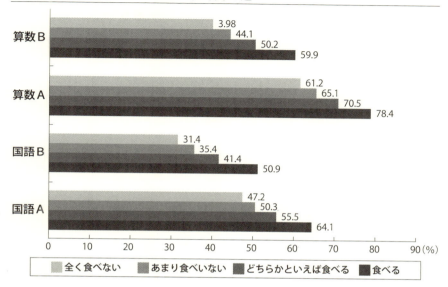

まとめ

最後までお読みいただき、ありがとうございました。

本書を通して、冒頭に説明したマトリックスのうち、数字が好きで、得意、という「数字の楽園」のポジションに少しでも近づいていただけたのであれば、私もとても嬉しいです。

最後に、本書のエッセンスを図にまとめてみました。改めてご自身の言葉で、説明できるかどうかをぜひ考えてみてください。最後にまたアインシュタインの言葉を引用します。

「もしあなたが簡単に説明することができないのなら、あなたは十分にわかっていないということです」

数字力が皆さんとともにありますように。May "numbers" be with you!

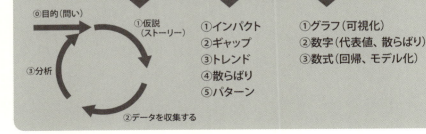

章末問題の解答例

 第1章の解答例

1. 資産運用の必要性の広告は何が課題か？

「分析は比較」なのですが、言いたいことから逆算して、何を比較するのかがきわめて重要になります。この広告が言いたいことは、「ボーナス運用マニュアルを読む→資産運用の必要性に気づく」という因果関係です。資産運用の必要性に関して、ボーナス運用マニュアルの効果を示すためには、ボーナス運用マニュアルがあった場合となかった場合の比較をする必要があります。

これにはたとえば、違う対象に対して、運用マニュアルを読んだケースと読まなかったケースで比較してみる、あるいは同じ人で、読む前と読んだ後で必要性に対する反応の変化を比較してみるといったことが必要になります。しかしながら、この広告では運用マニュアルを読んだ後の数字しか挙げていないため、本来必要な比較の要素が織り込まれていません。

また、この85.1％という数字にも注意が必要です。この数字は、資産運用に関して、

- 必要性を感じた
- 少し必要性を感じた

と答えた回答者の合計の比率となっています。

そもそも他には、どのような選択肢があったのでしょうか。残念ながら、この広告にはそこまで記述されていないのですが、必要性の大小について挙げられている選択肢から類推するに、もう1つは、

- 必要性を感じない

ではないでしょうか。

仮に資産運用の必要性についての選択肢が上記の3つだったとしたら、どの

ような回答になることが予想されるでしょうか。

　おそらく、この時代に資産運用の必要性を感じないという人は、少数派ではないでしょうか。特に、「少し」といった表現がついた「少し必要性を感じた」という選択肢は、白黒をはっきりさせなくて済むことから回答者の心理的負担が少なく、選びやすいと考えられます。最初から「少し」も含めて、必要性に気づくと集計するのであれば、大半の回答者が必要性を感じるという結果になるのはアンケート実施前から見えていることかもしれません。

2.　コエンザイムの広告は何が課題か？

　「不足する」ということを言うためには、必要量と摂取量の比較をする必要があります。この広告のデータでは、必要量が明示されていません。したがって、グラフは単にコエンザイムQ10の体内での量が年齢に応じて減少することしか示していません。

　このグラフで、20代を過ぎると不足する、というためには、コエンザイムQ10の必要量は20代のころの量が加齢によっても変わらないという前提を置くしかなさそうです。コエンザイムQ10は細胞内で、新陳代謝などに必要なエネルギー産生活動を助けるサプリメントだとされています。加齢によって新陳代謝も減少することを考えると、グラフの解釈の可能性としては、加齢による不足ではなく、そもそも必要量は加齢によって減少し、必要量と体内のコエンザイムQ10量が均衡している可能性もあるのかもしれません。

3.　少人数学級の影響をどのようにして検証すればよいか？

　直感的には1クラス当たりの生徒数を少なくして、少人数学級とした方が子どもたちの学力はつきそうな気がします。しかし、クラスの人数を減らすと、学級数も増え、必要な教員の数が増えることから必要な費用も増えることになります。このことから諸外国では学力指標をもとに、学級規模や教員給与などの政策的効果を計測しようという試みがあります。

　従来、学級規模の縮小による効果を見出すことは、簡単そうで困難とされてきました。たとえば、県別の学力指標の比較から、少人数学級を導入している県の成績は導入していない県よりも良いということから、少人数学級は効果ア

リと断言してよいものでしょうか。少人数学級以外にも各県間のいろいろな条件が異なることから、比較がapples to applesとはいえず、本当に少人数学級が学力に効いているかを見極めるのは難しいのです。比較の同質性を担保するためには、たとえば生徒をランダムに2群に分け、片方の生徒は少人数学級で、また他方の生徒は、通常のクラス規模で授業を行って学力の変化を計測するといったことができればよいのですが、現実的には参加する生徒、保護者の協力が得られるかどうかを考えると実施はなかなか困難です。

慶應義塾大学の赤林英夫教授[1]らは、日本において、クラスの人数が一定規模を超えると新たにクラスを分割する学級編制制度に注目し、学級規模の学力に与える影響を調べました。これは標準的な学級編制を40名として、たとえば、1学年の人数が40名の場合は、学級規模は40名ですが、41名になればクラスは2学級編成となり、平均の学級規模は20.5名になるというものです。

このような学級規模の変化は意図したものではなく、偶然の産物ですが、結果として多様な学級規模がランダムに生まれることになり、擬似的な実験と見なすことが可能です。赤林らは横浜市の小中学校における開示データをもとに、学級規模と学力との関係を調べた結果、以下のことがわかったとしています。

- 学級規模縮小の効果は中学校ではほとんど認められなかった
- 小学校では国語のみに学級規模縮小の効果が認められたが、その効果は大きいとはいえない

学級規模縮小といった政策テーマは、ともすれば神学論争的になりがちですが、しっかりとした効果測定による事実に基づく議論が今後も期待されます。

1 　赤林英夫「学級規模縮小の教育効果、経済学的アプローチ」（公立義務教育諸学校の学級規模及び教職員配置の適正化に関する検討会議第3回ヒアリング資料）。

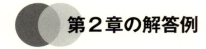

第2章の解答例

1. どうすれば日本の少子化を解決できるか？

　少子化の解決策を考えるためには、どのようなファクターが影響して少子化が起こっているのかを見極める必要があります。ここでは、出生率に影響を与えている要因の構造にフォーカスして考えてみたいと思います。

　合計特殊出生率は、ある時点での15歳から49歳までの女性の出生率を足し合わせたものです。近年、他の先進国では婚外子（結婚していないカップルに生まれた子ども）の比率が高くなっており、米国CDC（Centers for Disease Control and Prevention）の"Changing Patterns of Nonmarital Childbearing in the United States"というレポートによれば、2007年の時点でフランス、スウェーデンでは婚外子の比率が50％を超えています。また米国でも1980年には18％だったものが、その後増え、40％となっています。一方、日本ではいまだその比率は、2013年のデータでも2.2％と少なく、他の先進国と比べても差が際立っていることがわかります。

　ほとんどの子どもが婚姻関係にあるカップルから生まれてくるという日本の状況から、出生率については、
- そもそも結婚という意思決定をするかどうか？
- 結婚をしたとして、子どもを持つという意思決定をするかどうか？

という2段階に分けて考えてみましょう。

　少し式の形に描いてみると、以下のようになります。

ある年齢の女性の出生率＝その年齢で結婚している女性比率×その年齢で結婚している女性の出生率

　したがって、式の左側の出生率を上げるためには、結婚している比率を上げる（未婚率を下げる）とともに、結婚した後に子どもを持つという意思決定をしてもらうことが必要になります。

章末問題の解答例 | 235

未婚率を下げるために

日本の未婚率は上昇しており、生涯未婚率（50歳時点の未婚率）は、1985年までは男女ともに5％以下であったものが、2010年にはそれぞれ20.1％と10.6％まで高くなっています。

ビジネススクール的に、結婚するかどうかという意思決定も、ある種の費用対効果（ROI）、あるいはメリットとデメリットを考えたうえでの個人の判断だとしてみましょう。

たとえば結婚によって得られるメリットは、経済学的には一般に以下のように言われています[2]。

- 夫婦分業によるメリット（それぞれが得意なものに特化するメリット）
- 規模の経済性によるコスト面でのメリット
- 病気になったときなどに相手に面倒を見てもらえるなどの万が一の保険のメリット
- 結婚によって子どもを持つことによるメリット

このうち、子どもを持つことによるメリットは、結婚後の出生率の部分で改めて考えたいと思います。

また、分業のメリットは夫婦間での得意分野、賃金などの格差が大きいほどメリットが大きいと考えられますが、たとえば近年、男女間の賃金格差は縮小してきていると考えられます。また、20～34歳までの未婚者のほぼ半分は親と同居しており、またその比率は増えつつあります。すでに親と同居している独身者の場合にはコスト面や保険のメリットで、大きな向上は望めないかもしれません。

一方、結婚することによって失うものをデメリット、コストと考えると、

- 自分1人で自由になる可処分所得と時間の減少

といった点が挙げられます。この時間とお金についても、親との同居者で考えると、親がやってくれている家事を自分でしなければならなくなる、家賃を負担しなければならなくなるなど、結婚によって失うものは近年、より大きくなっているということが考えられます。

2　たとえば、「『結婚はしないほうが得』の経済学」『週刊エコノミスト』2015年1月11日号。

結婚後の出生率を上げるために

　こちらもビジネススクール的に、子どもを作るかどうかという意思決定もある種の費用対効果（ROI）を考えた判断だとしてみましょう。

　まずリターンは、子どもを作って育てることによって得られる満足感の水準、効用になります。ただし、現代のように都市部をはじめとして人生を楽しむ選択肢も増える中で、子どもを育てることで得られる効用も、相対的には魅力が減っていることが考えられます。

　一方でコスト面は、子どもにかかるコストで、これには教育費をはじめとする目に見える費用はもちろん含まれますが、それ以外にも特に働く女性にとって、出産と育児によってキャリアを中断することによって収入も失ってしまうため、「失った収入→機会コスト」ということで費用と考えることができます。となると、高収入であればあるほど、女性にとって子どもを作る決断は、より大変になることが予想されます。

　また、上記のコストの負担感は世帯収入に対して相対的に決まると考えられます。

第3章の解答例

1. 政府の観光立国政策には、どのような課題があるのか？

　2013年の国内における旅行消費23.2兆円のうち、よく話題にのぼる訪日観光客による消費は実は1.7兆円と全体の7.3％にすぎません。旅行消費の大半は日本人による国内旅行で、宿泊と日帰りを合わせたその合計は20.1兆円であり、86.6％を占めています。

　図表7-1に示したとおり、2004年から2013年への旅行消費の減少額6.1兆円に対し、国内旅行は6.7兆円も減少しています。訪日観光客は、ニュース性という意味ではインパクトがあるのですが、規模へのインパクトを考えた場合、旅行消費の大半を占める国内旅行に対する施策をしっかり打たなければ、旅行消費全体を成長させることは難しいことがわかります。

図表7-1　日本の旅行消費

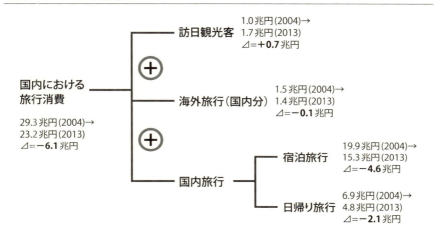

（出所）国土交通省観光庁「旅行・観光産業の経済効果に関する調査研究（2013年版）」。

2. 日本の若者は海外留学に背を向け、内向きになったのか？

　日本の若者の海外留学に対する志向の変化を探るためには、何に対して変化したのかをまず考えなければなりません。この記事をもとに考えると、おそらく2つの可能性が考えられます。1つは昔の日本人の若者に比べ、今の若者は内向きになってしまったという時系列（トレンド）での変化、あるいは、中国や韓国などの諸外国との比較において日本の若者は内向きであるという横断的な比較（ギャップ）です。

　まず、そもそも若者たちが海外留学に行かなくなっているのかを見てみましょう。

　図表7-2は、文部科学省がOECDなどの統計からまとめた、日本から海外への留学者数の30年弱の推移です。データを見る限り、確かに2004年に約8万3000人でピークを打って、その後は減少に転じています。しかし、それでも、2012年では約6万人が留学しており、たとえば、私が米国で勉強していた1992年の約4万人に比べれば、ほぼ5割増しの状況です。さらに少子化の影響で、そもそも対象となる若者の数が減っているのではないかという主張もあるかもしれません。確かに18歳人口を例にとってみると、1992年には205万人だった

図表7-2　日本から海外への留学者数と20代人口に占める比率の推移

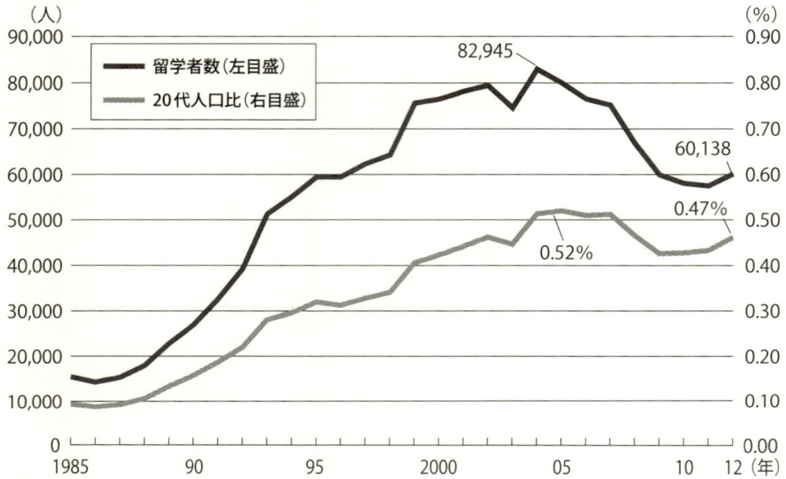

（出所）文部科学省集計より著者作成。

ものが、2014年には118万人まで減っています。

　グラフには大学、大学院への留学の可能性が高いであろう、20歳から29歳までの人口に対する海外留学者の比率を併記しました。2000年以降、0.5％前後でほぼ横ばいで推移しており、1992年当時が0.2％であることを考えると、内向きどころか、はるかに「外向き」であるともいえます。

　それでは、記事の中の根岸さんの米国での体感値と、なぜ異なるのでしょうか。

　図表7-3は、米国への海外からの留学生数の推移を見たものです。確かに日本からの留学生は1999年に約4万7000人をとった後に減少傾向にあり、2013年には約2万人となっており、ピーク時の41％にとどまっています。

　ちなみに、よく比較されるアジアの他の国々はどうなのでしょうか。中国からの留学生は2000年代の半ばから激増しており、2013年には約27万人に達しています。韓国からの留学生も、ピークに比べて微減しているものの、約7万人弱と日本をはるかに上回る規模となっています。

　確かに米国にいて日本から来る留学生を見ている限りにおいては、そもそも数も減っているうえに、中国や韓国からの留学生に対する対比感でも大きく後

図表7−3　米国への留学者数の推移

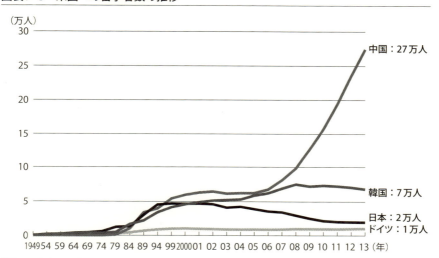

（注）1999年までは5年間隔。
（出所）Open Doors Dataより著者作成。

退している、すなわち日本の若者は内向きになっていると感じるのもやむをえないことかもしれません。

しかし、視線を中国や韓国から、他地域、たとえばヨーロッパに移すと、また違った風景が見えてくるのも事実です。

ここでは例として、ドイツを同じグラフに併記してみました。ドイツから米国への留学者数は約1万人で日本の半分にすぎません。ただし、当然これにはそもそも人口規模が違うだろうというツッコミが来そうなので、図表7−4に人口に対する米国留学者数の比率をとってみました。

グラフからわかることは、人口規模で見ると日本からの留学者の人口比率は減少傾向にあるものの、戦後一貫してほぼ安定しているドイツの比率に近づいており、むしろ韓国からの留学生の比率が他国に比べても例外的に高いことが見て取れます。もしかすると日本から米国への関心もヨーロッパのように落ち着いてきたということなのかもしれません。

日本から米国への留学者数が大きく減っているのにもかかわらず、なぜ全体の留学者数はそこまで大きく減っていないのでしょうか。

図表7-4　全人口に対する米国留学者数の比率

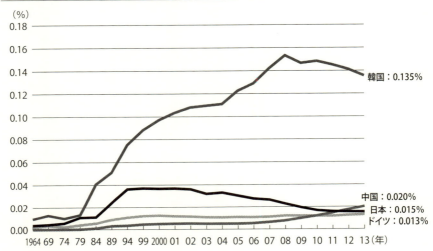

(注) 1999年までは5年間隔。
(出所) Open Doors Dataおよび世界銀行データより著者作成。

　これは留学先が米国以外へ多様化しているからです。たとえば、2001年と12年を比べると、米国への留学者数は4万6810人から1万9568人と2万7242人も大きく減っている一方、米国以外への留学者数は3万1341人から4万570人と9229人増えていることがわかります。

　確かに米国への留学者は減っているのですが、中国をはじめとする他地域への留学者数が増えているのです。その結果、2001年には米国への留学者が全体の60％を占めていたのが、2012年には33％まで減少しています。日本から海外への留学に関しては、米国一辺倒だった留学先が多様化したというのが実態のようです。

3. フィリップモリス社によるタバコの費用便益分析は何が問題か？

　コスト対効果、あるいは費用便益の分析は、ビジネスではきわめてよく使われる分析手法です。費用と便益のギャップを比較することで、どのアクションを選択すべきかを意思決定するものです。

　このフィリップモリス社の分析は、公表後、社会からきわめて大きな非難を

浴びました。タバコの害で人が早く死ぬのに、そのほうが社会的にメリットがある、という結論自体が多くの人に直感的に受け入れがたいものであったことは想像に難くありません。

分析という視点からは、大きく2つの問題が指摘できます。

まず、この分析には命の価値が全く考慮されていないということです。タバコの喫煙者、および周囲の人にとって、タバコを吸うことによって早く命が失われることによる損失が全く考慮されていません。したがって、考慮されるべき比較対象が揃っていないのです。

2点目は、より本質的な課題ですが、そもそも命をお金に換算して足し引きしてよいのか、という問題です。分析では比較するために、すべてお金に換算する必要があるのですが、命はお金に換算できるのか、という根本的な問題です。

費用便益分析では社会全体として便益が費用を上回るか、という視点で意思決定が行われており、いわば「最大多数の最大幸福」という功利主義的な考え方がベースになっています。一方で、1人1人の命の自由はこれを本人以外は誰も冒してはならない、したがってお金には換算できないし、してはならない、という立場もあります。であれば、そもそも命をお金に換算して費用と便益で比較するという分析方法自体が前提から覆されてしまうことになります。

第4章の解答例

1. 見えているものがすべてではない

第4章では視覚を最大限分析に活用しよう、「目は最高の分析ツール」ということをメッセージとして掲げてきました。ここでは少し脱線して、必ずしも見えているものがすべてではないこともある、という問題です。

ビジネススクールの授業でこの問題を問うと、きちんと正解にたどり着ける人は1割にも達しません。最も多い答えは、外れのドアが1つ開いて、残りのドアは2つ。このうちのどちらかが当たりということで、確率は2分の1で同じなのだから、変えても変えなくても同じというものです。

実は、正解は変えたほうがよい、です。変えた場合の当たる確率は3分の2、

そのままの場合の確率は3分の1となります。目の前には選択肢が2つしかないのに、なぜなのだろう、というのが多くの方の疑問ではないでしょうか。

　この問題はモンティホール問題と呼ばれており、1990年に米国の*Parade*誌の「Ask Marilyn（マリリンに聞こう）」というコーナーへの読者からの質問で有名になったものです。マリリンさんは、「確率は3分の2だから選択肢を変えたほうがよい」という回答をしたのですが、この回答に納得の行かない全米の読者から1万通にのぼる投書が同誌に寄せられたといわれています。さらにこの1万通のうち、1000通近くが博士号（Ph.D.）を持っている人からの投書だったとか。

　たとえば、こんな投書です。

　「あなたは間違っている。ただ、あのアルバート・アインシュタインでも自分の過ちを認めた後は、みんなからより高く評価されたのだから」

(http://marilynvossavant.com/game-show-problem/)

　この問題の考え方はいくつかあるのですが、一番わかりやすいのは、次の説明かもしれません。この問いでは、司会者が選ばれなかった2つのドアのうち、1つを開けてヤギを見せるのですが、もし司会者がドアを開けないまま、あなたに最初に選んだドアのままにするか、それとも、選ばなかった2つのドアをセットで選ぶか、と聞いてきたとすればどうでしょうか。選択肢を最初に選んだドア1つと、選ばなかったドア2つのセット、という2択で考えるのです。この場合、「選ばれなかったドア2つのセット」に当たりが含まれている確率は3分の2ですから、選択を変えたほうが有利であることがわかります。

　実際、司会者はドアを1つあけてハズレのヤギを見せるのですが、いずれにせよ、2つのドアのうちの1つは少なくともハズレですから、ドアを開けてヤギを見せようが見せまいが本質は何も変わっていません。すなわち、ドアを司会者が開けた後、目の前にドアが1つしかないように見えている選択肢は、実はそもそもドア2つ分の選択肢にほかならないのです。

　多くの人にとって、この問題が直感に反する理由は確率を場合の数で考えてしまうため、目の前に選択肢が2つとも同じ確率であるかのように考えてしまう

点です。目は最強の分析ツールではあるのですが、視覚の過信は時として禁物なのです。

2. 散布図にある、1人当たりGDPが高いのに平均寿命が短いアフリカの国はどこで、何が原因か？

傾向から下方に乖離しているアフリカの国は「南アフリカ」です。同国は世界最大級の金の埋蔵量を誇る鉱物資源大国であり、サハラ砂漠以南のアフリカ諸国の中でも経済的には恵まれています。それにもかかわらず、平均寿命が相対的に短いのは、国内の所得分布に大きな偏りがあるためと考えられます。

大多数の国民が貧しく、所得が一部の人に集中して国内に大きな所得格差がある場合、所得の平均は一部の超高所得者に引っ張られる一方、平均寿命は大多数の貧しい国民に引っ張られることになります。というのも、どんなに稼いでいても、寿命は150歳や200歳とはならず、おのずから上限があるからです。

実際、南アフリカの格差は大きく、たとえば、CIAの *The World Factbook* によれば、所得分布の格差をあらわすジニ係数は対象145カ国中、レソトについで2番目に大きい（格差が激しい）値となっています。

図表7-5は2008年の南アフリカの人種別の所得分布を見たものです。労働力の大半を占める黒人は低所得に集中しており、高所得者のほとんどが白人に占められていることがわかります。

図表7-5　南アフリカの人種別所得分布（2008年）

	全労働力人口	5万ランド未満	5万～10万ランド	10～30万ランド	30～50万ランド	50～75万ランド	75万ランド以上
黒人	75.3%	83.0%	65.9%	47.1%	29.9%	20.3%	16.3%
カラード	8.8%	8.3%	14.3%	9.0%	5.6%	3.0%	2.1%
アジア／インド系	2.8%	2.2%	4.0%	5.4%	5.1%	8.4%	4.3%
白人	13.0%	6.5%	15.7%	38.5%	59.5%	68.4%	77.4%
全労働力人口	100%	75.5%	10.1%	10.7%	2.3%	0.8%	0.6%

（注）1ランド＝7.5円（2016年10月）。
（出所）"The Price of Freedom: A Special Report of South Africa," *The Economist*, Jun. 5, 2010.

3. なぜ就学援助率が高いほど、数学の成績は下がるのか？

　よく指摘される仮説は、家庭の所得差が塾などの学校以外での教育機会の差につながっており、これにより学力差が生じているのではないかということです。あるいは、親の学習への関心度の違いをはじめとする、いわゆる家庭の教育環境、教育力の違いが影響しているのかもしれません。

　差があるのは仕方がない、という見方もある一方で、こういった学力差が子どもたちの将来の進学や就職などへ影響し、結果、子どもたちの将来の所得格差につながる可能性が考えられます。さらに、その所得格差が学力差を通じて次世代の所得格差に持ち越され、社会的に格差が再生産され、固定化するといったことが懸念されます。

第5章の解答例

1. 世帯別の金融資産保有額でなぜ中央値と平均値に大きな乖離があるのか？

　平均値は外れ値に弱いことが知られています。もし全体の分布が左右に対称な釣鐘型の分布であれば、平均値と中央値はほぼ差がないはずです。しかしながら、この値に差があるということは、外れ値に平均値が引っ張られていることを示唆しています。平均値が中央値よりかなり大きいことから、金融資産をきわめて多く保有している少数の世帯が全体の平均値を中央値に比べて上振れさせているだろうと考えられます。

　また、この平均値と中央値の差が、20代では150万円ほどだったものが、年代が上がるにつれ大きくなり、60代以上の退職後の世帯では1000万円近くまで拡大しています。このことから、高齢者では絶対的な資産格差がさらに拡大していると考えられます。

第6章の解答例

1. 毎日朝食を食べると成績が上がるか？

　朝食と成績の関係については、直接的な因果関係を主張する考え方もあります。たとえば脳は、ブドウ糖しかエネルギーにできないため、朝食を摂らないとブドウ糖が不足して脳の働きが悪くなるというものです。一方で、朝食については全く違った可能性も指摘されています。それは朝食からの直接的な因果関係ではなく、朝食を毎日食べることと、成績の両方に効いている第三因子の存在によるものではないかという考え方です。

　すなわち、毎日朝食を摂るような子どもの特性や、そのような生活習慣を身につけさせる家庭での子育ての姿勢が本当の原因であり、そういった子どもの特性や家庭の姿勢が結果として子どもの良好な成績につながっているのではないかという考え方です。

　もし、後者のような立場をとる場合、子どもの特性や家庭環境を無視して朝食を子どもに毎日とらせても、残念ながら成績向上にはつながらないことになります。

2. 日本にあるガソリンスタンドの数は？

　コンサルティング会社の採用面接で出そうな問題ですね。ビジネス文脈でのこのような問題の場合、大きく2つのタイプの考え方がモデル化に役立ちます。1つは需要起点での考え方、もう1つはより空間的な立地起点での考え方です。

　前者はこのくらいのガソリンの需要が全体であって、ガソリンスタンド1カ所の処理量はこれぐらいだから日本全国で需要をまかなうのに必要なガソリンスタンド数は何軒であるというステップになります。後者ではだいたい平均するとガソリンスタンドは〇〇km²ごとに1カ所あるから、日本の面積で割ると、全国では何軒になる、というステップですね。ガソリンスタンドは需要の密度にかなり依存しそうですから空間的には都市部には多く、郊外ではかなり疎らになりそうです。したがって、空間的な平均値を用いてモデル化するのは、かなり難しそうです。

ここでは、前者の需要ベースで考えたいと思います。

たとえば、ガソリンの量そのものに着目すると、

ガソリンスタンド数＝日本のガソリン需要÷（1カ所当たりの処理するガソリン需要）

あるいは、量そのものではなく、給油回数に着目して、

ガソリンスタンド数＝週当たりの日本の自動車ののべ給油回数÷（週に1カ所当たりの処理するのべ給油回数）

といったところでしょうか。

前者は自動車1台当たりの消費するガソリン量がわからないと計算が難しいため、感覚的につかみやすい後者で考えてみましょう。まず、

週当たり自動車ののべ給油回数＝自動車の数×1台の週当たり給油回数

となります。

自動車の数は、さらに次のとおりです。

自動車の数＝自家用＋業務用

＝日本の世帯数×1世帯当たりの保有台数＋業務用

日本の世帯数は日本の人口を1億2000万人前後[3]と見て、1世帯3人とすると、4000万世帯[4]。ほぼ全世帯が1台保有しているとすると、自家用車の総数は4000万台となります。業務用については、自家用との比較感でざっくり考えてみましょう。業務用車の数ですが、周囲を見て、自家用の1割程度と仮定すると、自動車の総数は1割増しの4400万台[5]と見積もられます。

さて、給油回数はのべ何回でしょうか。平均して毎週1度は給油しているとすると、週当たりののべ給油回数は4400万×1回で4400万回です。

さて、ガソリンスタンドサイドから見たときに、1週間で何台程度給油するものでしょうか。

週に1カ所当たりの処理するのべ給油回数＝給油機の数×1週間の給油回数

＝給油機の数×（営業時間÷給油1回当たりの所要時間×稼働率）

給油機が4台程度あるとして、もし1回の給油に使う時間を10分程度とすれ

3　実際には1億2730万人（2013年）です。
4　2010年の国勢調査では5195万世帯、うち単身世帯が1678万世帯。
5　自検協のデータでは、2015年5月末で約8000万台です。

ば、1日12時間営業として12時間×6回×4台で1日でのべ288回。さらに1週間では2016回となります。当然これはフル回転した場合の数値ですから、稼働率を50％程度とすると、1週間ではほぼ1000回になります。

したがって、ガソリンスタンドの数は4400万回÷1000回で4万4000カ所と見積もることができました。

実際の数値はというと、平成25年度で3万4706カ所（資源エネルギー庁調べ）となっており、少なくとも桁数は一緒の数字となりました。フェルミ推定の精度としては、まずは良しとすべきレベルでしょう。

もっと知りたい人に

　さらにもっと勉強したい、もっと知りたいという人のために、私が今でも実際に使ったり読んだりしているものに絞ってリストにまとめてみました。必ずしも包括的なリストではありませんが、取っ掛かりとして参考にしていただければ幸いです。

●書籍
- 『完全独習 統計学入門』小島寛之（ダイヤモンド社）
  とてもわかりやすい言葉ですべてが説明されています。
- 『入門 統計学──検定から多変量解析・実験計画法まで』栗原伸一（オーム社）
  「これ一冊で統計学全般を学ぶことができる！」とうたっているだけあって、多岐にわたる内容がコンパクトにまとめられています。
- 『統計数字を読み解くセンス──当確はなぜすぐにわかるのか？』青木繁伸（化学同人）
  まさに統計的な頭の使い方のセンスが事例とともに書かれており、とてもわかりやすい本です。著者の青木氏はサイトで紹介している『統計学自習ノート』を主宰されています。
- 『統計学が最強の学問である』西内啓（ダイヤモンド社）
  統計学の世界観がきわめてセクシーに語られています。統計学の魅力と、これからの世界に与えるインパクトの可能性についてひき込まれます。
- 『数学女子 智香が教える 仕事で数字を使うって、こういうことです。』深沢真太郎（日本実業出版社）
  本書でも、できる限り事例を多く入れるように努めましたが、仕事での利用イメージではこの本のレベルには達していません。仕事での数字力の利用イメージがストーリーで語られており、一気に読めます。

もっと知りたい人に | 249

・『その数学が戦略を決める』イアン・エアーズ（文春文庫）

　イェール大学の経済学者の本ですが、特に予測を中心として数字力の可能性を多くの事例を用いてパワフルに語ってくれています。

・『ヤバい経済学』スティーヴン・D・レヴィット／スティーヴン・J・ダブナー（東洋経済新報社）

　銃とプール、危ないのはどちらか、相撲の力士は八百長をしているかなど、社会的に必ずしも重要ではないかもしれないけれど、興味深いテーマに数字力で切り込んでくれています。楽しくなければ数字ではない、そんな気分にさせてくれる本です。

● インターネットのサイト

（URLは省略。グーグルで検索いただければすぐに見つかるはずです）

・統計WEB

　後述するソフトウェア、Excel統計を出している社会情報サービス社が主催しているサイトです。統計に関する情報、書籍やソフトウェアの紹介が包括的にまとめられています。

・統計学自習ノート

　群馬大学の青木繁伸先生が主宰されているサイトです。統計を自ら学ぼうとする人にとってヒントになる情報が詰まっています。また、後述するソフトウェアのRについてもしっかりとした情報がまとめられています。

・Gapminder

　事実に基づいた世界観を培うサイト、と呼べばよいのかもしれません。公開データをもとに、散布図を使って、たとえば世界の格差問題などを可視化し、かつその時間変化を追うことができます。主宰者のハンス・ロスリング氏のTEDでの数字を使ったプレゼンもぜひご覧ください。

・Google Public Data Explorer

　Gapminderをさらにパワフルにした、公的データを可視化するサイト、といったところでしょうか。たとえば過去20年の日本との諸外国のGDP成長率の時系列グラフなどが簡単に作成できます。

・社会実情データ図録 Honkawa Data Tribune

前2者のサイト同様に、データに基づいて社会の実情を可視化しようと試みている日本のサイトです。こちらも興味深いデータ満載です。

●ソフトウェア・ツール

・Excel統計

SSRI（社会情報サービス）社の提供している有料の統計ソフトウェア製品です。有料ではあるのですが、いわゆる有名な統計ソフトに比べれば、はるかに安価です。多くの社会人は分析にExcelを使うことが多いと思いますが、使い慣れたExcelにアドインとして組み込むことができる点が特徴です。企業で働く社会人が使う機能としては十分な機能を備えていて、たとえば重回帰分析についてはExcelの分析ツールにはない、変数の自動選択機能を有しています。

・RとRコマンダー

Rはきわめてパワフルな無料の統計ソフトウェアです。強力なソフトなのですが、利用するためにはコマンドに習熟する必要があり、普段Excelのみを使っている一般の社会人にはハードルが高いかもしれません。Rコマンダーは回帰分析をはじめとするRの一部の機能をExcelのようにプルダウンメニューで使えるようにしたものです。使い方についてはネット上に豊富に情報がありますので、ぜひ検索してみてください。

・RapidMiner

データをもとにした予測、発見などに使える機械学習のツールです。商用の有料版に対し、機能を絞った無料版があり、機械学習のいろいろなアルゴリズムをまず試してみよう、という方にはうってつけのツールです。

・KH Coder

無料ですが、強力なテキストマイニングツールです。メニュー形式にインターフェースを使って、テキストデータを定量的に分析することが可能です。

付録　回帰分析に関する補遺

1 回帰分析と多重共線性

　相関の強い説明変数を2つ以上説明変数に入れると、偏回帰係数の正負の符号の逆転が起こるなど、偏回帰係数の計算結果が統計的に不安定になることが知られており、このことを多重共線性といいます。研究などで回帰分析を扱ったことのある人は英語の多重共線性（multicollinearity）を略して「マルチコ」などと呼んでいます。

　対処の方法としては、相関の高い説明変数のうち、どちらかを除くといったことが考えられます。回帰分析を勉強したことのある人はとても気にするマルチコなのですが、目的が予測のみで、係数の解釈が重要でない場合、多重共線性自体は気にしなくても大丈夫です。研究は因果関係を解き明かすのが目的ですので、回帰分析の係数の解釈（たとえば正か負かなど）や説明がとても大切になるのですが、ビジネスでは予測できればよいという場面も多いことでしょう。その場合には気にせずに分析を進めてみてください。

　ここでは実際のデータをもとに、多重共線性がある場合に何が起こっているのかを見てみましょう。

　今、以下のような、目的変数yに対して説明変数が2つ（x1, x2）の仮想的なデータを考えます。

データ	x1	x2	y
a	1	7	10
b	2	5	12
c	3	5	14
d	4	4	15
e	5	4	20
f	6	2	20
g	7	1	22

実は、2つの変数間には−0.90の強い相関があります。
回帰分析の結果は以下のとおりです。

	回帰統計
重相関 R	0.99
重決定 R2	0.98
補正 R2	0.97
標準誤差	0.84
観測数	7

	自由度	変動	分散	観測された分散比	有意F
回帰	2	122.04	61.02	86.72	0.0005082
残差	4	2.81	0.70		
合計	6	124.86			

	係数	標準誤差	t	P−値	下限95%	上限95%	下限95.0%	上限95.0%
切片	−0.20	4.95	−0.04	0.97	−13.95	13.55	−13.95	13.55
x1	3.02	0.60	5.04	0.01	1.36	4.69	1.36	4.69
x2	1.06	0.65	1.64	0.18	−0.73	2.86	−0.73	2.86

決定係数は0.98ときわめて高い説明力になっています。結果を3次元グラフで見てみましょう（ちなみに、このグラフは統計ソフトのRを使って描いたものです）。

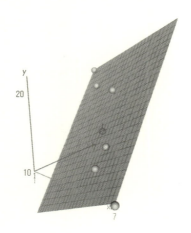

付録　回帰分析に関する補遺 | 253

　グラフ上の平面が回帰分析の結果の式を視覚的に表したものです。決定係数が高いことからも、平面上にデータがよくのっていることが読み取れます。一方、説明変数間に強い相関があるため、データは空間で直線上に軸のように並んでいます。もしもデータが1つでもちょっとこの軸からずれるだけで、あたかも空間上で平面がこの軸を中心に回転するかのように変化しやすくなっていることがわかります。

　実際にcというデータを少しだけ動かしてみました。

データ	x1	x2	y
a	1	7	10
b	2	5	12
c	3	3	20
d	4	4	15
e	5	4	20
f	6	2	20
g	7	1	22

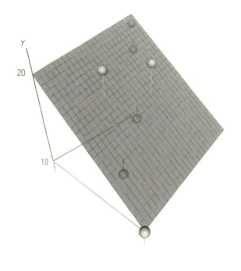

	回帰統計
重相関 R	0.91
重決定 R2	0.83
補正 R2	0.75
標準誤差	2.33
観測数	7

	自由度	変動	分散	観測された分散比	有意 F
回帰	2	108.27	54.14	9.97	0.0279289
残差	4	21.73	5.43		
合計	6	130			

	係数	標準誤差	t	P−値	下限95%	上限95%	下限95.0%	上限95.0%
切片	20.82	7.91	2.63	0.06	−1.14	42.78	−1.14	42.78
x1	0.54	1.00	0.54	0.62	−2.24	3.32	−2.24	3.32
x2	−1.61	1.09	−1.47	0.22	−4.64	1.43	−4.64	1.43

3次元グラフから、平面（回帰分析の結果）の向きが大きく変わったことが視覚的にわかったと思います。また、式の係数もx2の係数がプラス1.06からマイナス1.61に変わるなど大きく変化していることがわかります。予測に使うのであれば、実際に既存データのある近く（データのある空間の軸のあたり）での予測では結果は大きく異ならないだろうということはわかりますが、式の係数を解釈しようとした瞬間にこの係数の不安定性は大きな問題となってしまうのです。

これはたとえば、yを増やすためのアクションを考える際に大きな問題となります。最初の分析では、x2は増やしたほうがyは増えるという結果だったのですが、2番目の分析結果では、むしろx2は減らしたほうがyは増えるという、とても矛盾した結果になってしまっているからです。

2 回帰係数の因果的な（?）解釈

複数の説明変数がある場合、実は説明変数間に相関や実際に因果関係があることが多くあり、これが回帰分析の結果だけからどの変数がどれだけ因果的に効いているのかの判断を難しくすることがよくあります[1]。

簡単な（仮想的な）事例で一緒に見てみましょう。あなたは10店舗の小規模コンビニチェーンを経営しているとします。どの店舗も商圏規模や競争環境は、ほぼ一緒です。ただ、店舗面積や店長のマネジメント能力（スーパーバイザーの評価による）が大きく異なっており、これが各店舗の1日当たりの売上に効いていると考えていたあなたは実際にデータをとって重回帰分析を行ってみました。

以下の結果は、Excel統計というExcelへのアドインソフトを使ってみたものです。回帰分析はExcel以外のソフトが使われることも多いため、ここではあえてExcel以外の結果を使うこととします。最近の統計ソフトには多重共線性があるかどうかを見極めるためにトレランス、VIFといった統計量が計算されており、トレランスが0.1以下、あるいはVIFが10以上の場合は多重共線性を疑うのですが、この結果では大丈夫そうです。

---

1 多重共線性との違いは、たとえば、小島隆矢・山本将史（2013）『Excelで学ぶ共分散構造分析とグラフィカルモデリング』（オーム社）に詳しい。

店舗	売上	店長の マネジメント能力	店舗面積
a	61	6	112
b	52	8	94
c	71	9	106
d	69	8	106
e	82	7	112
f	48	7	94
g	62	10	88
h	41	9	88
i	30	10	71
j	80	6	121

変数選択結果
回帰式の精度

重相関係数		決定係数			
R	修正R	R2乗	修正R2乗	ダービン=ワトソン比	AIC
0.95	0.93	0.90	0.87	2.06	38.55

回帰式の有意性（分散分析）

要　因	平方和	自由度	平均平方	F値	P値
回帰変動	2299.1407	2	1149.5704	31.04	0.0003
誤差変動	259.2593	7	37.0370		
全体変動	2558.4000	9			

回帰式に含まれる変数（偏回帰係数・信頼区間等）

変　数	偏回帰係数	標準誤差	標準偏回帰係数	偏回帰係数の95%信頼区間	
				下限値	上限値
店長のマネジ メント能力	6.26	2.27	0.55	0.89	11.63
店舗面積	1.51	0.23	1.33	0.97	2.05
定数項	−140.03	38.74		−231.64	−48.43

変　数	偏回帰係数の有意性の検定			目的変数との相関		多重共線性の統計量	
	F値	t値	P値	単相関	偏相関	トレランス	VIF
店長のマネジ メント能力	7.59	2.75	0.0283*	−0.51	0.72	0.36	2.79
店舗面積	43.91	6.63	0.0003**	0.89	0.93	0.36	2.79
定数項	13.07	−3.61	0.0086**				

* ：P<0.05
** ：P<0.01

結果からは、

売上＝6.26×店長のマネジメント能力＋1.51×店舗面積－140.03

ということがわかります。決定係数R2乗も0.9と、売上の分散の90％が説明できており、なかなかの説明力です。店長の能力が高ければ高いほど、また店舗面積が広いほど売上も上がる結果となっており、日頃あなたが感じていることとも合致しています。

　そこで、あなたはこの結果をもとに、i店舗を改装して30㎡ほど店舗面積を拡大することにしました。式からはこれによって45万円ほど売上が増えるはずです。ところが店長はそのままに、実際に店舗を拡大したところ、当初の期待に反して30万円ほどしか増えませんでした。何が起こったのでしょうか。

　改めて、各変数間の相関係数をとってみると、相関係数がマイナスとなっている組合せがあります。

	売上	店長のマネジメント能力	店舗面積
売上	1.00		
店長のマネジメント能力	−0.51	1.00	
店舗面積	0.89	−0.80	1.00

　これをグラフにしてみました。店舗面積と売上の関係はうなずけるのですが、店長のマネジメント能力が高いほど、売上が低いという何とも不可解な結果になっています。

　次に、3つの変数の関係を1つのグラフにまとめてみました。また、変数間の関係を回帰式でまとめると、以下のようになります。

売上＝1.0056×店舗面積－40.1567……①
売上＝－5.8×店長のマネジメント能力＋106……②
売上＝6.2604×店長のマネジメント能力＋1.5075×店舗面積－140.0315……③
マネジメント能力＝15.9535－0.08018×店舗面積……④

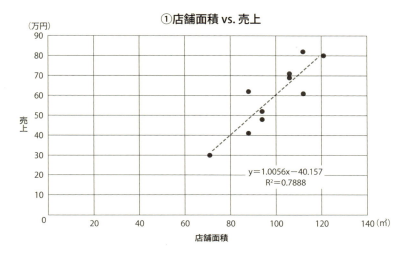

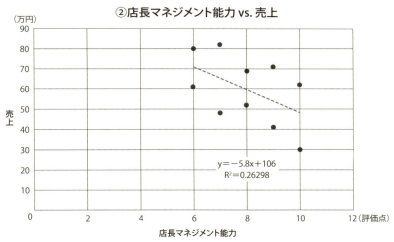

　ここでまず注目しなければならないのは、最終的な重回帰分析の結果は店舗面積、店長のマネジメント能力と売上の単回帰分析の結果を単純に足したものにはなっていないということです。たとえば店舗面積は単回帰（式①）で、もともと1.00であった係数が、重回帰分析（式③）では1.50に増えています。また、店長のマネジメント能力に至っては単回帰（式②）では－5.8だったものが、重回帰（式③）では符号の正負が逆転して6.26となっています。

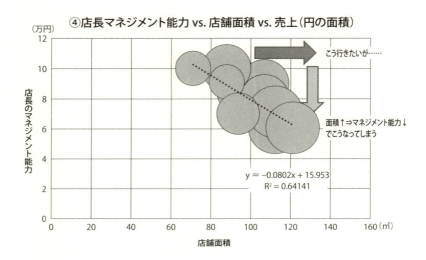

　もし、店舗面積と店長のマネジメント能力に全く相関がないのであれば、重回帰分析は単回帰分析を足したものになるはずです。しかしながら、通常は説明変数間に相関があるため、単純な足し算にはなりませんし、そここそが分析して初めてわかる重回帰分析の面白いところかもしれません。

　起こったことは、おそらくこういうことです。重回帰分析から、確かに面積を30㎡増やせば45万円（30㎡×式③の係数1.5）増えるはずなのですが、これは店長のマネジメント能力が変わらないという条件付きの結果なのです。実際にはマネジメント能力と店舗面積の回帰式から推し量れるように、店舗面積が増えると広い店舗であるほど店長にとってはマネジメントが難しく、パフォーマンスが出ないため、結果、観察されたマネジメント能力は下がってしまっていたのです（もちろん、大きな店舗ほど、出来の悪い（？）店長を意図して配置していたという因果関係はなかったとしています）。

　式④から30㎡増えると店長のマネジメント能力が2.4点下がる（30㎡×式の係数−0.08）ことがわかります。この売上への影響はマイナス15万円（−2.4点×式③の係数6.26）だと計算されます。したがって、当初の売上増の目論見だった45万円に対して、店長のマネジメントが難しくなる副作用のマイナス15万円の効果と合わせて正味では30万円しか増えなかったのです。

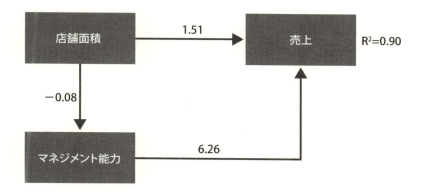

　この関係性を回帰分析の結果をもとに図にしてみました。直線上の数値は回帰分析の偏回帰係数になります。店舗面積から売上への総合的な影響は、直接の影響である1.51と、さらにマネジメント能力を介しての間接的な影響である－0.08×6.26＝－0.50を合わせて、1.51－0.50＝1.01となります。ちなみに、このケースの場合、これは店舗面積と売上の単回帰分析の係数である1.01と一致していますね。

　今回は説明変数が2つしかなく、説明変数間相互の関係性の因果的な解釈あるいはストーリー展開も比較的シンプルでしたが、説明変数の数が増えるに従ってこのような関係性の把握がきわめて難しくなるであろうことは想像に難くありません。重回帰分析の式の偏回帰係数は、それぞれが単独に独立（他の変数は変わらないとう前提）に動いた場合に目的変数に与える効果を示しています。自ら条件を設定する科学実験とは異なり、実際のビジネスで観察されるデータは、説明変数相互に相関があることが多く、説明変数が増えれば増えるほど、回帰式の係数の解釈はきわめて難しくなります。

　改めて、因果関係を立証するために周到に準備した実験ならばともかく、ビジネスにおける回帰分析では、このような係数の解釈にあまり注意を払わなくてもよい予測主体の利用をお勧めします。

[索引]

ア行

アルゴリズム　97
因果関係　8, 12
インパクト　76
ヴェーバー・フェヒナーの法則　141
ウォーターフォールチャート　123
演繹法　51

カ行

回帰式　189, 206
回帰直線　188, 194
回帰分析　187, 210
確証バイアス　56
確率　16, 163, 215
加重平均　147, 157
仮説　35, 48, 111
仮説検証型　54
仮説構築力　48
仮説思考　31, 37
仮説探索型　54
機械学習　95
幾何平均　149
帰納法　51
規模の経済性　51, 90, 138
ギャップ　9, 77
経験曲線　195
係数　190, 198
決定係数　176, 191, 199

サ行

最頻値　151, 156
散布図　115, 133, 172, 195
サンプリングバイアス　70
時系列グラフ　128
指数　139

質的データ　106
質的変数　200
ジップの法則　88
ジャネの法則　142
重回帰分析　188, 197, 212
重決定R2　191, 194, 199, 208
重相関R　191
ステップワイズ　207
ストーリーボード　41, 54
生存バイアス　28
成長・シェアマトリックス　137, 195
切片　190, 198
説明変数　187, 197, 202, 207, 251, 254
説明力　192
相関関係　13, 135, 174
相関係数　172, 182, 185

タ行

対数　139
代表値　147
多重共線性　208, 211, 251
ダミー変数　200
単回帰分析　187, 194
単純平均　147, 156
中央値　151, 156
散らばり　159
定性分析　1
定量分析　1
データ収集　53, 59
データスクレイピング　62
デュポン分析　227
トレンド　81, 129
外れ値　81, 91, 154

ハ行

パターン　90

ばらつき　87, 165
パレートチャート　124
パレートの法則　45, 87, 124
比較　8, 75, 105
ヒストグラム　118
ビッグデータ　95, 185
標準偏差　119, 159, 164
フェルミ推定　217
分散　159
分布　61, 87, 119, 154
変曲点　81, 92, 129
変数減少法　208
補正R2（自由度調整済み決定係数）　199

マ行

目的変数　187
モデル化　172, 217
問題解決　9, 46

ヤ行

予測力　206

ラ行

利益の方程式　222
量的データ　106
ロジスティック回帰分析　197, 215
ロングテールの法則　126

英数字

2SDルール　163
72の法則　157
A/Bテスト　30
CAGR　149, 157
GIGO　55
MAPE　206
P値　199
PICO　47
PPM　137
ROE　227
What-Where-Why-How　10, 46

【著者紹介】

グロービス

1992年の設立来、「経営に関する『ヒト』『カネ』『チエ』の生態系を創り、社会の創造と変革を行う」ことをビジョンに掲げ、各種事業を展開している。

グロービスには以下の事業がある。（http://www.globis.co.jp）
・グロービス経営大学院
　・日本語（東京、大阪、名古屋、仙台、福岡、オンライン）
　・英語（東京、オンライン）
・グロービス・マネジメント・スクール
・グロービス・コーポレート・エデュケーション
　（法人向け人材育成サービス／日本、上海、シンガポール、タイ）
・グロービス・キャピタル・パートナーズ（ベンチャーキャピタル事業）
・グロービス出版（出版／電子出版事業）
・「GLOBIS 知見録」（ビジネスを面白くするナレッジライブラリ）

その他の事業：
・一般社団法人 G1（カンファレンス運営）
・一般財団法人 KIBOW（震災復興支援活動）

【執筆者紹介】

鈴木健一（すずき　けんいち）

グロービス経営大学院教授。1963年神奈川県生まれ。東京大学工学部卒業、同大学院工学系研究科修了。シカゴ大学ブースビジネススクール修了（MBA）。野村総合研究所、AT カーニーでのリサーチ、経営コンサルティングを経て社会人向け経営教育の株式会社グロービスへ。2006年のグロービス経営大学院大学の建学に参画し、2015年度まで大学院事務局長として学校運営に携わる。現在は専ら「ビジネス定量分析」をはじめとする思考系科目の企画開発、教育研究に従事している。著書に『27歳からの MBA グロービス流ビジネス基礎力10』（共著、東洋経済新報社）がある。

定量分析の教科書
ビジネス数字力養成講座

2016年12月29日　第1刷発行
2020年 3 月20日　第6刷発行

著　　者──グロービス
執筆者──鈴木健一
発行者──駒橋憲一
発行所──東洋経済新報社
　　　　〒103-8345　東京都中央区日本橋本石町 1-2-1
　　　　電話＝東洋経済コールセンター　03(6386)1040
　　　　https://toyokeizai.net/

装　丁………………………竹内雄二
本文レイアウト・DTP……アイランドコレクション
企画・構成………………佐々木一寿・藤井亜希子（グロービス）
印刷・製本………………丸井工文社
編集担当………………佐藤　敬
©2016 グロービス（Globis Corp.）　　Printed in Japan　　ISBN 978-4-492-53381-9

　本書のコピー、スキャン、デジタル化等の無断複製は、著作権法上での例外である私的利用を除き禁じられています。本書を代行業者等の第三者に依頼してコピー、スキャンやデジタル化することは、たとえ個人や家庭内での利用であっても一切認められておりません。
　落丁・乱丁本はお取替えいたします。